职业教育电子商务专业
"十三五"规划系列教材

总主编 刘春青

ZHIYE JIAOYU
DIANZI SHANGWU ZHUANYE

SHISANWU
GUIHUA XILIE JIAOCAI

网上创业实务

主 编/曾国熊 何 流

副主编/周运姐 杨 萍 欧阳俊

参 编（排名不分先后）

刘秋丹 陈婷婷 曹佩怡 覃 婷 张燕清

余诗茜 刘道敬 张巍巍 曾 婧

重庆大学出版社

国家一级出版社
全国百佳图书出版单位

内容提要

本书主要围绕实战任务展开,包括 6 个项目:初涉网上创业、选择网上创业项目、开始网上创业、筹建网上店铺、经营新的网店、改善和提高网店经营。本书以项目为引领,采用项目→任务的方式进行编写,图文并茂、深入浅出,让学生能够对网上创业有深入的感受和认识。

本书既可作为职业院校各个专业的网上创业通识教材,也可作为立志网上创业的各界人士的自学参考书。

图书在版编目(CIP)数据

网上创业实务 / 曾国熊,何流主编. -- 重庆 : 重庆大学出版社,2019.6(2020.3 重印)
职业教育电子商务专业"十三五"规划系列教材
ISBN 978-7-5624-8052-5

Ⅰ.①网… Ⅱ.①曾… ②何… Ⅲ.①电子商务—职业教育—教材 Ⅳ.①F713.36

中国版本图书馆 CIP 数据核字(2018)第 271515 号

职业教育电子商务专业"十三五"规划系列教材
网上创业实务
主 编 曾国熊 何 流
副主编 周运姐 杨 萍 欧阳俊
责任编辑:王海琼 版式设计:莫 克 王海琼
责任校对:王 倩 责任印制:赵 晟

*

重庆大学出版社出版发行
出版人:饶帮华
社址:重庆市沙坪坝区大学城西路 21 号
邮编:401331
电话:(023) 88617190 88617185(中小学)
传真:(023) 88617186 88617166
网址:http://www.cqup.com.cn
邮箱:fxk@ cqup.com.cn(营销中心)
全国新华书店经销
重庆长虹印务有限公司印刷

*

开本:787mm×1092mm 1/16 印张:13.75 字数:326 千
2019 年 6 月第 1 版 2020 年 3 月第 2 次印刷
印数:2 001—5 000
ISBN 978-7-5624-8052-5 定价:36.00 元

编写人员名单

主　编　曾国熊　珠海市技师学院

　　　　何　流　成都市礼仪职业中学

副主编　周运姐　惠州城市职业学院

　　　　杨　萍　广西玉林农业学校

　　　　欧阳俊　佛山市顺德区陈村职业技术学校

参　编　（排名不分先后）

　　　　刘秋丹　深圳市博伦职业技术学校

　　　　陈婷婷　广州市土地房产管理职业学校

　　　　曹佩怡　广州市财经职业学校

　　　　覃　婷　珠海市技师学院

　　　　张燕清　珠海市技师学院

　　　　余诗茜　珠海市技师学院

　　　　刘道敬　广东省贸易职业技术学校

　　　　张巍巍　珠海市技师学院

　　　　曾　婧　广东嘉宝华医药集团股份有限公司

前　言

　　网上创业是一种新兴的创业形式,在"大众创业、万众创新"政策的指引和激励下,越来越多的职业(技工)院校将网上创业列入了骨干课程。《网上创业实务》针对职业(技工)院校学生学习的特点,模拟两名同学创办并初步经营一个网上创业项目的历程,详细介绍网上创业中所需掌握的知识、技能。围绕网上创业过程中的关键步骤展开教学,一步一步地引导学生认知网上创业,掌握将创业想法转化成为创业实践的能力。

　　本书贯彻"做中学、学中做"的教学理念,围绕"初涉网上创业→选择网上创业项目→开始网上创业→筹建网上店铺→经营新的网店→改善和提高网店经营"6个创业步骤设置工作任务。以项目任务为主体,通过情境设计、任务分解、活动实施、活动评价、合作实训等环节,着重培养学生的创业思维,提高其创业想法转化、团队合作以及项目管理等方面的能力,在促进学生创业的同时提高其就业技能,为他们今后无论是创业,还是就业都打下良好的基础。

　　本书具有以下特点:

　　1. 采用教学情境化、知识模块化、实操任务化的模式,引导学生完成具体的任务,并在任务的完成过程中融入相关的理论知识,改革了传统创业课程理论与实践分离的教学模式。

　　2. 大量采用表格和图示,图文并茂地介绍创业知识的重点、难点,使用了许多真实的案例,突出培养学生从案例分析中学习知识的本领。

　　3. 着重培养学生创业准备阶段需要的知识技能,加强培养学生整合资源、管理项目等方面的能力,力求让学生对网上创业有更深的认识,切实把握和辨别网上创业机会、判断自身创业条件是否成熟等技能。本书与"网店装修""电子商务物流""电子商务客户服务"等课程可能有重叠、交叉的知识点,为了避免重复学习,本书更侧重经营策略、综合分析和资源选择等方面能力的培养。此外,从完善学生职业生涯的角度,本书将课程内容延伸至学生创业发展期,促进学生知晓今后的努力方向,帮助他们实现长久的成功创业。

本书由 6 个项目组成,建议按每学期 19 周、每周 4 个课时授课,共计 76 学时,具体如下:

项　目	内　　容	理论学时	实训学时	学时合计
项目 1	初涉网上创业	4	8	12
项目 2	选择网上创业项目	6	8	14
项目 3	开始网上创业	6	8	14
项目 4	筹建网上店铺	4	10	14
项目 5	经营新的网店	4	8	12
项目 6	改善和提高网店经营	4	6	10
总　计		28	48	76

本书由曾国熊、何流担任主编并负责统稿、定稿,周运姐、杨萍、欧阳俊担任副主编并协助统稿,全书编者分工如下:项目 1、项目 2 由曾国熊、周运姐、刘道敬、覃婷、张巍巍编写;项目 3 由何流、陈婷婷编写;项目 4 由曹佩怡编写;项目 5 由刘秋丹、欧阳俊编写;项目 6 由张燕清、余诗茜、曾婧编写。同时,在本书编写过程中得到了重庆大学出版社王海琼编辑等的大力支持和帮助,在此一并致以衷心的感谢!

本书不仅适合于职业(技工)院校电子商务、商贸、营销、服务等专业的学生,也适合有意愿创业、系统学习相关知识的学生。为取得较好的教学效果,建议在学生已经熟悉校园生活、对社会有一定的了解且具备独立思考能力阶段进行教学,宜安排在学生离校顶岗实习前的一、两个学期。本书不要求读者有专业的背景和基础,故还可作为各类培训机构的创业课程教材,同时也可作为社会网上创业人士的自学用书。

本书的电子课件、电子教案及试卷等资源可在重庆大学出版社教育资源网站(www.cqup.com.cn,用户名和密码:cqup)上下载。

网上创业是一门新兴学科,目前还在不断地快速发展,有很多地方需要更深入地探索。限于作者编写水平,书中错误和不妥之处在所难免,恳请读者不吝提出宝贵的意见和建议。留言邮箱:78568889@qq.com。

编　者
2019 年 1 月

目　录

项目 1　初涉网上创业

项目综述

　　王创是一所职业学校的学生,在校期间表现优秀。王创给自己规划了发展蓝图,毕业之后将开一家公司,自己做老板。陈功在另一所学校学习,一直梦想开一家属于自己的小店。王创和陈功这两个好朋友,一天傍晚来到学校附近"创客家"咖啡店,点上一杯该店独创的"创业达人"咖啡,聊起了创业梦想。创业从哪里着手? 有哪些关键环节? 怎样才能成功? 选择哪个网上创业项目? 资金从哪里来? 网店如何经营……他们开始认真思索这些问题。

　　要想成功实现网上创业,我们首先要了解什么是网上创业,自己是否具备网上创业的条件和能力,客观环境是否有利于网上创业以及如何通过努力获得财富或者价值。

项目目标

　　通过本项目的学习,应达到的目标如下:

　　知识目标

➤　了解什么是创业

➤　掌握可选择的创业方式

➤　知道如何开始网上创业

　　能力目标

➤　能够产生创业想法

➤　会筛选合适的创业项目

➤　能够自我评价创业潜力

情感目标

➢ 增强创业意识

➢ 提高自我评价的客观性

项目任务

任务 1   初识网上创业

任务 2   评估是否适合网上创业

任务 1   初识网上创业

情境设计

王创和陈功觉得他们对网上创业一知半解。"在创业之前一定要先弄明白怎样创业！"他们于是马上做了以下事情:首先了解什么是网上创业,然后再学习网上与创业环境有关的风险和政策,为明确创业方向,做好创业定位打下基础。

任务分解

王创和陈功首先从了解什么是创业开始,继而了解什么是网上创业。在此基础上,通过上网查找资料以及向老师、同学请教等途径,进一步学习网上创业的好处、网上创业面对的风险以及在创业过程中可以得到哪些政策扶持等知识。

活动 1   初识创业

活动背景

王创和陈功找到学校"创新创业中心"的刘老师,向他请教创业应该如何开始。刘老师告诉他们:想创业,得先了解创业。要学会分析自己所具备的资源或能力,学会通过哪种平台或者载体去实现财富或者价值的提升。此外,还可以借鉴创业的成功人士,总结他们创业的经验,帮助自己成功创业。

活动实施

> **知识窗**
>
> 创业,广义上是指所有具有开拓性和创新性特征的、能够增进经济价值或者社会价值的活动。狭义上可理解为个人或者团队自主创办企业,就是创业。

【做一做】为了更好地理解创业,请按以下步骤认识一下"创业"。

1. 找出网上创业成功的例子

成功实现创业的例子有很多,例如,某学校有 5 个"90 后"的同班同学,合伙开了个手工皮具工作室,专门定制 DIY 手工提包,成为"手工皮匠达人",月收入超万元,他们取得了创业的成功,如图 1.1.1 所示。又如,某商学院电子商务班的刘同学是一名校园跨境电商先行者,将电子产品和汽车配件出售到美国、俄罗斯等 40 多个国家和地区,年收入 10 余万元,成为一名让人称羡的学生创业者。

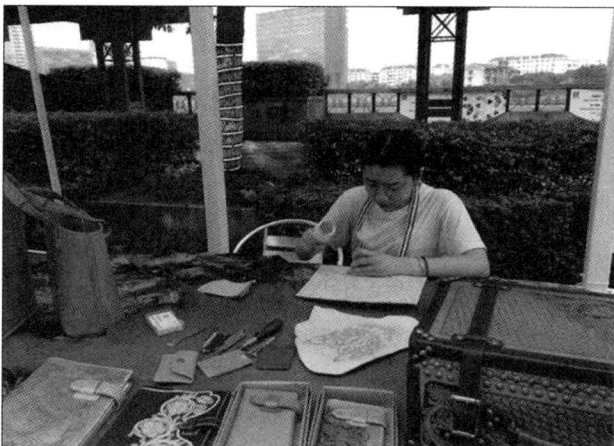

图 1.1.1　学生手工创业(图片来源:浙江纺织服装职业技术学院)

【练一练】类似的成功创业例子不胜枚举,你能找出身边几个在校学生成功创业的例子吗?

创业者	项目和产品	创业渠道	成功原因

2.思考创业的本质

请想一想,下面这些案例是创业吗?

(1)某同学毕业后,进入一家企业,经努力奋斗,成为该企业的总经理,该同学是在创业吗?

(2)某同学在校内开了个"诚信小店",无人值守售卖文具,是创业吗?

(3)比尔·盖茨创建微软帝国,是创业吗?

(4)某公司员工有一项发明专利,将其卖给了公司,由公司提供资金、技术、市场调研完成产品开发,他是创业吗?

根据上述案例思考以下问题,让我们尝试从不同的角度来理解什么是创业。

(1)创业的主体是个人或者小规模群体。

（2）创业的关键是商业机会的发掘与把握。

（3）创业者的身份是资源（知识、能力、社会资本等）所有者和资源（资金、技术、人员、机会等）配置者。

（4）创业需要创立新的社会经济单元。

（5）创业的价值实现有赖于将所提供的产品和服务在市场上转化为商品。

（6）创业是一个创造性的过程，具有创新性。

（7）创业具有明确的目的性：增加财富，包括个人和社会的物质与精神财富。

3．思考成功创业的要点

创业是一件需要全心全意地投入的事情，只有创业思路清晰了、创业路径明确了，才能减少创业的障碍。在这个过程中，创业者需要选择正确的方法，少走弯路。让我们从以下方面理清创业的几个要点：

第1点：学习借鉴。从成功创业者那里学习创业，是一条有效的途径。如果创业者的创业想法、服务或产品并非完全独创，这并不意味着不行，因为好的经营方式也能成功创业。像推特（Twitter）可以说是微博的一种，在推特成立之前，很早就已经有人在脸谱（Facebook）上尝试了。

第2点：明确目标。创业者可以有很多不错的创业想法，但想创业成功，最好只关注其中一个，并且不要轻易将注意力从一个目标转向另一个目标。

第3点：选好地理位置。对于新公司来说，要让目标客户更快地知道它的存在，选择客户群相关的地理位置尤其重要。

第4点：利用好相关数据。开始创业时一般需要撰写商业计划书，在计划书中编制一份数据详细的表格，预测的数据能随着时间的推移发生变化，而不仅仅是一份由文字堆砌的文稿。

第5点：组建创业团队。人是决定性的因素，不要为了降低企业成本，而任用无法胜任工作的员工。初创公司的员工不仅要符合工作岗位的能力要求，还要能够为公司创造附加值。

第6点：做好资金保障。销售额不等于现金流，在资金有限的情况下，资金流才是公司生存的必要条件。创业要先保证个人生活，创业者应将个人财务和公司财务分开管理。

【练一练】依照成功创业的要点，简单制订一份创业计划书。

创业项目	
借鉴成功的案例	
实现目标	
选择地理位置	
阶段安排	
团队情况	
资金预算	

4. 认识创业经历的阶段

创业者主要经历以下 3 个阶段,如图 1.1.2 所示。

图 1.1.2 创业阶段

第 1 阶段是生存阶段。由于是刚开始创业,创业者要以产品和技术来占领市场,依靠不错的创新想法,并做好市场营销。例如,一些网上创业者选择微商,依托关系营销取得创业的"开门红"。

第 2 阶段是发展阶段。这个阶段可以通过规范化管理来增加效益,创业者要思考销售渠道的优化,学会组建并形成稳定的团队。当企业取得了一定的实力,就可依靠系统平台系统地进行营销。当营销网络渠道形成后,再创业就进入了加速发展阶段。

第 3 阶段是成熟阶段。创办的企业有了稳定的客户和收入,形成了一套切实可行的管理办法和盈利模式。企业管理人员逐步稳定,内部管理趋于正规化。

【练一练】在网上找至少 3 个企业,分析它们分别所处的阶段以及创业者的主要工作内容。

创业阶段	企业代表	创业者的主要工作
生存阶段		
发展阶段		
成熟阶段		

5. 找出适合学生创业的方向

学生创业者具有资金少,时间灵活,年轻,有干劲,学习能力强等特点。针对学生创业者的特点,当前适合学生创业的方向主要有以下 4 个方向,如表 1.1.1 所示。

表 1.1.1　创业方向

方　向	领　域	适合对象	相关策略
1	高科技领域	科技研发能力强,技术功底深厚、学科成绩优秀的学生	可积极参加各类创业大赛,获得脱颖而出的机会,同时吸引风险投资。如在电子商务、软件开发、网页制作、网络服务、手机游戏开发等领域创业
2	智力服务	具有音乐、绘画、设计、计算机编程等特长的学生	借助这种方式的低成本,甚至"一张桌子、一部电话"就可开业的优势,举办家教、家教中介、设计工作室、翻译事务所等
3	连锁加盟	资金、技术等创业资源比较有限的学生	借助连锁加盟的品牌、技术、营销、设备优势,以较少的投资、较低的门槛实现自主创业,如外卖快餐、家政服务、校园小型超市等。可选择启动资金不多、人手配备要求不高的加盟项目,从小本经营开始;最好选择运营时间在 5 年以上、拥有 10 家以上加盟店的成熟品牌
4	技术创业	有工艺美术、维修维护等服务技能的学生	如形象设计店、花卉装饰店、服装设计店等,可避开热闹地段节省门面租金,把更多的创业资金用到经营活动中去

【练一练】找出不少于 3 个你愿意并且能够创业的方向。

序　号	创业领域	创业内容	创业计划和策略
1			
2			
3			
4			

活动评价

　　对创业的认知是创业者迈出的第一步,它能够让创业者理解创业概念,掌握创业的方法,并能根据自己的特点选择创业的方向。通过本活动的学习,陈功和王创对创业知识有了一定的了解,在此基础上,他们可以进一步探究网上创业的内涵了。

活动 2 走近网上创业

活动背景

在认识了什么是创业后,陈功和王创进而想了解当下最常见的创业形式——网上创业。创业中心的刘老师有着丰富的网上创业经验,他告知陈功他们首先了解网上创业有哪些平台(如互联网网站、微店、第三方平台店铺等),然后可以经营哪些项目(如商品、服务、劳务等),最后采用何种方式经营(如论坛发帖,网店进货、销售等)。

活动实施

知识窗

网上创业是指创业者发现某种信息、资源、机会或掌握某种技术后,利用互联网,将其发现的信息、资源、机会或掌握的技术,以一定的方式,转化、创造成更多的财富、价值,并实现某种追求或者目标的过程。网上创业的形式很多,网上开店是目前最常见的网上创业形式。

【做一做】通过以下步骤,认识实现网上创业的途径。

1. 寻找网上创业途径

网上创业途径是指借助一定的平台或形式开展创业。常见的网上创业途径有网店、论坛、微商等 5 种,如表 1.1.2 所示。

表 1.1.2 5 种常见的网上创业途径

序　号	创业途径	内容介绍	案　例
1	传统网店	通过建立互联网网站,或者借助互联网交易平台进行商品交易,获得经营收益	前者如华为、小米官网等,后者如淘宝、京东等
2	微商	基于微信平台,使用社交分享、熟人推荐与朋友圈展示等方式进行商品交易。主要有基于微信公众号的微商(B2C)和基于朋友圈的微商(C2C)两种形式	如微信直销化妆品、有机食品等
3	论坛(BBS)	论坛又称网络论坛(即电子公告板),是互联网上的即时电子信息服务系统。它提供一块公共电子白板,每个用户通过它可以发布信息、提出看法、进行讨论、聊天等	比较有名的有天涯论坛、新浪论坛
4	威客(Witkey)	威客是指通过互联网帮助他人解决科学、技术、工作、生活、学习等的问题,把自己的知识、能力、智慧、经验转换成经济收益的人。威客网是他们进行交易的平台	如猪八戒网、时间财富网等
5	寄卖	寄卖主要形式为受托人根据物品所有权人的委托,代为出卖物品,也称为寄售、代销、代卖。创业者可将自有的或采购的物品送交到寄卖网站售卖	如 ux168(寄卖外销商品)、碧园网(寄卖文玩珠宝)等

【练一练】 在互联网上进行搜索,找出不少于 3 个不同的创业途径。

序　号	创业途径	主要的内容	代表网站
1			
2			
3			
4			

2. 了解网上创业的商业模式

网上创业的商业模式指的是通过特定的形式开展互联网业务经营,当前国内主要的网上商业模式有 B2B、B2C 等 5 种,如表 1.1.3 所示。

表 1.1.3　国内主要的网上商业模式及代表网站

序号	名　称	商业模式	代表网站
1	B2B（Business to Business）	企业与企业之间的电子商务	阿里巴巴、慧聪、中国制造网
2	B2C（Business to Consumer）	企业与消费者之间的电子商务	天猫、京东、苏宁易购、当当网、亚马逊中国
3	C2C（Consumer to Consumer）	消费者与消费者之间的电子商务	淘宝网、易趣
4	O2O（Online To Offline）	线下与线上相结合的电子商务	饿了么、大众点评、百度糯米、滴滴打车
5	C2B（Consumer to Business）	消费者与企业之间的电子商务	微商、代理商、招招看、房品汇

其中,B2B 可以分为两个方向,即垂直 B2B 和水平 B2B,如表 1.1.4 所示。如海尔商城就是典型的垂直 B2B 网站代表,直接面向企业客户提供全方位的定制服务。

表 1.1.4　垂直 B2B 和水平 B2B

B2B 方向	模　式	典型代表
垂直 B2B	垂直 B2B 即上游和下游,生产商(商业零售商)可以与上游的原材料供应商之间形成供货关系;生产商与下游的经销商形成销货关系	Dell 电脑公司与上游的芯片和主板制造商进行 B2B 垂直采购;海尔与其分销商之间进行 B2B 销货

续表

B2B 方向	模　式	典型代表
水平 B2B	将各个行业中相近的交易过程集中到一个场所,为企业的采购方和供应方提供交易的机会	阿里巴巴(Alibaba)、环球资源网、中国化工网、慧聪网等

【练一练】在学习了解 B2B、B2C、C2C、O2O、C2B 等主要网上商业模式的基础上,按照下表对它们进行对比分析。

序　号	比　较	相同之处	不同之处
1	B2B 与 B2C		
2	C2C 与 C2B		
3	B2B 与 O2O		
4	B2B 与 C2B		

3. 了解网上创业形式

创业者借助上述创业途径,结合运用不同的网上商业模式,可以形成多种多样的创业形式。以下是常见的几种创业形式。

(1)网上开店:店主(卖家)借助网络向顾客(买家)展示商品,让顾客了解商品的样式、性能、质量、功能等。顾客通过网上互动交流,确定购买商品后,通过网上支付或汇款付款,店主通过线下或快递提供商品。

创业者可以由自己建立网站经营,也可以通过第三方网上交易平台来开店,前者如小米官网(见图 1.1.3),后者如 1 号店、淘宝网、中国购等(见图 1.1.4)。商业模式有 B2C、C2C、B2B 等。

网上开店需要可上网的计算机、手机、扫描仪等硬件设备,还要能熟练使用操作系统、即时通信工具和图像处理等软件。

【练一练】网上开店要求有哪些软硬件?

友情提示

网上开店具有管理方便、形式灵活、交易迅速、商品库存少、不受场地制约等优势,且创业成本低,收效快,已成为网上创业的主要途径。

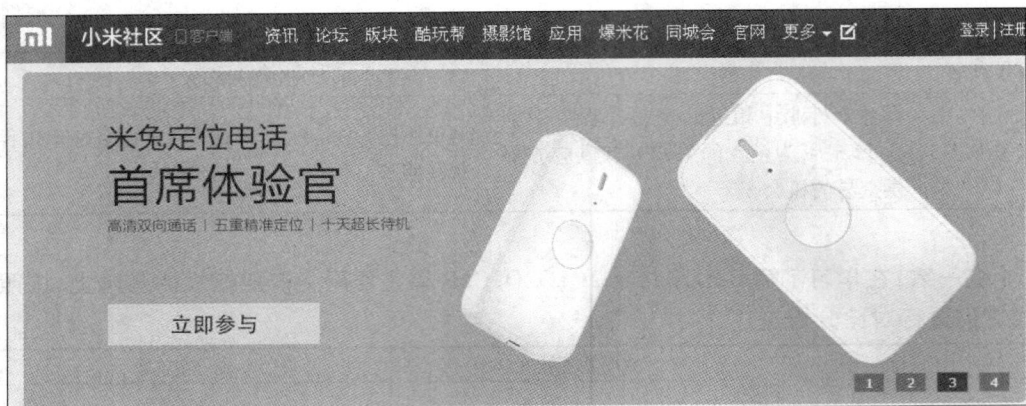

图 1.1.3　网上开店模式之一——自建网站开店

图 1.1.4　网上开店模式之二——第三方平台开店

（2）电子商务服务：提供一定的线上服务以满足市场对电子商务应用的需求。形式可以是域名注册、虚拟主机、商务信息、认证和支付、业务咨询、网店装修、网上代购等服务，商业模式主要有 C2C、C2B 等。

电子商务服务这种创业的特点之一是：在没有他人的帮助下，仅凭一个人的力量也可以完成工作内容，可以不依靠团队合作。在没有丰富的行业知识和创业资源的情况下，这种创业模式简单易行。

阅读案例

某网上装修公司负责人李先生介绍说，他曾在一家网络公司做网页设计，干完本职工作后，客户觉得不满意又找他美化网页，还额外给他支付费用。李先生看到了其中的商机，辞职干起了给网页美容的业务，后来，李先生得知有不少人和他从事类似的职业——网店装修工。据透露，他一个月的工资在 4 000 元左右，在业内属于一般水平，而一些"装修"高手，月薪能达到七八千元，甚至更高。

（3）技术服务：利用自己的技术、技能，成立个人工作室或小型技术公司、设计公司，为企业和个人提供技术研发和技术支持等服务。商业模式主要有 C2C、C2B 等。可以是代为软件开发、系统设计及维护、网络管理与维护、商业解决方案的设计与实施、游戏制作、网页设计与制作等，如图 1.1.5 所示。

图 1.1.5　技术服务模式——猪八戒网

技术服务这种方式以缺乏技术力量的小企业和个人网商为服务对象，要求有较强的专业技能和职业资格，最好还有技术团队或技术人才作为合作伙伴。

（4）中介服务：为商业活动参与者之间的网上交易提供买卖双方的信息服务。在当前大数据背景下，网上交易的买卖双方都需要大量数据为市场决策提供依据，因此产生了对信息服务的巨大需求，作为交易桥梁的电子商务中介应运而生，主要商业模式有 B2B、B2C 等。

中介服务为向客户提供附加信息服务、与交易配套的相关服务或者客户管理服务。其核心是信息的分配和整合，重在信息的搜集、整理、加工和供应。例如中介网是一家专业从事网上中介服务的信息公司，如图 1.1.6 所示。

（5）网络代理：也称网上代理商，它依托互联网代替企业经营相关业务，从而赚取代理佣金，主要商业模式有 C2C、C2B 等。例如中国代理网，提供食品、服装皮具、家居日用等各行业新产品代理、品牌加盟、连锁加盟等，帮助创业者通过销售赚取佣金，如图 1.1.7 所示。

网络代理这种方式不是买断企业的产品，而是厂家给予网络代理一定的经营便利和经营额度，让他们负责商品的销售等事宜。货物的所有权属于厂家，而不是网络代理人。

由于这种方式不需要投入大量资金和时间等资源，相应地利润率也不是很高。

（6）网络广告：就是帮助企业和个人在网络媒介上做精确、有效的广告投放。其主要商业模式有 B2B、B2C 等。

网络广告这种方式要求依法成立网络广告经纪机构，创业者以网络广告经纪人的身份从事业务。

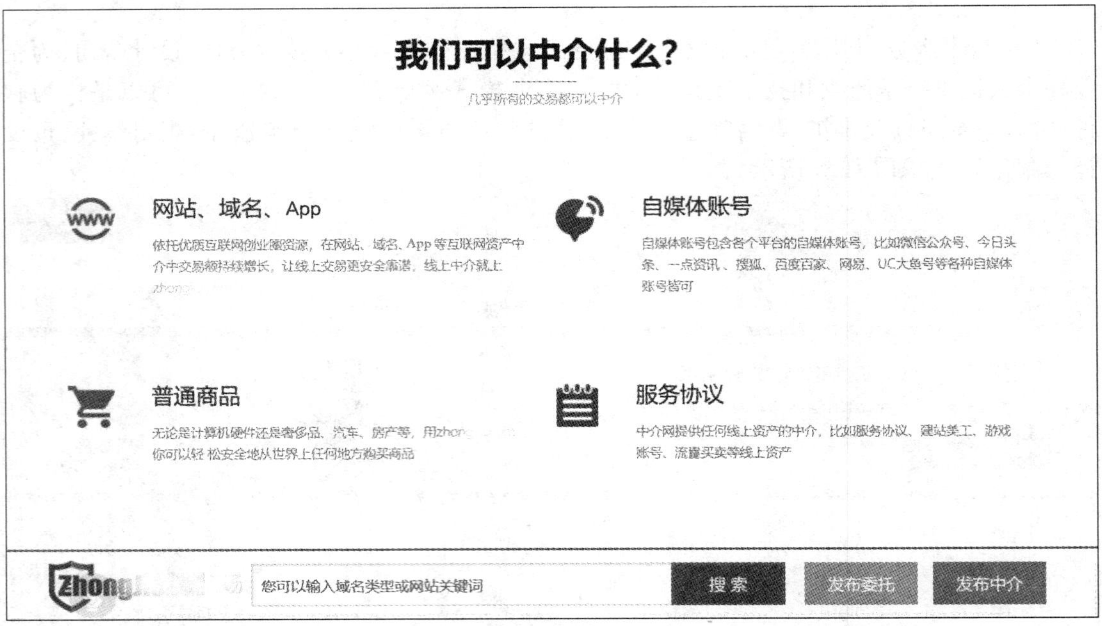

图 1.1.6　中介服务——中介网

图 1.1.7　网络代理——中国代理网

例如,"百度营销"借助百度搜索引擎和联盟网站,向企业提供按效果付费的网络营销服务,让有需求的人便捷地找到适合自己的产品和服务,也让企业用少量投入来获得潜在客户,如图 1.1.8 所示。

创业者需要深入了解大量的网络广告载体网站,并能加入网络广告联盟群体。

图 1.1.8 网络广告——百度营销

阅读案例

"点点圈圈"通过海量社会化媒体资源的整合,覆盖各类微信大号、朋友圈草根红人、微博明星名人、当红直播、当红主播等优质广告资源,满足产品和品牌传播的不同需求,如图 1.1.9 所示。

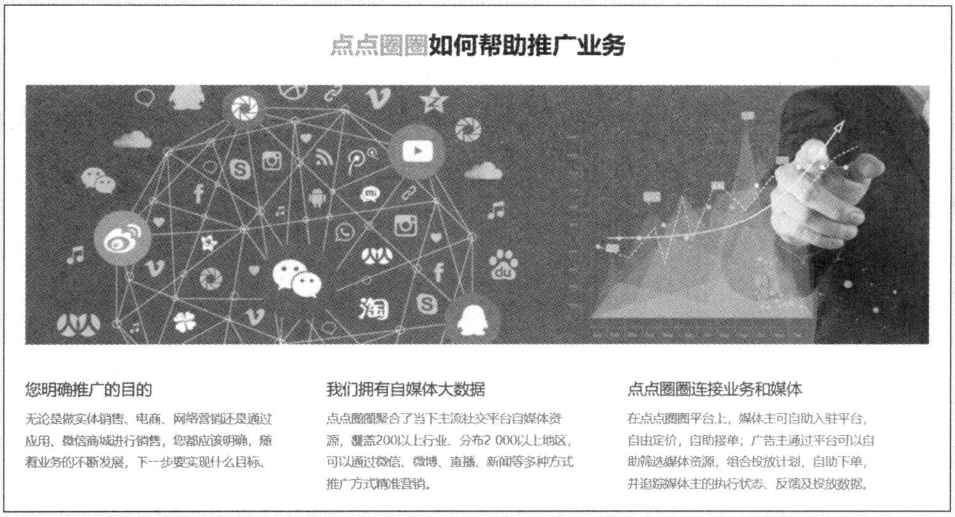

图 1.1.9 网络广告——点点圈圈

【练一练】在互联网上进行搜索,找出不少于 3 个不同的创业形式。

序　号	创业形式	主要的软硬件需求	代表网站
1			

续表

序　号	创业形式	主要的软硬件需求	代表网站
2			
3			
4			

活动评价

网上创业是创业途径之一,也是当前最常用的一种方式。通过本活动内容的学习,创业者可以了解到网上创业的不同途径、模式和形式,并可根据自己创业的需要,从中选择一种合适的网上创业方式。

活动3　找出网上创业的优点

活动背景

启动资金缺少、客户群体不易掌握、经验欠缺等问题,常对创业者,尤其对在校的或刚毕业的创业者造成困扰。刘老师针对陈功和王创的自身情况,结合创业项目的实际,认为网上创业是一条适合他们发挥自己专业优势、获得成功的道路。

活动实施

> **知识窗**
>
> 　　网上创业的优势让无数人圆了创业梦。但网上创业也不仅仅是注册成立一个网上店铺那么简单。以网上开店为例,与实体开店相比,网上开店除了不需要场地、启动资金少等之外,其他方面的投入也必不可少,同样需要店面"装修"、店铺管理、商品营销、进货、送货、售后服务等。因此,如果在创业前没有在这些方面深思熟虑,创业者很容易遭到失败。

【做一做】网上创业是否能够解决下面创业常见的问题?

1. 解决启动资金问题

以网上开店为例,一个依托于淘宝网、京东等的网上店铺,建店投资及日常维护每年需要2 000~3 000元。如果开设实体门店,仅仅是门面租金、装修等就可能需要投入数万元。

2. 解决运营成本问题

网上店铺可以接到订单后再安排生产,没有存货压力;网上支付安全便捷,不需担心货款拖欠问题;还有资金周转有保障,流动资金需求少,这些都是实体店不可比拟的。

3.体现价格优势

由于减少了中间交易环节、没有铺租等固定成本,且没有资金压力及库存压力,使得网上出售的商品价格可以比实体店铺低得多,更容易获得订单。

4.营业时间灵活

网上店铺不需专人看守,可以24小时营业,便于合理地安排查看网上留言、BBS、电子信箱以及客户咨询的时间,也可以方便地调配人手。因此网上创业者比实体店店主自由得多,可以腾出更多精力来做好经营。

5.不受地理位置的限制

实体店业绩与店面位置、大小等密切相关,位置好、面积大的店铺更容易被顾客光顾,但是租金也会水涨船高。网上店铺突破了地理位置的限制,顾客通过网络可以搜索到店铺信息。

6.扩大市场空间

网上交易不受地理位置的限制,顾客群可以是所有的网民,不像传统店铺有辐射半径的影响,因此潜在的客户更多,更容易找到足够的购买者。

活动评价

网上创业相对于传统的创业模式具有明显的优势,大大降低了创业的门槛,让许多创业者能够实践创业。了解网上创业的优点有助于创业者充分利用它们来为创业服务。

活动4 了解网上创业风险

活动背景

网上创业面对的是虚拟市场。在互联网的环境中,创业者与顾客、外部供应者往往只通过网络联系。因此创业者可能遇到许多意想不到的情况,例如欺诈、违法经营、假冒伪劣等,由此可能导致创业失败。考虑到二胎政策放开后带来了很大的市场机会,陈功和王创计划选择童装创业,于是请教刘老师如何规避风险。

活动实施

知识窗

创业风险是指在创业过程中存在的风险。网上创业资金门槛低,市场进入相对容易,信息流通十分便捷,非但新的创业者不断涌进,一些传统企业也纷纷参与网上经营,形成巨大的竞争,稍有不慎就会败下阵来。由于创业活动过程复杂且漫长,受内外部因素的影响,会存在很多不确定因素和意想不到的困难,因此会形成影响创业活动偏离创业预期目标的风险。

创业风险主要来源于以下几个方面:

(1)创业资源的稀缺性(如资金、劳动力、资源、设备不足)。

(2)创业能力的有限性(如团队的分歧、业务骨干的流失)。

(3)创业机遇的复杂性(如创业资源整合十分困难)。

(4)创业环境的不确定性(如市场与技术的变化大、消费者、资源供应者、竞争者等外部影响因素变数多)。

【做一做】进行网上童装店的调查,认识创业风险。

1. 认识竞争市场

同一种商品,在同一市场上会有众多的竞争对手,以童装为例,2018年1月22日在淘宝网上就有74万多个店铺出售童装,销量38万多的就有1 963件宝贝。"童装"搜索信息如图1.1.10所示。

图1.1.10　"童装"搜索信息(图片来源:淘宝网)

2. 认识网上交易信用环境

当前我国社会诚信观念仍比较淡薄,在网络虚拟世界里尤其突出,网络商业欺诈时有发生。创业者稍不留神就会上当受骗,损失金钱。而且网上维权成本高昂,令消费者权益被侵害后很难得到赔偿。

网上交易陷阱多,资金支付安全可能会受到威胁。通过百度搜索,常常会发现存在以下骗术:

(1)钓鱼网站通知虚假中奖,套取银行账号信息和密码。

(2)虚假招聘网站,骗取报名费用。

(3)虚假优惠促销,骗取快递费。

网上骗术时常更新,往往让人防不胜防。因此,在进行网上交易时,需要甄别对方的真实身份,要获得对方的信用情况。要做到不贪图便宜,不轻信他人,进行交易要选择信用好的网上交易平台,并使用安全的支付方式。

3. 了解成本变化风险

目前网上创业的模式主要有B2C、C2C等。随着提供这类服务的网站趋于成熟,其所提供的服务也逐步进入了收费时代,从而提高了经营成本。以"淘宝网"为例,它将自己的业务分成了"淘宝集市"和"天猫"两大板块,"天猫"得到"淘宝网"的大力扶持,但不再免费。

4. 认识信息系统安全风险

因为网上创业是在开放的网络上进行经营活动,支付、订货、销售、谈判等重要的商业信息在计算机中存放、传输和处理,容易遭到黑客、病毒等的攻击,导致信息被盗窃或破坏。此外,系统崩溃、程序错误、错误传输等都会造成信息丢失或失误,给创业者造成损失。

阅读案例

个人计算机一般都装有杀毒软件,但是相对于网上黑客而言,普通的杀毒软件根本无法防止他们的攻击。网上黑客是怎么窃取财物的呢?下面是一个误扫二维码,导致支付宝被骗子盗用的案例。汪女士的淘宝网店专卖羊毛衫,某日下午,有人通过淘宝旺旺发来一条信息"我在微信上看到朋友发了几件衣服好漂亮哦,不知道你的店里有没有?有的话我全部拍下来。款式图片在这个二维码里,麻烦你扫一下"。王女士以为这和平常刷二维码购物的方式一样,没多想就用手机扫码。但点开链接后,手机网页突然卡住了不能正常显示。王女士这才赶紧通过电脑登录支付宝账户,发现密码已经被修改了。随后,不仅支付宝及其绑定的银行卡中5 000多元被转走了,余额宝以及阿里信用贷款中的几万元也都被转走。王女士急忙冻结账号并马上报警。谁知在派出所做笔录期间,盗号者又转走了12多万元的信用贷款。后来公安民警经调查,发现盗号者通过一个云端软件获取了王女士的手机号码、密码等信息,还截取了她淘宝平台上发来的所有信息,如验证码等。在汪女士冻结账户之后,盗号者通过拦截淘宝网发来的验证码信息又解冻了账号,并快速将钱转到一家卖游戏点卡的店,并在随后出售变现。

友情提示

缺乏"风险意识"是创业失败的一个重要原因,不少新创业者对市场、营销和竞争对手情况等缺乏足够认识,对于网上创业可能遇到的挫折和失败缺乏足够的思想准备。在创业过程中,一旦遇到问题,往往束手无策,不能正确应对,导致创业失败。因此,只有提高创业风险意识,避免犯别人犯过的错,才能提升抗风险能力,夯实创业成功的基础。

活动评价

网上创业在降低门槛的同时,也让创业的风险加大了。一着不慎满盘皆输,这些风险的出现可能让创业努力前功尽弃。机遇与风险并存,如何避免风险、抓住机遇,是创业者的必修课之一。

活动5 获取创业扶持政策

活动背景

随着市场竞争变得更加激烈,创业难度也越来越大。为帮助创业者实现梦想,国家大力鼓励"大众创业、万众创新",出台了许多优惠政策支持创业。网上创业是创业形式的一种,因此各级政府的创业扶持政策也同样适用于网上创业。各地的政策在内容上虽然各有侧重,但大体上都包括融资、开业、税收、创业培训、创业指导等方面。为了让自己的创业获得政府的帮扶,陈功和王创觉得有必要全面了解创业扶持政策。

活动实施

【做一做】针对你计划创业的项目,找出你所在的学校或地区的创业扶持政策。

1. 查找国家创业扶持政策

国家和各省、市创业扶持政策一般都可以通过政府官网查询,也可以在搜索引擎中输入"创业扶持政策""创业工作意见"等关键词搜索。目前国家、省、市分别都有出台扶持创业的政策,如表 1.1.5 所示。

表 1.1.5　相关的创业扶持政策

序号	文件名称	文件号
1	《国务院关于进一步做好新形势下就业创业工作的意见》	国发〔2015〕23 号
2	《国务院关于大力推进大众创业万众创新若干政策措施的意见》	国发〔2015〕32 号
3	《广东省人民政府关于进一步做好新形势下就业创业工作的实施意见》	粤府〔2015〕78 号
4	《广东省人民政府关于大力推进大众创业万众创新的实施意见》	粤府〔2016〕20 号
5	《珠海市创业补贴实施办法》	珠人社〔2015〕363 号
6	《珠海市青年创业人才项目扶持办法》	珠人社〔2018〕266 号

2. 找出本地区创业扶持政策

可以从政府网站、创业服务网站、政府公报、报纸报道等途径,获知本地区的创业扶持政策。以珠海市为例,创业扶持政策主要有以下内容,如表 1.1.6 所示。

表 1.1.6　网上创业优惠政策

序　号	政策对象	给予的优惠政策
1	新创办企业	租金补贴
		招用职员岗位补贴
		招用职员社会保险补贴
		工商注册办证等收费减免
2	创业者个人	社会保险补贴
		创业培训补贴
		创业资助
		小额贷款
		免个人档案托管费

(1)创业资助。创业者成功创业,政府给予一次性 5 000 元的创业资助;对评选为市级优秀创业项目的,每个项目给予 5 万元至 10 万元的资助。

(2)租金补贴。初创企业入驻政府所属创业孵化园区的,按照第一年不低于 80%、第二年不低于 50%、第三年不低于 20% 的比例减免租金。创业者自己租用经营场地创业,每年给予最高 8 000 元、最长不超过 3 年的租金补贴。

（3）创业社会保险补贴。初创企业招用应届高校毕业生或本市就业困难人员，签订 1 年以上期限劳动合同并按规定缴纳社会保险费的，创业者（含合伙人或股东）及其招用的应届高校毕业生和就业困难人员可享受最长 3 年的社会保险补贴。在初创企业期间创业失败的，创业者可领取最长达 1 年的社会保险补贴。

（4）小额贷款。创业者可享受贴息的创业小额贷款额度最高为 20 万元，吸纳就业并办理就业登记、缴纳社会保险费满 3 个月，还可根据吸纳就业人数，按每人 10 万元的标准增加贴息额度，享受贴息的贷款额度最高不超过 200 万元。

（5）行政事业性收费减免。对初创企业免收登记类、证照类、管理类行政事业性收费和工会费，事业单位的服务收费按 50% 收取。

3. 获取身边的创业扶持政策

一些院校响应教育部出台的一系列创业新政，制定了本校学生的创业扶持政策。例如建立众创空间，定点组织创业指导站活动，由校内导师、校外创业指导专家和企业家为学生提供专业性、实践性的创业咨询指导。又如符合条件的大学生创业企业入驻学生创业孵化器，可获得场地租金第一、二年房租免费，第三年按 50% 减免的优惠扶持政策。学校还可用包括学生创业种子资金在内的各类专项资金对孵化器相关费用给予补贴。此外还会免费提供办公场地及水电、办公桌椅等办公设备、网络接入服务、客户接待室及会议室、创业培训服务、创业政策咨询服务、科技项目申报服务、政策指导服务、创业沙龙活动场所、专利申请服务等。

活动评价

国家政策具有导向性的作用，创业者乘着政策的东风，更容易扬帆远航。由于国家政策会不断进行调整，创业者需要注意收集掌握政策动态，并主动向相关主管部门申请获得扶持和帮助，充分把握住政策带来的"红利"。

合作实训

> 实训项目：阅读下面的案例，完成实训内容，将分析结果写在活页纸上。然后每组派出代表进行结果展示和阐述。
>
> 实训要求：
>
> （1）每 3~5 人一个小组协同完成任务。
>
> （2）请每组同学派一名代表上台展示结果。
>
> 【阅读材料】叶文同学在网上开了一家童装店，以下是他在接受采访时的对话。
>
> 采访者：请问叶文同学，你为什么选择在网上开童装店？
>
> 叶文：我曾经考虑过开一家童装的实体店铺，但是我初步预算成本需要 6 万~7 万元，还有店铺的装修费等，作为一名学生，实在没有那么多的资金来开实体店。后来听同学讲，网上开店基本上没有什么费用，于是我购买了一本《网上开店》，自己边学习，边开店，整个过程一共花费了 3 000 多元，我的网店就开起来了。
>
> 采访者：请问你的客流量大吗？在网上买童装的客人多吗？
>
> 叶文：刚开店的时候只有几个客人询问价格，后来客人去实体店做了对比，发现我店里童装的价格确实比实体店童装的价格便宜，所以我的客人也就越来越多了。

采访者:为什么你的童装价格要比实体店的童装价格便宜呢?

叶文:因为我的成本低,没有店铺租金,也没有请工人。而且我的货源都是从厂家直接进货的,所以成本低了很多。

采访者:好的,谢谢叶文同学。

实训内容:请根据以上阅读材料内容,填写下表。

网上创业的优势	网上创业的劣势

任务2　评估是否适合网上创业

情境设计

经过一段时间的思考和筹划后,王创和陈功走上了创业之旅。他俩拿出积攒下来的资金,打算先从开网店做起。网上开店门槛不高,手续也不复杂,但是在为数众多的创业者中,能持续经营并取得盈利的毕竟是少数。在每天数以千计新店开张的同时,也有为数众多的老店正在消失了。王创和陈功不禁有点担心。自己是否适合网上创业呢?

任务分解

万物总有规律可循,王创收集了不少成功创业的案例,而陈功则找到了一些创业失败的故事,他们经过对比分析,列出了创业所需的条件和创业成功的标准。在分析了许多创业成功的案例后,他们将影响成功创业的主要因素一一列出,然后将这些因素和他们自己的情况做一个对比,从中分析自己是否适合网上创业。

活动1　明确创业成功的标准

活动背景

创业的意义是什么? 如何看待创业是否成功? 带着这些问题,陈功和王创向学校创业服务中心的刘老师咨询。刘老师告诉他们,学生创业不仅可以为社会创造新的财富,还能带动更多的同学就业,因此受到国家政策鼓励。创业者不能仅以金钱来衡量创业成功与否,创业者在创业过程中不仅可以积累更多的知识和取得工作的经验,还可以丰富人生阅历,这些成长和进步,对创业者来说也是一种成功。听了刘老师的话,陈功和王创觉得很受启发。

活动实施

> **知识窗**
>
> 在如何定义成功的问题上,见仁见智。有人从财富的角度来衡量,有人从事业的角度判断,还有人从社会贡献的角度考虑。对于不以营利为目的的社会公益组织来说,则可从是否取得社会价值、得到社会认可来判断。成功创业的标志不一定是成为微软、阿里巴巴等时代巨人。网上创业不论规模的大小,雇用人员的多少,只要能够营利,能可持续地发展,能通过创办的企业养活自己甚至更多的人,就可以说是成功的。

【做一做】通过思考,找出衡量创业是否成功的标准和依据。

1. 了解创业者的意义

创业者的意义,在于面对问题,努力找到更好、更有效率的方法解决,或者找出下一个突破点,或者找到一个新的商业模式。例如,年轻时就已经成功创业的王永庆先生,一辈子都在努力创造价值,直到身体不行了还不愿停止,这体现了创业者的人生意义。

2. 找出创业成功的衡量标准

从企业运营的角度来说,创业成功可以从三个方面来判断:一是判断企业是否盈利,也就是是否做到总收入≥总支出;二是判断企业经营模式是否稳定,保有相对稳定的客户;三是判断是否健康运行,能够持续经营下去。

如果满足了以上条件,说明创业者能够实现企业的存活,并能使企业得到成长和发展,可以称得上成功了。

从促进社会发展的角度来看,如果创业者所做的事情能对工作有利、对企业有利、能让企业的员工满意和客户满意,也是一种成功。

【练一练】根据你对创业的理解,列出更多能显示创业成功的标志。

网上创业成功的标志	依据或理由
实现人生理想和目标	
企业营利	
经营稳定	
能够持续	
帮助其他人就业	

活动评价

　　衡量创业成功的标准有很多,从不同的角度来看,创业成功的含义不尽相同。只有明确了创业的意义,我们才能更好地理解创业成功,也有助于我们制定创业目标,并有针对性地规划通往成功的路径。

活动2　找出创业成功的关键因素

活动背景

　　马云、李开复、张朝阳、李彦宏、丁磊、马化腾……这些在互联网领域获得巨大成功的创业者背后,都离不开艰辛的创业历程,尽管成功之路不同,但在他们身上总有一些相似的符号,为他们的成功奠定基础。刘老师告诉陈功和王创,在创业前有必要分析影响创业成功的两个决定因素:个人条件和外部条件。

活动实施

　　知识窗

　　创业者往往是在常人看来难以成功的地方,取得了出人意料的成绩,较强的个人能力、优秀的素质、合适的外部条件等要素,对成功起到了关键作用。例如,"饿了么"的创办者张旭豪在创业初期,将上海交通大学闵行校区附近的餐馆信息整理成"饿了么"外送广告在校园分发,然后在宿舍接听订餐电话。接到订单后,他们先到餐馆取快餐,再送给顾客。但是正当业务迅速发展的时候,他们却接连遭受打击:先是窃贼光顾宿舍将电脑等财物一掠而空;接着一位送餐员工在送外卖途中出车祸;随后又有一辆配送外卖的电动车被偷……重重压力下,张旭豪不得不撤销热线电话和代店外送,让顾客与店家在网上自动下单和接单。为了给网站宣传,张旭豪不停地参加各种创业大赛,以扩充创业本金。通过创业竞赛,团队总共赢得了45万元创业奖金。为了吸引更多饭店加盟,他们每天出门"扫街"(铺设网络),最忙时一天要"扫"100多家饭店,最难谈的饭店,"谈"了40多个回合才谈下来(以上资料来源于互联网)。

　　创业者成功创业的方式各不相同,每个要素在不同创业经历中所发挥的作用不完全相同,会受到创业者自身条件和外部环境综合作用的影响。在不同的创业条件下,要善于抓住重点要素,发挥自身优势,才能提高创业成功的概率。成功创业人士一般具有以下主要特征:

　　①怀有强烈的创业欲望和动机;

　　②能够承受创业带来的巨大风险;

　　③善于积极主动地与人沟通;

　　④能得到亲人和朋友的帮助和支持;

　　⑤具备坚韧不拔的毅力和逆境中坚持的勇气。

【做一做】列出你的个人条件及外部条件,对照成功创业者的特征,做一个全面的分析。

1. 分析个人条件因素

每个人都有自己的性格、爱好、特长、体格等,这些因素对创业都能产生影响,如图1.2.1所示。

　　①以创业作为目标:有足够的创业动机,不满足于现状,有实现自我价值、创造更多财富的强烈愿望和动机,为了实现创业目标能作出牺牲。

　　②健康的体魄和进取的精神:不仅有适应高强度工作的体力、积极进取的拼搏精神和持之以恒的韧劲,还要具备良好的心理素质,不畏艰难,敢于竞争,相信失败了可以重来。

　　③良好的做事风格:敢于冒险而绝不轻率,面对创业风险积极采取措施防范和应对。工作勤奋,吃苦耐劳,能够挺过创业初期的各种艰难险阻。脚踏实地,务实创新,想方设法解决遇到的创业问题,一步一个脚印地找到通往成功之路。

　　④较好的个人能力:有良好的学习和适应能力、思维分析能力、人际关系技巧和语言表达能力。

　　⑤一定的知识和经验:善于学习,不断尝试,积累了较多的行业和专业知识,熟悉计算机网络、网上交易规则以及所销售的产品等方面知识。

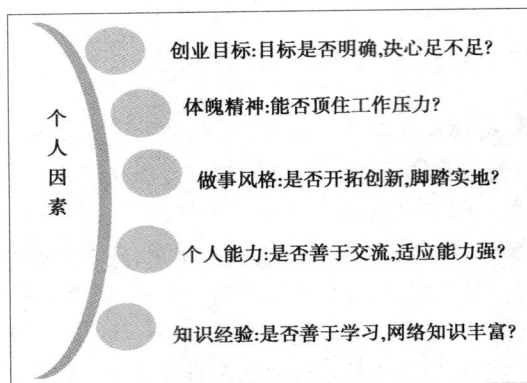

图 1.2.1　个人因素

【练一练】你是否适合创业？有多少创业潜力？下列测验可帮助你决定自己是否可以加入创业者的行列（以下问题回答"是"得 1 分，回答"否"则不计分，请统计你所得的分数）。

（1）你是否曾经为了某个理想而设下两年以上的长期计划，并且按计划进行直到完成？

（2）在学校和家庭生活中，你是否能在没有父母及师长的督促下，就可以自动地完成分派的工作？

（3）你是否喜欢独自完成自己的工作，并且做得很好？

（4）当你与同学、朋友在一起的时候，你是否曾被推选为领导者，大家都愿意听从你的意见和安排？

（5）在求学时期，你是否有通过打工、做生意等挣钱的经验？

（6）你是否能够专注地投入个人感兴趣的事情连续 10 小时以上？

（7）你是否有习惯保存重要资料，并且井井有条地整理，以备需要时可以随时提取查阅？

（8）在平时生活中，你是否愿意为了他人的需要而主动参加公益活动？

（9）不论成绩如何，你是否喜欢音乐、艺术、体育以及团队活动课程？

（10）在求学期间，你是否曾经带动同学，完成一项由你主持的大型活动，如运动会、歌唱比赛、画海报宣传活动等？

（11）你喜欢在竞赛中，看到自己表现良好吗？

（12）当你为别人工作时，发现其管理方式不当，你是否会想出适当的管理方式并建议改进？

（13）当你需要别人帮助时，是否能充满自信地说服他们向你施以援手？

（14）当需要经济支援时，你是否能够大胆、主动地去说服别人为你提供帮助，尤其在金钱上的直接帮助？

（15）当你要完成一项重要的工作时，是不是会提前认真做好准备，让自己有足够的时间来完成，而不会出现时间不足、草草了事的情况？

（16）你是否具有很强的时间观念，能够做到精准、高效地安排时间，并确保按时完成所计划的事情？

（17）你是否有能力安排一个恰当的环境，使你在工作时能不受干扰，有效率地专心工作?

(18)你交往的朋友中,是否有不少目光长远、聪明睿智、事业有成的人?

(19)你在社区或学校社团等团体中,被认为是受欢迎的人物吗?

(20)你是否有理财的意识和能力,能够做到在坚持积累储蓄的基础上,将储蓄进行理财,借助"钱生钱"来加快资金增长?

(21)你是否可以为了增加收入而牺牲个人娱乐时间,不辞辛苦地努力工作?

(22)你对自己所承担的工作是否有强烈的责任心,能够挑起工作任务并全力以赴地去做好它?

(23)你在工作时,是否有足够的耐心和耐力?

(24)你是否善于与人交际,能够在很短的时间内结交新的朋友,并能给对方留下深刻的印象?

【结果分析】

0~5分:你目前不适合创业,可考虑先为别人工作,同时努力提高自己的创业能力。

6~10分:你需要在他人的指导下去创业,借助他们的帮助来提高创业成功概率。

11~15分:你可以尝试自己创业,但是你要针对上面答案为"否"的问题,分析自身不足并努力补足短板。

16~20分:你拥有创业的潜质,可以从小规模的事业开始,不断丰富经验、提高能力,逐渐成为一名成功的创业者。

21~24分:你有较大的创业潜能,适合进行创业。如能抓住机遇,将很可能创业成功。

2. 分析外部条件因素

创业者个人条件所起的作用是决定性的,但也不是无条件的、绝对的,只有在一定的外部条件下,创业者才能实现创业成功。这些外部条件如下:

(1)商品或服务资源。

①能通过自己或者创业伙伴向市场提供某项产品、服务;

②具有产品、服务供应的便利条件,有成本优势;

③拥有经营所需的网络资源、专业设备、技术、信息等要素优势。

(2)市场资源。

①熟悉销售市场,有客户资源;

②在生产、销售、服务等环节有创新,可以吸引新老顾客;

③和竞争对手相比,自己有综合的优势。

(3)资金资源。

①创业资金充足,能够满足创业前期的资金投入;

②较强的筹资能力,能为创业项目提供后续资金支持。

(4)社会资源。

①有良好的人脉关系,广大的朋友圈,在创业过程中能得到产品、客户、资金等方面的帮助;

②能获得政府或社会组织给予的创业政策支持。

（5）人力资源。

①创业团队中有擅长经营管理、市场营销、电子商务、网络技术等的人才；

②创业团队团结稳定，能形成合力。

友情提示

外部条件无论多么有利，也要通过创业者自身的内部条件才能产生作用。创业者内在条件和外部条件有机结合，会产生奇妙的"化学反应"，促使创业取得成功。还要注意的是，并不是创业者具备以上全部的内、外部条件，才能获得成功。一般而言，在上述所有外部条件中创业者拥有优势的条件占 2/3 以上的情况下，会更容易取得成功。

活动评价

只有明确了成功创业所需具备的要素，才能做到心中有数，并从两方面来完善自己：一是对自己具有较强优势的要素，要予以充分利用，发挥其应有作用；二是对存在不足的要素，要努力改善、提高，尽量控制其负面影响。

活动3   分析自己的创业潜力

活动背景

创业所需的内外部条件有很多，不能不做任何准备就盲目创业。在条件尚未成熟的情况下，磨刀不误砍柴工，谋划周全一点，创业胜算就会多一分。科学测评自己的创业潜力，知道自己的短板和长板，可以更好地实现创业。

活动实施

知识窗

在创业前，对个人创业素质进行一次自我评测，有助于进一步分析自主创业的优势与不足，更加科学地审视存在的问题，可以趋利避害。对创业能力进行自我测评首先要对创业有关的创业内外部条件和要素进行整理归类，并列出表格，然后对照表格给自己进行打分，最后根据打分的情况，判断自己创业条件是否成熟。

【做一做】通过测评表格等工具，测一测你具备的创业潜力有多少。

1. 列出网上创业的要素

将网上创业要素——列出，并将它们分为 5 个项目类别，每个项目又列出 A、B 两列。然后在每一行列举出与创业相关的问题，在 A、B 两列对应地描述问题的内容，在内容的一侧再增加一个打分列（见表1.2.1）。根据自己的实际情况，对照判断是否与问题描述的内容相符；如相符则在其侧边的栏目里打分，每项分值为 2 分。例如同意"我有开拓新市场能力"，则在 A 列左侧的打分栏填上 2 分；若不同意，则在 B 列右侧填上 2 分。要——将所有的问题按这个方法回答完毕。

表 1.2.1 创业自我测评表

（1）创新意识

A	分 值	B	分 值
我会经常对现有商品提出改善的意见		我不会经常对现有商品提出改善的意见	
我有开拓新市场的能力		我没有开拓新市场的能力	
我会经常提出一些新问题		我不会想到什么新问题	
我经常去尝试新的事物		我不愿意去尝试新的事物	
总　　计		总　　计	

（2）团队的执行能力

A	分 值	B	分 值
我有一个优秀的团队,执行力很强		我的团队像一盘散沙,执行能力不强	
创业不是一个人的事,我需要学习带领整个团队		创业本来就是我一个人的事,自己亲力亲为就可以	
我的团队可以满足我的创业需求		我的团队不能满足我的创业需求	
团队精神很强,积极进取,不断突破		可以完成任务就好,不需要太完美	
我可以很好地带领团队一起努力奋斗		我无法团结我的团队,带不动他们一起奋斗	
总　　计		总　　计	

（3）创业者的心态

A	分 值	B	分 值
我喜欢做更有挑战性的事情		我喜欢顺其自然地做好当前事情	
我喜欢每天工作很长时间,不介意利用业余时间加班加点工作		我认为工作以外的时间很重要,不需要太过于沉迷工作	
我遇到挫折和失败不会沮丧太久		挫折和失败对我有很大的影响,很难走出阴影	
我相信自己有能力扭转局势		一个人能够独立做的事情是有限的,命运和运气起着很大的作用	
总　　计		总　　计	

（4）资金来源

A	分 值	B	分 值
如果我有资金投资于企业,就算亏损我也能接受现实		我很难接受投资的资金亏损的现实	
我的交际圈广,可以找朋友借钱		我的交际圈很窄,很难借到资金	
我的家人愿意帮助我克服创业资金的困难		我的家人不愿意或没有能力帮助我克服资金的困难	
我可以通过银行小额贷款、风险投资、国家政策性扶持等合法金融措施筹措资金		我觉得办手续很麻烦,我不需要	
从各地孵化基地或中小企业服务机构获得资金支持		我不需要任何机构支持,我靠自己	
总　计		总　计	

（5）创业者的经验

A	分 值	B	分 值
我有很好的新颖创业想法,在工作中也吸收了很多经验		我没有新颖的创业方法,也没有吸收过什么经验	
我认为创业需要具备经验,这样才能做得更好		我认为创业不需要经验,也可以做得很好	
我缺乏社会经验,但我会积极提升各方面能力,协调与外界的关系		我有足够的社会经验,不需要提升自己的能力	
我有很强的相关专业知识,也吸收许多成功者的创业经验,可以对我有很大的帮助		我没有很强的相关专业知识,但可以去招聘相关人才协助。我认为这对创业没太大影响	
我的经验不足,可以找一位能提供咨询服务的人做顾问或者找一位有经验的合作伙伴		我自己能行,不需要别人的帮助	
总　计		总　计	

2. 计算测评得分

将 5 个项目相加,得出总分。A 栏的总分数越高,说明越具有创办成功的潜质;B 栏总分数越高,说明你的创业基础还不牢固,要在加强自身的素质后,才能实现成功创业。

需要注意的是,表 1.2.1 只是对创业潜力的一个初步的诊断,目的是帮助创业者运用量化的方法了解自我。对于用这个表格所得的成绩,仅作为参考。如果希望从中得到更准确的解释,创业者应与专业的职业指导人员联系,求得指导。

友情提示

创业的潜力越大,成功的概率就越高。然而,创业也不能循规蹈矩,有些条件要靠"创"和"闯"才能得到,勇于尝试,敢为人先,往往可以克服部分条件的不足,让创业者得到先机,叩开成功的大门。

活动评价

创业者在创业前运用创业分析方法,可以全面了解本人的基本素质,结合个人外部资源的特征,正确地评价和利用个人创业资源,为创业做好心理上的准备,增强创业的自我竞争意识和能力。陈功和王创也对他们的创业潜力进行了评估,得到的结果是 A 项总分高于 B 项总分,这让他们更有信心了。

合作实训

判断个人和团队是否适合创业

实训项目:阅读下面的案例,完成实训内容,将分析结果写在活页纸上,然后每组派出代表进行结果展示和阐述。

实训内容:

(1)根据以下案例,找出马化腾成功的 5 点关键因素。

(2)分析网上创业成功的要素哪些最为重要,为什么?

(3)运用列表法对自己所在的小组进行分析,并评估团队是否适合网上创业。

【阅读材料】

在马化腾成功后,有人总结原因说是他运气太好。而马化腾总结说,是对 QQ 太专注成就了今天的自己。马化腾每天大部分时间都在网上度过,他上网只有一个目的,那就是在互联网时代里进一步发掘新的商机。

QQ 秀就是他在互联网上寻到的一块"肥肉"。偶然一次,马化腾发现韩国推出了一种给虚拟形象穿衣服的服务,马化腾觉得这个很有意思,于是把韩国的那套东西搬到 QQ 上推广尝试。他同时找一些著名的手机和服装公司,例如诺基亚和耐克等国际知名公司,让它们把自己最新款的产品通过 QQ 秀用户来下载。QQ 秀由这些公司提供服饰设计、手机等多种产品,很快风靡了 Q 族世界,而腾讯公司没有为 QQ 秀的服装、饰品花费任何的"银子"。

(以上案例来源于互联网)

项目总结

在创业之前,创业者应做好充足的准备,对网上创业的一知半解可能会导致创业之路颠簸不平。创业者应首先了解什么是创业,进而了解网上创业以及与创业有关的风险和政策,然后明确创业的方式,并知道从哪里开始网上创业。

在掌握了网上创业的基本知识之后,创业者要能够产生并整理自己的创业想法,学会从中筛选合适的创业项目,之后根据自己的主观、客观条件来自我评价创业潜力。在明确了成功创业所需具备的要素后,创业者对自己具有较强优势的要素,要予以充分利用;对存在不足的要素,要努力改善提高,这样才能提高创业的成功概率。

项目检测

1. 单选题(每题只有一个正确答案,请将正确的答案填在括号中)

(1)在淘宝上开店属于哪种模式?(　　　)

A. C2C　　　　　　B. B2C　　　　　　C. B2B　　　　　　D. G2C

(2)下列不属于 B2B 模式的是(　　　)。

A. 阿里巴巴　　　　B. 慧聪　　　　C. 中国化工网　　　　D. 京东

(3)哪种方式要求有较强的专业技能和职业资格,以缺乏技术力量的小企业和个人网商为服务对象,最好还有技术团队或技术人才作为合作伙伴?(　　　)

A. 网络代理　　　B. 电商服务　　　C. 中介服务　　　D. 网上开店

(4)下列哪个不是从企业经营角度来判断创业成功的维度?(　　　)

A. 判断企业是否盈利

B. 判断企业经营模式是否稳定,保有相对稳定的客户

C. 判断是否健康运行,能够持续经营下去

D. 判断企业是否给员工带来福利

(5)创业经历的最高阶段是(　　　)。

A. 生存阶段　　　B. 公司化阶段　　　C. 集团化阶段　　　D. 上市阶段

2. 多选题(每题有两个或两个以上的正确答案,请将正确的答案填在括号中)

(1)创新型人才的特点是(　　　)。

A. 具有创新精神和创新能力　　　　　B. 个性灵活、开放

C. 力求稳妥,拒绝冒险　　　　　　D. 精力充沛、坚持不懈

(2)学校强化创新创业实践的举措包括(　　　)。

A. 建立创业实验室　　　　　　B. 建立创业孵化基地

C. 建立校外实践教育基地　　　　　D. 聘请校外创业顾问

(3)成功实现网上创业的关键因素中外部条件有哪些?(　　　)

A. 商品或服务资源　　　　　　B. 市场资源

C. 资金资源　　　　　　　　D. 社会资源

E. 人力资源　　　　　　　　F. 个人特质

(4)下列属于 B2C 模式的有(　　　)。

A. 天猫　　　　B. 京东　　　　C. 苏宁易购　　　　D. 当当网

E. 亚马逊中国

(5)适合学生创业的方向主要有(　　　)。

A. 智力服务领域　　　B. 高科技领域　　　C. 连锁加盟领域　　　D. 开店

E. 技术创业

3. 判断题(正确的画"√",错误的画"×")

(1)创业自我测评表中,B 列分值越高,说明创业条件越成熟,越容易成功。　　(　　　)

(2)技术功底深厚、学科成绩优秀的学生才有成功的把握,可以选择高科技领域方向创

业。　　　　　　　　　　　　　　　　　　　　　　　　　　　　　（　　）

（3）设计工作室属于智力服务领域创业,成本较低,一张桌子、一部电话就可以开业。

　　　　　　　　　　　　　　　　　　　　　　　　　　　　　　　（　　）

（4）创业成功的标准就是财富的增加。　　　　　　　　　　　　　　（　　）

（5）创业风险主要来自市场不确定性和创业者经验的缺失。　　　　（　　）

4. 案例分析

陈生,壹号土猪创办人,他毕业后放弃了让人羡慕的"铁饭碗",下海创业。2007 年,陈生创立了猪肉品牌"壹号土猪",在不到两年的时间里,在广州开设了近 100 家猪肉连锁店,营业额达到 2 亿元。实际上,之所以很短时间在养猪行业里能取得骄人成绩,成为拥有数千名员工的集团董事长,不仅在于陈生有过人的胆识和不懈地努力,还在于他此前几次创业的"实战经验":他卖过菜,卖过白酒,卖过房子,卖过饮料。

陈生认为:很多事情不是具备条件、做好了调查,就能做好的;往往是在条件不充分的时候就要开始做,才能抓住时机(以上资料来源于互联网)。

（1）什么是创业条件,它包括哪些内容?

（2）如何评估自己的创业条件?

（3）你赞同陈生的观点吗?

www.🛒.com

项目 2 选择网上创业项目

项目综述

俗话说"万事开头难",创业也不例外,选择一个好项目能起到事半功倍的效果。创业机会无处不在,关键要善于挖掘,能够敏锐地抓住身边的创业机会。网上创业项目各式各样,创业模式也很多,到底哪一个项目适合自己?创业者要学会根据自身条件,客观评估创业机会实现概率的大小,从众多的创业项目中筛选出适合自己的项目。

项目目标

通过本模块的学习,应达到的目标如下:

知识目标

➤ 了解创业机会的来源和内容

➤ 掌握创业机会评估方法

➤ 了解网上创业计划的制订

能力目标

➤ 能寻找创业机会

➤ 能分析网上创业机会

➤ 能进行网上创业可行性评估

情感目标

➤ 能客观地面对创业机会

➤ 增强网上创业信心

项目任务

任务 1　捕捉网上创业机会
任务 2　评估网上创业项目
任务 3　制订网上创业计划

任务 1　捕捉网上创业机会

情境设计

随着创业讨论的深入，王创和陈功的许多疑虑被打消了，大部分问题得到了解决。虽然独自创业条件还不是很成熟，但两人的资源可以互补。如果将双方的优势发挥出来，成功概率将大大提高。于是他们从找一个好项目开始，走上了创业之旅。

任务分解

王创和陈功决定先从创业项目的调查分析入手，收集可行的创业项目，从中筛选出"好"的创业项目。在进一步加深对网上创业模式了解的基础上，结合自身情况，判断哪些创业机会适合自己。心动不如行动，王创负责动手收集和整理创业项目，陈功则要找出自身创业的有利条件。在上述工作完成后，两人再一起评估分析，找出适合自己的创业机会，然后要进行验证，王创和陈功通过设计问卷进行市场调查，以便确认这个创业机会的可行性。

活动 1　找出好项目的评判标准

活动背景

在实施创业前，可能有许多个创业项目摆在创业者面前，但是并不是每一个项目都会实现盈利。一个好的创业项目，不仅要符合个人的创业意愿，还需符合社会经济的大方向。要想从众多的项目中挑选出一个好的网上创业项目，首先应掌握筛选项目的标准。

活动实施

> **知识窗**
>
> 好的开始意味着成功了一半，选择"好的"网上创业项目，对创业者而言至关重要。一般来说，由于网上创业者资金量小，资源相对有限，创业经验不足，初始创业时不宜贪大求全。由于创业者个体的差异和环境的不同，评判的标准和形式不完全一样。创业者可以根据自己的情况列出更多的标准，以便找出适合自己的创业项目。有时候，好的创业机会在别人看来是不起眼、不可能的项目，创业者要善于发现潜在的创业机会。但是无论机会有多好，也无论是否有天时、地利、人和等条件，创业者都要经过个人的努力才能取得成功。

【做一做】怎样才能找到一个好项目？通过以下方法来试一试。

1. 查找网上创业项目

利用搜索引擎搜索一些词来寻找,例如"2019 创业项目""适合大学生创业的项目""适合女人的创业项目""最新网络创业项目"等,查看搜索结果。

（1）了解不同行业网上创业项目的进入门槛

通过浏览合适的创业项目网站（如中国创业项目网、小本创业项目网、中国店网、中国大学生创业服务网等）或者其他的创业项目信息网站,收集如下信息:

①找出网上创业项目最多的行业;

②选出 5 个典型行业,收集进入门槛的条件。

（2）总结成功的商业模式

①进入创业项目网站（如中国创业项目网、小本创业项目网、中国店网、中国大学生创业服务网等）,选择一个你熟悉的行业的成功创业案例进行学习。

②列出成功案例中企业的主要经营流程和发展历程,总结出其中特有的商业模式,用表格表示出来,如表 2.1.1 所示。注意:每一种商业模式分别用一张表格。

（3）找一找各种创业模式的典型网站。打开搜索工具,输入项目一中提到的创业模式,查找每种创业模式的典型网站,截图网站首页,并描述网站的基本功能,完成表 2.1.2。

（4）分析、整理出各个网站的优势和风险,完成表 2.1.3。

表 2.1.1　行业典型网上创业项目

企业名称	
所属行业	
企业业务描述	
企业经营或服务流程	
企业商业模式	

表 2.1.2　创业模式典型网站汇总表

序　号	创业模式	网站名称	网站主页截图	网站基本业务
1				
2				
3				
4				
5				
6				

表 2.1.3　创业模式典型网站的优势与风险对比

序　号	创业模式典型网站	优　势	风　险
1			
2			
3			
4			
5			
6			

2．分析项目并进行比对

在众多项目方案中,有的是价值不大的创业项目,有的是好的创业项目;有的是免费创业项目,有的是收费创业项目。通过以下相关数据进行分析,比对具体的项目内容如下:

(1)项目价格:有些项目需要准入收费,可以先咨询是否收费,然后判断收费的项目你是否可以接受。

(2)项目实用性:该项目是否适合你操作,是否可以帮你赚到钱?

(3)项目时效性:该项目可以操作多长时间,多少次?

(4)项目可复制性:该项目是否可以复制? 如果项目被复制,对该项目的影响有多大?

【做一做】分析拉比童装项目和芭乐兔童装项目。

搜索这两个项目的加盟网站,了解产品的特点和加盟条件,并联系企业商讨加盟费用(见图 2.1.1、图 2.1.2)。分析产品的特点和加盟条件,为进一步选择创业项目确定标准。

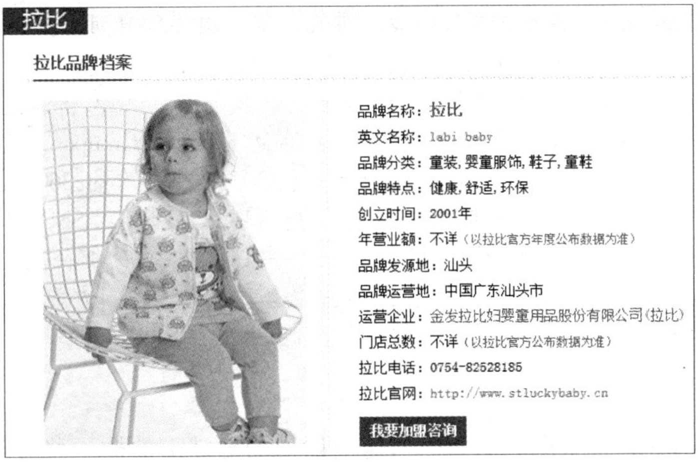

拉比

拉比品牌档案

品牌名称:拉比
英文名称:labi baby
品牌分类:童装,婴童服饰,鞋子,童鞋
品牌特点:健康,舒适,环保
创立时间:2001年
年营业额:不详(以拉比官方年度公布数据为准)
品牌发源地:汕头
品牌运营地:中国广东汕头市
运营企业:金发拉比妇婴童用品股份有限公司(拉比)
门店总数:不详(以拉比官方公布数据为准)
拉比电话:0754-82528185
拉比官网:http://www.stluckybaby.cn

我要加盟咨询

图 2.1.1　拉比童装

3．列出评价项目的标准

由于网上创业者资金量小,资源相对有限,创业经验不足,初始创业时不宜贪大求全,找到适合自己的项目才是好项目。可以参考以下几点:

①进入门槛低,不需要很高的内、外部条件,自己的资源能够支撑。

②产品市场广阔,产品好卖,能较快收回投入的资金。

图 2.1.2　芭乐兔童装

③有较大的市场潜力,项目可以持续经营,收益能持续保障。

④有好的商业模式,操作性强,利润空间大。

⑤符合社会发展趋势,能够得到政策支持。

⑥适合本人经营,自己在项目、技术、资金、渠道、管理等方面具有一项或多项优势。

由于创业者个体的差异和环境的不同,评判的标准和形式也不完全一样。创业者可以根据自己的情况列出更多的标准,以便找出适合自己的创业项目。

知识窗

风险投资公司在判断一个创业项目是否值得投资时,对创业项目最为关键的第一印象来自 3 个方面:一是管理团队的素质;二是商业计划的收入模式可不可行;三是与世界上(主要是美欧等国)比较,是否有类似的成功模式。例如在一段时间里,"社交网络"和"团购"是国内互联网创业的热门方式,但它们都不是国内首创的,而是从美国借鉴而来。但国内企业在学习借鉴国外经验的同时,也不断进行自我创新。例如,新浪微博不完全等同于美国的 Twitter 和 Facebook,国内美团等团购网站也不等同于 Groupon。青出于蓝而胜于蓝,本土创新的"一日多团""团购抽奖"等新模式就是国外所没有的,360 公司的免费杀毒软件也是具有中国特色的本土创新。实际上,从搜索引擎、视频、到 SNS、再到电子商务行业,都存在着这样的"模仿式创新",它已被证明是一条通往成功的捷径。当然,因技术、文化、习惯、体制、政策等因素,并不是所有被模仿的模式都能够在国内取得成功,例如谷歌搜索、eBay 等国外非常成功的模式,到了中国就出现水土不服。

活动评价

"橘在淮南生为橘,生于淮北则为枳",这句话说的是淮南的橘子移种到淮北,由于水土不服,结不出甜美多汁的果实。因此,好项目的标准对不同的人来说是不完全相同的,创业者应从自己的角度来分析判断一个项目的好坏。

活动2　发现网上创业机会

活动背景

在创业的大道上,如何识别机会是创业者要解决的问题。创业机会,是指你掌握到别人没法掌握的信息,或者领先一步掌握到重要信息,你就有可能从中发现赚钱的契机。发现机会后还要分析这个机会跟自身资源的匹配程度,然后预估成功的可能性。如果成功可能性足够大,就值得一试。

活动实施

> **知识窗**
>
> 创业机会是指适合创业的商业机会或市场机会,是对创业者有吸引力的、较为持久和适时的商务活动空间,并最终体现在能够为顾客创造价值或增加价值的产品或服务中。对创业者来说,在现有的市场中发现创业机会,是相对便捷且经济的选择。一方面,它与我们的生活息息相关,能真实地感觉到市场机会的存在;另一方面,由于总有尚未全部满足的需求,能减少机会的搜寻成本,降低创业风险,有利于成功创业。机会是无处不在的,关键要善于挖掘,因此我们要学会找到网上创业的机会。

【做一做】从哪里可以发现网上创业的机会?从哪里获取信息?什么时候才是切入的最佳时机呢?要回答这些问题,首先要建立一个情报搜集系统,从信息中分析、挖掘机会。

1.建立情报搜集系统

商业机会很多时候是利用信息差获得的,谁的信息多就有可能获得比别人更多的优势。有很多公开的渠道可以获取有用的信息,而如果有内部渠道所得的信息会更加直接有效。

(1)浏览行业网站。经常浏览一些行业网站能了解行业大势和走向。从当前热议或者曝光比较多的行业事件可以判断出当前和短期创业和投资的热点走向。

(2)搜寻社会消费品零售情况。如查找 2019 年一季度社会消费品零售情况,可以通过最权威的国家统计局出具的年度数据报告。如图 2.1.3 是 2019 年一季度国家统计局社会消费品零售总额增长数据报告。

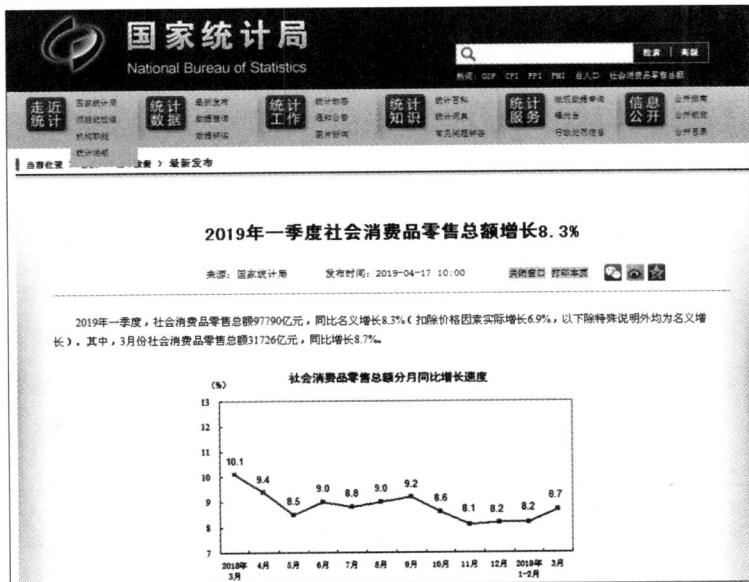

图 2.1.3　2019 年一季度国家统计局社会消费品零售总额增长数据报告

通过这份报告还可以了解不同类目的消费品增长情况,如表2.1.4所示是消费品零售数据。

表2.1.4　2019年一季度社会消费品零售总额主要数据

指　标	3 月		1—3 月	
	绝对量/亿元	同比增长/%	绝对量/亿元	同比增长/%
社会消费品零售总额	31 726	8.7	97 790	8.3
其中:限额以上单位消费品零售额	11 953	5.1	35 078	4.1
其中:实物商品网上零售额	—	—	17 772	21.0
按经营地分				
城镇	27 192	8.5	83 402	8.2
乡村	4 534	9.4	14 388	9.2
按消费类型分				
餐饮收入	3 393	9.5	10 644	9.6
其中:限额以上单位餐饮收入	726	7.5	2 226	7.9
商品零售	28 333	8.6	87 146	8.2
其中:限额以上单位商品零售	11 227	5.0	32 852	3.8
粮油、食品类	1 081	11.8	3 628	10.6
饮料类	157	12.1	482	9.3
烟酒类	287	9.5	1 061	5.9
服装鞋帽、针纺织品类	1 081	6.6	3 423	3.3
化妆品类	281	14.4	753	10.9
金银珠宝类	218	-1.2	725	2.6
日用品类	471	16.6	1 410	16.1
家用电器和音像器材类	821	15.2	2 028	7.8
中西药品类	502	11.8	1 440	10.8
文化办公用品类	249	-4.0	692	3.8
家具类	158	12.8	414	5.0
通信器材类	365	13.8	1 093	10.0
石油及制品类	1 690	7.1	4 731	4.1
汽车类	3 179	-4.4	9 160	-3.4
建筑及装潢材料类	158	10.8	420	8.1

注:①此表速度均为未扣除价格因素的名义增速;
　　②此表中部分数据因四舍五入的原因,存在总计与分项合计不等的情况。

(3)从专业机构搜集信息。如果想了解进出口产品的行业,可以查看海关总署发布的进出口统计快讯,以及人大论坛、巨潮咨询网等行业论坛,它们经常会发布一些行业调查报告。如果想了解证券交易情况可以查看上海证券交易所和深圳证券交易所。此外,在国家工业和信息化部网站上发布的国家规划投资以及政策法规对行业选择也很有帮助。

(4)从各类自媒体搜集信息。可以通过微博、微信里的自媒体人,即通过所在行业自媒体人的微博、微信号,关注和了解行业专家对业内信息的预测和判断。例如想了解商界精英们对行业和经济形势等的看法,可以打开微博,找到商界的企业家进行对应了解,如图2.1.4是商界精英微博。

图2.1.4 商界精英微博

行业内微信群也是很好的渠道。多加入一些业内的微信群,定期去看看他们在讨论什么,可以搜集到一些新的信息,但是需要过滤掉一些"无用的"信息。例如你想做网络推广,可以添加相关专业的推广公众号,查询相关的专业群,通过浏览他们发布的帖子,为自己的推广学习经验。

2.分析机会,预估可能性

做到了从信息中挖掘机会,寻找出切入点,分析清楚资源匹配程度,预估出成功的可能性,这就踏出了创业的第一步。什么时候是创业的切入点呢?一般可将"和自己的资源匹配度高"作为切入点。例如,如今手机已成为人们生活中必不可少的工具,很多人的眼睛因此得了干眼症这种慢性病,目前还没有很好的治疗方案。如果你从事食品行业,你的食品刚好具有护眼、养眼等功效,就可以作为创业切入点。

【做一做】《新闻直播间》播放了我国肥胖人数已达两亿的新闻(见图2.1.5),从中你能找到哪些创业的切入点呢?

当然发现机会后,还要预估实现创业的可能性,要舍弃成功可能性很小的机会,因为这些机会实现的困难会比预想的要大。

3.把握机会,测试运营

发现创业机会后,还需要进一步地观察和测试,以验证方案的可行性。如果测试结果反馈是良性的,那就意味着可以深入策划创业项目,并进行各个环节的优化。

图2.1.5　新闻直播间

知识窗

通过网上店铺动态评分可以对产品进行调查,其右侧的条状图清晰地表达了不同评分用户的百分比,如图2.1.6所示。

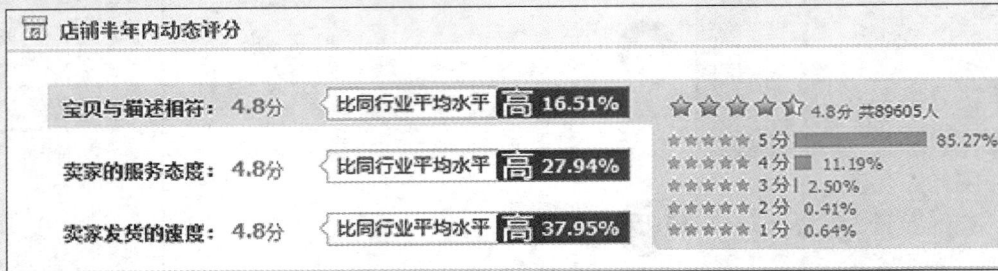

图2.1.6　网上店铺评分表

活动评价

机会无处不在,但也会稍纵即逝。某个创业项目适合某一个人,却不一定适合另一个人。初次创业的人要做到慧眼识珠,及时发现适合自己的机会,才能赢得创业的"先机"。

活动3　开展市场调查

活动背景

创业是勇敢者的舞台,大量的创业案例显示,成功的创业者不打无准备之仗,更不会盲目蛮干。凡事预则立,不预则废,做任何一件事情,前期的准备工作是必不可少的,创业更是如此。因此,创业者要学会在创业前深思熟虑,做好充足的准备。

活动实施

> **知识窗**
>
> 　　如果没有合适的工具,要从浩如烟海的信息中找出创业机会,就如大海捞针一样困难。市场调查是一种很不错的工具,它运用科学的方法,系统地搜集、整理市场信息和资料,从而了解市场现状及其发展趋势,分析市场情况,为市场预测和营销决策提供依据。因此,市场调查可用于市场寻找创业机会,是一种比较有效的工具。

【做一做】 从设计一份调查问卷开始,进行一次市场调查。

1. 确定市场调查的内容

　　市场调查包括确定调查目标、选择调查对象、列出调查内容、确定调查方法、确定调查途径、分析调查数据等步骤,如图 2.1.7 所示。

图 2.1.7　市场调查主要内容

　　(1)确定调查目标:列出调查的目标和要求。例如了解客户购买动机、需求大小等。

　　(2)选择调查对象:一般为网上购物者、其他网上卖家等。调查对象可随机抽样选取,即从全部调查研究对象中,通过随机选取的方式,抽选一部分进行调查。

　　调查对象要有针对性,如化妆品主要针对女性,商务男装主要针对男性白领阶层。特别要注意的是,产品的购买者和使用者往往不一致,例如对婴儿用品的调查,其调查对象应为孩子的父母,因为他们才是购买的决策者。

　　(3)列出调查内容:根据本次调查目的确定调查内容。例如调查网上消费者购物行为时,可分别在商品购买动机、获知途径、功能需求,网上支付、物流送货、使用后评价等方面列出调查的具体内容。

　　(4)确定调查方法:为了获取所需的调查内容,需使用一些研究方法。常用的方法有问卷调查和面对面访谈,其中问卷调查法更为常见。

　　(5)确定调查途径:调查问卷、电子邮件、微信等。

　　(6)分析调查数据:汇总调查问卷,通过统计分析方法对数据进行分析,写出调查结论。

> **知识窗**
>
> 　　制作调查问卷时,可以采用目标型调查和描述型调查的方式。目标型调查通过设定问题并提供回答问题的若干个答案,由被调查对象选择。具体又分为选择法、正误法、序数表示法等。描述型调查法是提出一个问题后,由被调查对象用自己的语言自由地表述自己的答案。提出问题的方法又可以分为确定性问题和不确定性问题。这两种调查法的区别在于被调查者回答问题的方式。目标型调查法便于被调查者回答,在短时间内可以了解更多信息,也便于统计,因此大部分的调查问卷采用目标型调查法编制。

2. 设计调查问卷

　　如果想了解母婴产品,如纸尿裤市场的情况,可以通过登录问卷网进行问卷设计。问卷网中有些针对性的模板,可以直接修改使用,如图 2.1.8 所示的是一份设计的调查问卷。

图 2.1.8　设计调查问卷

3. 收集调查数据

已制作好的问卷,可以通过问卷网发布到各个宣传平台。通过邮件或微信等途径,将问卷的链接或者二维码有针对性地向目标人群投放,这样收集的数据会更准确。但相对而言,线下渠道获取的数据准确度更高,比如线下的街头拦截访问、入户访问、邀约一对一访谈等。如果收集数据较慢,参与人数较少,还可以通过有偿收集的方法收集数据,这将会缩短收集调查数据的时间。图 2.1.9 展示的是扫二维码收集调查数据。

图 2.1.9　收集调查数据

4. 撰写调查报告

当收集的数据足够多时,接下来进行数据的导入,并分析数据报表,得出调查结果。最后根据调查数据和分析结果撰写市场调查报告,如图 2.1.10 所示。

2017—2023 年中国婴幼儿纸尿裤市场调查研究与发展趋势预测报告

图 2.1.10　撰写调查报告

知识窗

分析数据的方法有很多,有些高级的分析方法要借助计算机才能进行。我们可采用较为简单的方法,例如:

(1)推测法:根据对行业和产品的了解,凭经验或者直觉进行分析。

(2)列表法:将自己关心的问题设计成表格,将调查获得的数据填入表格内进行分析。设计表格时注意问题与数据的对应关系要清楚明了,以利于发现它们之间的关系。

(3)画图法:一般用柱状图、圆环图等,可以清晰地显示调查问题与数据之间的关系。

活动评价

创业者如果仅凭经验,甚至投机的心理进行创业,极易导致决策失误。事实胜于雄辩,通过市场调查,创业者可将调查的数据、材料一一摆出来,分析这个项目为什么能做又为什么不能做,为做出正确的判断提供依据。

合作实训

> 实训项目:网上搜索并下载《陈天桥的创业眼光与盛大游戏的传奇神话》一文,完成实训内容,将分析结果写在活页纸上,最后每组派出代表进行结果展示和阐述。
>
> 实训要求:(1)每 3～5 人一个小组协同完成任务。
>
> 　　　　　(2)请每组同学派一名代表上台展示结果。
>
> 实训内容:收集相关信息,总结案例,完成一份对案例的分析报告。
>
> (1)讨论为什么陈天桥能发现创业机会?
>
> (2)陈天桥为什么要选择游戏网站作为创业项目?
>
> (3)盛大集团的资本运营轨迹是什么? 请画出流程图。
>
> (4)陈天桥的成功带来什么启示?

任务 2　评估网上创业项目

情境设计

在市场调查过程中,王创和陈功得到一条市场信息:国家从 2015 年起全面放开生育二胎,预计全国每年将新增新生儿 100 万～200 万人,将带来每年 1 200 亿元的新消费,与之相关的母婴医疗、儿童玩具、教育培训等行业均可迎来大幅增长。经过分析研究,王创和陈功初步确定将婴儿益智玩具作为网上创业项目。这个选择对吗?

　　他们想起了一位已成功创业的师兄——张胜。张胜毕业后开办了一家农产品店,继而又开通了"绿到家"电子商务网站,是本市首批蔬菜农作物"网上超市"之一。不久前,"绿到家"网站还引进了风险投资,前景看好。于是他们向张胜请教,张胜听完后问了他们几个问题:目前手中掌握了哪些产品资源? 目标客户是谁? 通过何种形式开店? 竞争对手强不强? ……由于之前没细想过这些问题,王创和陈功一时答不上来。张胜告诉他们:这些问题事实上是要对自己的创业项目进行评估。

任务分解

　　在机遇面前,有准备的人才能抓住它。张胜建议王创和陈功进一步细化创业方案,再评估创业是否可行。于是在张胜的指导下,陈功、王创首先确定自己的目标市场、目标客户以及计划提供的产品等,然后运用分析工具来判断创业构思是否可行。

活动1　认识产品市场

活动背景

　　市场是连接产品设计和匹配市场需求的重要纽带,产品如果想获得顾客的青睐,需要解决好以下四个问题:产品的客户是谁? 客户的需求是什么? 客户需求和产品匹配度如何? 同行业的竞品现在的状况怎么样?

活动实施

> **知识窗**
>
> 　　销售过程的实现,在现实中需要场所,在网上则需要交易平台,这个"场所"或者"平台",可以被统称为"市场"。一般来说,市场由可供交换的产品、提供产品的卖方、有需求的买方以及辅助交易方(如市场管理人员、交易中介、政府监管机构等)等构成。要注意,不是所有商品都是可以出售的,因为出售的商品不能违反国家规定,如军事用品、药品等的销售就是受到法律限制的。在确定了市场的方向后,接下来是了解产品市场的情况。首先是同类产品在市场的状况,对同类产品的品牌、质量、价位、产品附加值等进行分析。其次,进行目前同类产品市场竞争情况分析,主要评估目前的竞争水平和市场空间。此外,还需将产品的性价比、市场营销手段、产品综合优势与市场同类产品进行对比。最后从上述三方面来评估产品在目前市场竞争环境下的生存空间,以及研究产品通过什么营销方式可以提升市场占有率。

　　【做一做】以母婴产品市场为对象,开展市场信息收集活动。

　　(1)搜索母婴综合性的知识和交流网站。这类网站代表有宝宝树、摇篮网、太平洋亲子网和广州妈妈网等,其主要特点如表2.2.1所示。

　　(2)查找其他母婴网站平台以及一些特色母婴商城,如红孩子购物网、哎呦盒子。其经营特点如表2.2.2所示。

（3）查找母婴类移动应用代表微商。随着信息技术的发展，移动端应用越来越广，母婴类移动端应用的代表有春雨育儿医生、麻麻帮，其主要特点如表 2.2.3 所示。

表 2.2.1　综合性母婴知识、交流网站

	宝宝树	摇篮网
产品定位	综合亲子社区	跨媒体母婴育儿综合平台
产品形态	WEB、APP 早教包产品	WEB、APP 电子杂志和视频
主要特点	以交流互动模式提供咨询和交流的平台，融入育儿社交元素	面向全球华人，搭建父母和孩子的在线学习平台，提供母亲怀孕到孩子六岁期间全方位的生养知识、互动产品和咨询服务
盈利模式	广告收入为主＋电子商务收入＋线下活动收入，其中 80％ 的收入来自网站广告	打造门户，提供社区博客，吸引广告和电子商务
运营情况	UP、PV 全球独立用户页面浏览量最大的母婴垂直网站	主攻在线育儿知识教育产品，发展成集门户、电子杂志、宝宝社区、在线教育为一体的新母婴门户平台

表 2.2.2　特色母婴商城

	红孩子购物网	哎呦盒子
产品定位	母婴用品网上商城	母婴用品定制网上商城
产品形态	WEB 实物商品	WEB 实物商品
主要特点	数据库营销，自建物流体系，母婴产品目录销售，自有 edbaby 系列用品	按照用户当前需求，帮助用户精选商品，降低采购成本，类似团购＋期货模式
盈利模式	电子商务收入，目录销售	电子商务产品差价，广告收入
运营情况	运营平稳，运营实体店	模式革新，用户精准

表 2.2.3　母婴类移动应用的代表

	春雨育儿医生	麻麻帮
产品定位	育儿知识教育＋在线问诊服务应用	移动端亲子育儿社区应用
产品形态	APP	APP
主要特点	实用工具类移动应用产品，内置专业医疗内容，轻问诊	母婴类移动社区，以育儿为主题，垂直领域的二手交易市场
盈利模式	付费在线问诊，电子商务导购	广告，电子商务导购
运营情况	用户量过千万，用户活跃	社交类新模式，主攻闲置物品交易

（4）查看母婴类产品淘宝排行榜。搜索淘宝网选择母婴类产品，可以了解到当前母婴类产品排名靠前的热销产品主要有哪些。如果公司经营的产品意向确定，可以对应地查找相关产品进行比较分析，包括产品的品牌、价格、附加值等，如图 2.2.1 所示。

图 2.2.1　母婴类产品淘宝排行榜

活动评价

创业者不仅需要了解自己的产品,还需要了解产品交易的市场。"知己知彼,百战不殆",在同一个市场上有不少的竞争产品,创业者需要在产品的性价比、市场营销手段、产品综合优势等方面作对比分析,以便有针对性地制订营销策略。

活动2　分析创业项目

活动背景

网上创业项目从上线那一刻起,将会直接面对激烈的竞争。互联网环境既是企业生存发展的土壤,又存在着不少威胁和风险。目前的互联网环境能否为自己的网上创业项目提供机会?创业项目能否适应外部环境?这决定了我们谋划的创业项目是否可以持续进行下去。

活动实施

> **知识窗**
>
> 　　当一次机会出现在面前时,创业者往往会举棋不定:这机会好还是不好,值不值得创业?商场如战场,在战场上面对该不该发动进攻的问题时,指挥官往往会派出侦察兵,搜罗情报,然后依据他们的信息反馈,做出重要决定。对于创业者而言,市场调查就是"情报人员、侦察兵",而市场分析则是他们进行决策的抓手。为了知道创业想法是否可行,在通过市场调查获取信息和数据后,还需要创业者对信息和数据作进一步的分析。创业项目分析可以分3个步骤进行:市场环境分析→竞争环境分析→SWOT分析。

【做一做】参照以下步骤,对创业项目进行市场分析。

1. 分析市场环境

一般来说,网上创业项目资本规模小,抗风险能力弱,容易受到宏观环境变化的影响,创业者在考察创业项目的时候,首先需要深入分析项目所处的市场环境,以确定项目是否有存活的土壤。市场环境分析的内容如表2.2.4所示。

表 2.2.4　市场环境分析表

序　号	项　目	主要内容	对本项目的影响	能否应对
1	政策环境是否合适	包括国家发展的政策方针、社会发展趋势,以及法律法规和政府规章等	正面/负面	能/不能
2	经济环境能否承载	包括宏观经济政策、经济周期、经济形势、经济发展水平、顾客的收入、消费能力等	正面/负面	能/不能
3	社会环境是否适宜	包括人口数量、结构、地理分布、教育水平,人们的消费习惯、行为倾向等	正面/负面	能/不能
4	技术环境能否支持	包括与产品有关的技术、工艺、材料的使用与发展趋势,替代技术以及替代产品的发明与运用等	正面/负面	能/不能

2. 分析竞争环境

由于网络是无国界的,这使得网络竞争没有明显的边界,显得无处不在。在外部环境之中,创业项目受所在行业环境的影响最为直接、更为重要。只有创业者先了解竞争环境,才能具备判断是否能够创业成功的基础。

一般来说,市场存在着影响竞争的5种力量,即①现有竞争者;②产品替代品;③潜在的进入者;④购买者;⑤供应者。这5种力量共同作用,决定了竞争的激烈程度。人们可以通过辨别、分析这5种力量,掌握创业项目的外部竞争态势、识别竞争对手、发现潜在的经营风险,从而决定创业项目的选择以及今后的经营策略。这5种力量对创业项目的影响如图2.2.2所示。

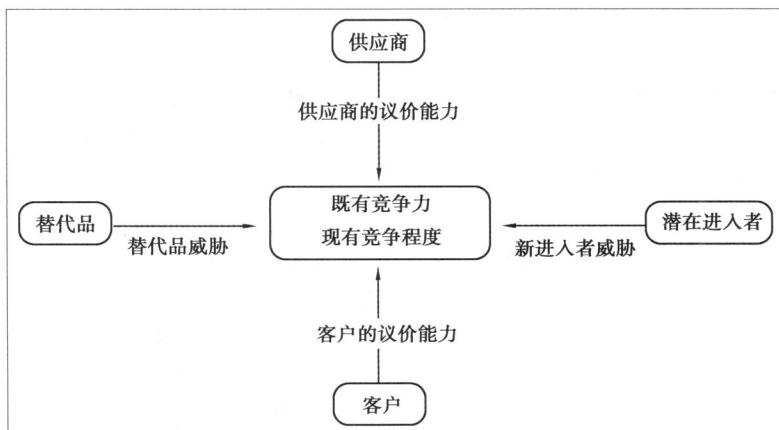

图 2.2.2　竞争 5 种力量的相互作用

对图 2.2.2 可做下分析：

（1）现有厂商的竞争：正在经营的企业占据了先发优势，对新进入者可能会采取攻击的策略。如果现有经营者实力强大，要想在行业内立足就更困难。

（2）供货商的议价能力：供货商议价能力越强，创业者可能获得的价格优惠就越少，成本相应提高。例如房屋租金，由市场供求关系以及创业者自身的议价能力决定。我们可以从以下几个方面判断供货商的议价能力，如表 2.2.5 所示。

表 2.2.5　供货商议价能力

供货商情况		议价能力
企业数量	越多	越弱
可替代产品	越多	越弱
企业规模	越大	越强
产品名气	越大	越强
供给与需求的缺口	越大	越强

（3）新进入者的威胁：新进入者会带来更多的竞争，因此在容易进入的行业，竞争比很难被进入的行业要大。例如，淘宝的进入门槛比天猫低，淘宝上的竞争更为激烈。

影响进入一个行业的因素主要有：产品差异、资本投入、转换成本、销售渠道开拓、成本优势、自然资源、地理环境等方面。

（4）替代品的威胁：两个不同的企业，如果所生产的产品是互为替代的，它们之间就可能产生竞争，例如飞机和高铁、米饭和面条等可互为替代品。

（5）客户的议价能力。买家可能提出降低价格、较高的产品质量或更多的服务项目等要求，从而增加你的成本，降低卖家的获利。买家购买的数量越多、其行业地位越高、企业规模越大，他的议价能力就越强。

3. 分析产品的市场机会

任何产品都有自身的优势和劣势，也存在外部市场的机会和威胁，即"S（优势）、W（劣势）、O（机会）、T（威胁）"。针对内外部竞争环境下的项目竞争态势，SWOT 分析将与创业项目密切相关的内部优势、劣势和外部的机会、威胁等详细信息，通过调查一一列举出来，并依照矩阵形式排列，然后将它们相互对照，加以分析，判断项目是否具备实施的潜力。

主要的分析步骤如图 2.2.3 所示。

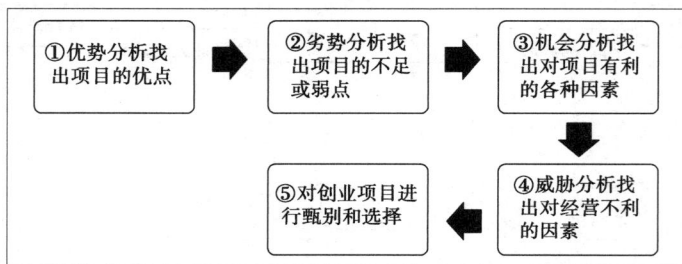

图 2.2.3　SWOT 分析步骤图

基于以上分析步骤,可以构造以下 SWOT 矩阵表。我们优先将对项目有直接的、重要的、大量的、迫切的、久远的影响因素排在前面,将间接的、次要的、少量的、短暂的影响因素列在后面,如表2.2.6 所示。

表 2.2.6　SWOT 矩阵表

S——优势			W——劣势
①产品质量比同类产品更好; ②自己的产品价格更加便宜; ③有很好的经营团队 ⋮	S	W	①顾客不容易接受你提供的新产品; ②资金实力不如竞争对手强; ③产品需要外购,而供应渠道不能保证供给 ⋮
①国家政策支持网上创业; ②与项目有关的网络市场具有成长性; ③产品属于正在被接纳的阶段,有很大的需求潜力	O	T	①市场竞争激烈,产品价格和利润呈下降趋势; ②产品物流存在困难,物流成本很高; ③创意很容易复制,新的模仿者大量出现 ⋮
O——机会			T——威胁

通过 SWOT 前 4 个步骤的分析后,奠定对创业项目进行甄别和选择的基础,如表2.2.7 所示。

表 2.2.7　创业项目甄别和选择

		内部环境	
		优　势	劣　势
外部环境	机会	即 SO 组合,对自身优势明显,机会很大的项目,可优先选择	即 WO 组合,对优势不明显,但有发展机会的项目,根据机会的大小进行选择
	威胁	即 ST 组合,对有一定优势,但存在竞争的项目,根据自己的竞争优势大小进行选择	即 WT 组合,对不存在优势,且缺少机会的项目,应该果断放弃,另外寻找新项目

创业者要尽量发挥项目的优势,克服弱点,利用机会,化解威胁。根据以上表格,对于创业项目而言,最好的是 SO 组合,即能将自己的优势与外部机会很好地结合的创业项目。创业者要尽可能地利用优势和机会,取得创业的成功。对于 WO 组合,我们要善于利用机会,避免威胁,争取发展。对于 ST 组合,要利用优势的发挥打破威胁的影响,在竞争中求得发展。对于 WT 组合,最好是回避,以免"竹篮打水一场空"。

知识窗

某网站对失败创业者进行了调查统计,发现有以下7种原因容易导致创业失败:

①不仔细进行市场调研;

②急于获取回报;

③合作伙伴选择不当;

④选择实力远超过自己的投资伙伴;

⑤忽视投资回报,投资陌生行业;

⑥投资项目过于单一;

⑦投资规模过大。

活动评价

知己知彼,百战不殆。摸清市场情况,对照自己的优点和缺点,甄别适合自己的创业机会,才能挑选出一个合适自己创业的项目。

合作实训

实训项目:评估网上创业项目。

实训内容:运用所学的方法,选择合适的网上创业项目,并对项目进行评估,完成创业项目评估书。

实训要求:

(1)将班上同学分成3~5人一组。

(2)将分析结果写在活页纸上。

(3)请每组同学派一名代表上台分析阐述。

实训步骤:一所新投入运营的创业园正在大专院校毕业生中征集创业项目,以便对适合的项目进行孵化,创业园负责人对网上创业项目比较青睐。

请自行选择一个网上创业项目,用本书介绍的方法对这个项目进行评估,完成一份评估分析报告,以便说服创业园负责人选择这个项目进行孵化。

任务3 制订网上创业计划

情境设计

在完成了项目分析评估后,王创和陈功认为受二胎生育政策的影响,未来国内婴幼儿玩具市场将持续繁荣,市场空间广阔。网上销售婴幼儿玩具的卖家虽然很多,但同质化严重,特色不明显,孩子厌倦快。他们计划销售的益智玩具品种新颖,既能培养孩子的想象力、创新力和动手力,又能亲情互动,促进儿童与家人的情感交流,具有一定的竞争优势。在这个不断发展的市场中,自己能做到特色经营,有很大的机会取得成功。

同时,他们从调查数据得知,家长选择玩具的娱乐动机比例为42%,教育动机为39%,

两者加起来就占了 81% 的市场。抓住了儿童娱乐与教育这两方面的需求,也就抓住了主流市场,因此他们将创业项目定位为:面向婴儿(0~1 岁)、幼儿(1~3 岁),销售具有"娱乐 + 教育"功能的特色玩具。他们给创业项目起了个名字——"智赢家"婴幼儿玩具专营店。

王创和陈功拿着这个结果找到王老师,王老师表示满意。接着,为帮助他们充分做好创业准备,王老师拿出了他们师兄张胜创业前编写的《创业计划书》,建议王创和陈功参考它来制订一份自己的创业计划。

任务分解

王老师要求王创和陈功一步一步地制订网上创业计划:第一步计算出创业启动资金;第二步制订产品市场营销计划;第三步估算出创业项目可以取得的经营收益;最后一步将前面所做的工作综合起来,得出项目是否可以实施的结论,完成创业计划。

活动 1　计算启动资金

活动背景

资金是商业活动的血液,要想成功创业,资金要先行。如何知道启动创业项目需要多少投资资金呢? 实施创业需要有一定的条件(开办经费和实物资产)和流动资金,计算出开办企业所需缴纳的各项费用、购买实物资产所需的花费以及预留的流动资金,汇总后就可以算出投资资金的数额。

活动实施

> **知识窗**
> 要实现将产品从所创办的企业送到顾客(买家)手中,收到货款,最终完成整个交易,创业者需要必要的物质条件和资金条件,以便实现产品从企业送到顾客(买家)手中,然后获得收入。为了获得这些物质条件而付出的费用支出构成了投资资金需求。

【做一做】假设你是一名产品生产者,正在创业,需要按以下步骤计算出开办经费、购置资产、流动资金等投入。请按以下内容的提示算一算。

1. 计算开办经费

开办经费是创办互联网公司所需的一些基本费用,如验资费、工商登记费、税务登记费等费用。由于国家对小微企业实行扶持政策,这些费用创业者大部分能享受减免的待遇,故可以忽略不计。

2. 购置资产

为了实现生产或提供产品,创业者必须购置一些软、硬件设施,例如厂房、机器设备、办公用品、电脑、通信工具、租用办公场地、建设网站或微信平台等。

有的项目用很少的资金就能开展,有的则需要大量资金才能做到,视项目规模大小、交易实现的难易程度以及技术难度等因素而定。

3. 预备流动资金

在项目步入正轨前的一定的时间内(一般是 3 个月至半年),项目运营需要一定的支出,例如产品采购费、原材料购置、聘用人员工资、网络租用费、电话费、宣传推广费、快递费等。

假设你是中间销售的零售商,那么在考虑该项目投入时,可以不用考虑产品生产所需要的费用。

知识窗

创办互联网公司需要一定的费用,如自建网站的系统开发、维护费用及外购整体网络服务费等。其中系统开发和维护费用因网站的不同差异较大,外购整体服务费则包括购买域名和虚拟主机的费用。如果是在第三方平台开设网店,则需要考虑第三方平台收取的费用,目前国内主流的网络平台的入驻费用包括保证金和平台使用费。平台使用费又包括年费和实时划扣技术服务费(佣金),如表2.3.1所示。

表2.3.1　"智赢家"婴幼儿玩具专营店项目投入预测

平　　台		保证金	年　费	实时划扣技术服务费(佣金)
淘宝	个人网店 (2选1)	1 000元	30元	无
	天猫	分5万元、10万元、15万元三档	分3万元和6万元两档	根据类目不同而不同,大多类目为5%
京东	商城	1万~10万元	12 000元	1%~10%,大多类目为8%左右
	京东微店	2万元	无	根据类目不同而不同,大多类目为6%
阿里巴巴		诚信通3 688元/年	无	无
亚马逊(中国)		无	无	5%~15%
当当网		1万~10万元	6 000~3万元	根据类目不同而不同,5%左右
1号店		1万~5万元	7 800元	根据类目不同而不同,6%左右

阅读案例

以建立"智赢家"婴幼儿玩具专营店为例介绍启动资金的估算。王创和陈功计划借助综合类C2C网上购物平台,建立"智赢家"婴幼儿玩具专营店,并将需要资金投入的项目一一列举(见表2.3.2)。

表2.3.2　"智赢家"婴幼儿玩具专营店项目投入预测

类别	项　　目	主要内容	价格及其他内容	总金额/元
硬件	办公用房	租用学校附件的房屋	1 000元/月,先租用6个月	6 000
	仓储用房	创业初期与办公用房合用	0	0
	电脑	1.新购一台台式电脑(带摄像头、音箱、耳麦等)	4 500元/台	4 500
		2.利用王创的手提电脑	0	0
	扫描仪	新购一台	700元/台	700
	打印机	新购一台喷墨彩色打印机	800元/台	800

续表

类别	项　目	主要内容	价格及其他内容	总金额/元
硬件	摄影设备	由于自己购置成本很高,因此计划租用专业摄影棚的设备,按次支付费用	按 20 元/张图片计算,刚开始估计要拍摄专业照片 50 张,其他照片使用手机拍摄	1 000
	网络	要求房东提供,但费用需另外支付	包月 100 元/月,先使用 6 个月	600
	通信	利用两人现有手机,其中陈功的手机有较好的拍摄功能。两人的手机通信上网费用需考虑	按 100 元/人/月计算,先预计两人 6 个月的费用	1 200
软件	交易平台费用	依托淘宝、京东等免费平台	0	0
	平台保证金	选用淘宝个人网店	1 000	1 000
	店面设计和装饰	在网上找资源来完成	500 元/次	500
	网上办公、交流等应用软件	利用免费软件	0	0
其他费用	物流渠道	借助现有的品牌快递公司	0	0
	宣传促销	利用微信、电子邮件等渠道,是免费的,但也需要通过一些网站或者竞价搜索排名等进行宣传,需要交费	预计启动阶段需要 2 000 元	2 000
	人员工资	王创和陈功共同承担初期的工作,计划不另外请人,但两人的社会保险、生活费用等需考虑	按 1 000 元/人/月计算,即先考虑两人 6 个月的费用	12 000
流动资金	现金储备	用于支付购买货物的支出以及未预料到的其他支出	按 1 万元估算	10 000
合　计				50 300

活动评价

在这一步,创业者应精打细算地规划项目的资金使用,对项目投入做到心中有数。通过反复计算,创业者也能够学会理清各种资金投入的必要性,对有必要的予以保留,对不必要的支出应尽量避免。

活动 2　制订市场营销计划

活动背景

对照张胜的《创业计划书》,王创和陈功发现还有几项内容没有考虑:产品的市场营销计划,启动资金的需求预测、项目利润计划等。由于有了之前的市场调研基础,他们可以马上动手完善自己的创业计划。首先是制订产品的营销计划,预测需要投入的人力和物力,进而得出项目启动资金需求。接着从一定时期内的销售预测中推算出经营的收入,扣除成本开支后,算出项目利润。最后,从项目利润的情况,判断创业项目是否能够获得盈利。

活动实施

> **知识窗**
>
> 　　市场营销计划是确定财务目标,制订营销战略,控制营销行动的一项措施,制订项目营销计划,可使创业者具有预测财务收入和支出的基础。市场环境分析、市场竞争分析以及 SWOT 分析是制订市场营销计划的基础,由于这些内容已在任务二完成,因此现已具备了制订市场营销计划的条件。市场营销计划主要内容有:确定财务目标、市场营销目标、制订市场营销战略、市场营销行动方案以及预计项目损益等。

【做一做】假设你计划建立"智赢家"婴幼儿玩具专营店实施创业,学习按以下步骤制订商品营销计划。

1. 确定产品销售目标

估算各种产品在一定期间内(通常为一年)计划实现的营业目标。

例如"智赢家"网店计划每月销售婴幼儿玩具 100 套,取得营销收入 1.2 万元。

2. 确定产品的营销策略

围绕销售目标,通过产品(Product)、价格(Price)、渠道(Place)、促销(Promotion)4 个基本要素(4P)的不同组合来制订营销方案。

(1)产品(Product):出售的产品品种、规格、质量、包装、品牌以及各种售后措施等。

(2)价格(Price):顾客购买产品所支付的货币数值,包含基本价格和折扣价格。在制定价格时,出售者要同时考虑产品的成本、顾客愿意购买的心理价位、数量以及市场同类产品的价格等。

> **知识窗**
>
> 　　产品的价格是指买方为购买产品所支付给卖方的货币。一般来说,产品的价格由以下部分构成:
>
> 　　①生产成本:卖方为了生产或者取得产品所付出的代价,主要包括厂房、机器设备等固定资产折旧、原材料、房租等费用和工人、管理人员等的劳动报酬。
>
> 　　固定资产折旧是一种特殊的成本,是由固定资产不断贬值而产生的,例如设备、工具、车辆、房屋都有使用年限,它们每使用一年,其使用寿命就缩短一年,因此其价值就会减少一些,从而在事实上形成了卖方的支出。将这些支出以折旧的形式记账并存起来,能为今后购置新的设备提供资金。
>
> 　　例如:假设创业者 A 购买一台货车花费了 10 万元,这台车只能用 10 年,过了 10 年后这台车要报废,他得重新购买一台,那么从哪里找资金买车呢? 如果他对这辆车每年计提折旧 1 万元,10 年后,他的账户上累计提取了 10 万元折旧费,这时就可使用这笔钱买新车。
>
> 　　②过程费用:卖方将产品送交买方的交易过程中发生的费用,主要包括快递物流费、仓储费用、通信费用等。

③税金:企业经营过程中发生的、除企业所得税和允许抵扣的增值税以外的、企业缴纳的各项税金及其附加,包括消费税、营业税、印花税、教育费附加等。

④利润:也称为净利润或净收益,是卖方预期从商品销售中取得的额外收益。

以上1~3项构成了产品成本。即产品成本 = 生产支出(或购买支出) + 流通费用 + 税金

产品价格可以按以下公式进行计算,一般而言,产品定价至少要能抵消产品成本,否则卖家将面临亏损。

$$产品价格 = 产品成本 + 预计利润$$

将上面的公式进行调整,可得出:

$$预计利润 = 产品价格 - 产品成本$$

从上可见,利润的大小可通过调节价格来实现,在成本保持不变的情况下,要增加利润,可以提高价格;反之,可以降低价格。卖家可根据市场竞争对手的定价、产品供需情况、产品的新颖程度、买家购买偏好、促销政策等来制订产品价格,进而确定预期的利润,如表 2.3.3 所示。

表 2.3.3　影响预期利润的因素

影响因素	与自己对比	预期利润
竞争对手的定价	越低	越高
同类产品供给	越低	越高
同类产品的新颖程度	越低	越低
买家喜欢产品的程度	越低	越低
产品的促销力度	越低	越高

产品价格一经确定,一般不应随意变动,以保证销售工作的稳定开展。但是产品的卖家往往为了促销,会给予顾客价格折扣,在这种情况下产品的实际价格为折后价格。

例如,"智赢家"网店在开业初期的产品主要是儿童益智互动机器人,计划从深圳某公司采购该产品,数量 20 台,价格为 600 元/台。预计 2017 年 12 月能销售 20 台,同时根据活动 1 中的预测投入数据,计算出以下支出和费用(见表 2.3.4)。

表 2.3.4　"智赢家"网店 2017 年 12 月固定支出估算表

编　号	费用名称	金额/元
1	人员工资	2 000
2	房租	1 000
3	手机费	200
4	宽带费	100
5	快递费	300
6	办公用品等杂费	200
7	计算机、扫描仪等设备折旧	购置成本 6 000 元,按使用 5 年计算,每个月折旧费用 100 元
	固定支出小计	3 900

由于日常支出是全月发生的,需要分摊到每一件产品,从而得出每一件销售产品的基本费用,即用总的固定支出 3 900 元除以销售的 20 件产品,等于固定成本为 195 元/件。由于无论产品销售多少,固定成本都是要支出的,因此是相对固定的。如果假设销售数量从 20 件减为 10 件,则每件出售的产品需分摊的成本变为 390 元/件。

另外,按税法规定,每件商品销售过程需缴纳税金 50 元/件。

综合以上支出,可以计算出儿童益智互动机器人的成本为:

600 元(购置成本)+195 元(固定成本)+50 元(税金)=845 元

假设"智赢家"预计的利润率为 20%,则产品售价应为:845 元×(1+20%)=1 014元。

(3)渠道(Place):选择产品销售的渠道以及产品送给顾客的方式,包括选择哪种网络平台、哪个销售代理、哪家快递公司等。

(4)促销(Promotion):利用各种信息传播手段吸引顾客注意,引起其购买欲望,促进产品销售,包括了网上广告宣传和线下推广等内容。

3.进行销售管理的规划

为了实施营销方案,创业者还需要在人力、物力等方面提供充足的保障,因此还要制订销售管理计划,内容包括销售人员的安排、推销员的挑选与训练、推销人员的报酬支付(工资与奖金)等,由于篇幅关系本书不展开介绍,有兴趣的读者可以另外深入了解。

活动评价

市场营销计划是一幅开展经营活动的线路图,能使创业者明确产品销售过程的主要内容,确保朝着既定的方向正确地做事。如果没有这个计划,创业者很容易在过程中迷失方向,导致创业失败。

活动3 估算经营收益

活动背景

随着经营活动的开展和交易的达成,创业项目将会取得现金收入。取得的收入在扣除付出的经营成本后,创业项目将获得经营收益。只有项目是盈利的,创业者才能维持下去,接下来我们一起来计算经营所获得的收益。

活动实施

知识窗

在进行销售收益的估算时,创业者要尽可能准确地预测销量,并仔细考虑其他因素的影响,这些因素具体如下:

(1)顾客需求变化。如产品流行趋势、顾客爱好变化、生活形态变化、人口流动等,以及顾客收入变化都可能引发顾客购买决策。

(2)经济形势变化。外部经济的整体环境、商品市场中的供应和需求情况、国家经济货币政策等的变化会对产品销售产生很大的影响,尤其近年来科技、信息的快速发展,让新技术、新产品层出不穷,产品的生命周期变化加快,都有可能导致产品销售情况发生波动。

　　（3）同行竞争动态。竞争对手产品价格高低,促销与服务措施等会影响顾客的选择,会带来产品销售数量的变化。

　　【做一做】为了得出创业项目是否将获得盈利的结论,通过以下3个步骤来进行估算。

　　1.估算销售数量和收入

　　创业者在进行项目是否可行的分析过程中,已对产品销售情况作了市场调查和销量预测。在确定了产品价格,且估算了销售数量后,就能按以下公式计算出销售收入:

　　月销售收入 = 产品单价 × 销售折扣 × 月销售数量

　　【例1】"智赢家"儿童益智互动机器人售价为1 014元/台,在2015年年底促销时给予顾客9折优惠。12月共销售20台,则当月销售收入 = 1 014元/台 × 90% × 20台 = 18 252元。

　　2.计算经营成本

　　由于在确定价格的时候,创业者已经对产品的成本做了计算,因此在本步骤可直接使用之前的数据。

　　【例2】如前面计算的那样,儿童益智互动机器人成本为845元/台,则销售20台的成本为845元 × 20台 = 16 900元。

　　3.计算盈利

　　企业利润的计算有毛利润和净利润两种方式,毛利润的计算相对简单,也比较常用。网上创业项目刚开始时业务比较简单,因此经营收益可以用毛利润来计算,公式是:

　　　　　　　　毛利润 = 收入 - 成本

　　【例3】"智赢家"12月份出售儿童益智互动机器人的毛利润为:月收入 - 月成本,即

　　　　　　　18 252元 - 16 900元 = 1 352元

　　需要提醒的是,销售数量的变化将导致盈利发生变化。在上述例子里,如果12月只销售出10台机器人,则每台成本变为600元 + 390元 + 50元 = 1 040元,总成本变为1 040元/台 × 10台 = 10 400元,总收入变为1 014元/台 × 0.9 × 10台 = 9 126元,则当月毛利润变为9 126元 - 10 400元 = -1 274元,即当月发生亏损。

　　　　友情提示

　　　　相对毛利润,净利润的计算更复杂一些,其公式为:净利润 = 收入 - 成本 - 费用 - 营业税金及附加 + (-)营业外收支净额(支出净额用负数表示) - 所得税额。

　　活动评价

　　通过经营收益的估算,创业者可了解利润和成本以及销售数量、价格等的关系,这些数值是动态的,相互之间会随着数值的变化而变得不同。

活动4　完成创业计划

　　活动背景

　　创业计划书是展现创业想法、规划创业项目的书面摘要,它是创业计划的浓缩和升华,一份优秀的创业计划书往往能让创业达到事半功倍的效果。

　　对于创业经验不足的初次创业者,编写书面的创业计划还能起到梳理创业思路、判断创

业项目可行性以及明确业务发展方向等作用。

活动实施

> **知识窗**
>
> 创业计划书通过描述创业项目的内外部环境条件和要素特点,展示市场营销、财务、生产、人力资源等具体计划,为企业经营业务的发展提供路线图,并明确业务进展的衡量标准。创业计划书可作为创业项目的综合介绍,递交给潜在的投资者,让他们能对企业或项目做出评判,从而帮助企业获得融资。

【做一做】在完成了启动资金投入的规划、市场营销计划的制订和经营收益的估算后,创业者具备了编写创业计划书的必要条件。可按以下步骤撰写一份简要的创业计划书。

1. 撰写项目概述

撰写项目包括进入的是什么行业,卖什么产品,哪些是主要客户,通过什么方式经营,打算何时开业,如何经营等。

2. 撰写项目介绍

撰写项目内容主要涵盖以下方面:

(1)产品:描述产品的型号、品质和性能。产品有什么特色? 有何竞争优势?

(2)市场:针对的目标人群和市场在哪里? 宣传、营销方式怎样? 促销、定价等内容有哪些?

(3)交易平台:选择哪种网上交易平台? 物流方式是哪种? 通过什么方式支付?

(4)竞争:谁是最接近的竞争者(一般列出不多于 5 个)? 他们的业务如何? 他们与自己业务的相似度如何? 从他们那里学到什么? 他们有什么不足? 如何做得比他们好?

3. 撰写项目实施简介

撰写项目实施是对项目如何组织实施进行介绍,包括以下方面:

(1)人员:项目的组织架构是怎样的? 如何开展管理? 人员如何配备? 如何分工?

(2)资金:需要多少初始投资? 需要多少维持运营的流动资金? 资金从哪里来?

(3)经营:预计产品销售量是多少? 成本是多少? 毛利润是多少? 在 6—12 个月内项目的经营资金如何流转? 项目是否会受到现金流动不足的影响?

(4)风险:项目存在哪些风险(如自然灾害、物流堵塞、黑客攻击、网络不通、软件故障等)? 如何防范?

4. 撰写项目今后的发展

撰写项目今后的发展包括:创业期预计有多长? 下一步要怎么做? 计划什么时候实现盈利? 项目能否持续经营?

创业计划书还可以包括现金流量计划,但现金流量计划的制订比较专业,考虑大部分网上项目业务比较简单,刚创业时不需要进行很精细的现金流量规划。因此本书不作介绍,有兴趣以及有需要的读者可以参考其他相关书籍。

活动评价

创业计划将创业想法变成了可实施的计划,为创业项目提供了沟通媒介和管理工具,能帮助创业者找到合作伙伴、获得资金及其他政策的支持,还可为项目实施提供行动指导。在完成了创业计划后,创业者就能按照规划好的路线去实施创业了。

合作实训

> 实训项目:选择一个合适的网上创业项目。
> 实训要求:
> (1)将班上同学分组,3～5人一组。
> (2)将项目建议书写在活页纸上。
> (3)请每组同学派一名代表进行项目展示。
> 实训内容:请同学们任意挑选一个网上创业项目,最好是自己熟悉的产品项目,在对项目进行评估后,完成一份该产品的创业计划书。注意要运用以上学到的有关方法作为工具,选择合适的网上创业项目,在对项目进行评估后,完成创业项目计划书。

项目总结

　　成功的网上创业是从选择一个好的项目开始的,创业者要善于抓住身边的创业机会,并根据自身的条件,客观评估创业项目实现的可能性,从中找到适合自己的项目。通过学习,同学们了解从哪里找到创业机会,学会了通过分析比对的方法筛选创业机会,并对自己是否能利用好创业机会做了客观的评估。

　　在选择好项目后,创业者还有许多准备工作需要做:制订项目营销计划,计算启动资金,估算经营收益,还要考虑是否能筹集到足够的创业资金。在此基础上,就可以完成一份创业计划书,以便进一步明确自己的创业做法,规划创业路径。

　　在完成了这些工作后,接下来将进入实际性创业阶段。

项目检测

1. **单选题**(每题只有一个正确答案,请将正确的答案填在括号中)

(1)以下不是实物商品的销售模式的有(　　　)。

A.自己生产、自己销售的模式　　　　　　　B.外包生产、自己销售的模式

C.只生产,不销售　　　　　　　　　　　　D.既不销售,也不生产

(2)关于供货商的议价能力,以下说法不正确的是(　　　)。

A.市场供应企业数量越多,供货商议价能力越弱

B.市场供应可替代产品数量越多,供货商议价能力越弱

C.供货商企业规模越大,供货商议价能力越弱

D.供货商产品名气越小,供货商议价能力越弱

(3)作为一名产品生产者,创业者不需要考虑(　　　)的投入。

A.开办经费　　　　　B.购置资产　　　　　C.交际成本　　　　　D.流动资金

(4)计算创业项目是否将获得盈利可以按照(　　　)步骤进行。

A.估算销售数量和收入→计算经营成本→计算盈利

B.计算经营成本→估算销售数量和收入→计算盈利

C.估算销售成本→计算经营成本→计算盈利

D. 计算经营成本→估算销售成本→计算盈利

(5)创业计划书的撰写顺序是(　　　)。

A. 项目综合→项目内容→项目实施→项目今后的发展

B. 项目概述→项目介绍→项目过程→项目潜力评估

C. 项目概述→项目简介→项目实施→项目潜力评估

D. 项目概述→项目介绍→项目实施→项目今后的发展

2. **多选题**(每题有两个或两个以上正确答案,请将正确答案填在括号中)

(1)找出好项目评判标准的步骤有(　　　)。

A. 查找网上创业项目　　　B. 分析项目,查找比对　　　C. 找出评价标准　　　D. 实施评价

(2)如何了解产品市场的情况?(　　　)

A. 分析同类产品在市场的状况　　　　　　　　B. 分析同类产品市场竞争情况

C. 市场同类产品的对比　　　　　　　　　　　D. 总结分析,得出结论

(3)创业计划书包括哪些方面?(　　　)

A. 撰写项目概述　　　　　　　　　　　　　　B. 撰写项目介绍

C. 撰写项目实施　　　　　　　　　　　　　　D. 撰写项目今后的发展

(4)估算经营收益有哪些方面?(　　　)

A. 估算销售数量和收入　　B. 计算经营成本　　　C. 计算盈利　　　　　D. 计算结余

(5)通过哪些方面来制订营销方案?(　　　)

A. 产品(Product)　　　　　　　　　　　　　B. 价格(Price)

C. 渠道(Place)　　　　　　　　　　　　　　D. 促销(Promotion)

3. **判断题**(正确的画"√",错误的画"×")

(1)产品价格一经确定,一般不应随意变动,以保证销售工作的稳定开展。　　　　(　　)

(2)作为中间销售的零售商,那么该项目在考虑投入时,需要考虑产品生产所需要的费用。　　　　　　　　　　　　　　　　　　　　　　　　　　　　　　　　(　　)

(3)开展市场调查首先要设计好调查问卷。　　　　　　　　　　　　　　　　　(　　)

(4)对于创业经验不足的初次创业者,编写书面的创业计划还能起到梳理创业思路、判断创业项目可行性以及明确业务发展方向等作用。　　　　　　　　　　　　　　(　　)

(5)一般来说,由于网上创业者资金量小,资源相对有限,创业经验不足,初始创业时不宜贪大求全,找到适合自己的项目才是好项目。　　　　　　　　　　　　　　　(　　)

4. **案例分析题**

美国人李维斯看到采矿工人工作时跪在地上,裤子膝盖部分特别容易磨破,于是他灵机一动,把矿区里废旧的帆布帐篷收集起来,洗干净加工成裤子,卖给采矿工人,受到欢迎。"牛仔裤"就这样诞生了,而且风靡全球。李维斯将问题当作机会,最终实现了致富梦想。

(1)李维斯是如何发现创业机会的?

(2)李维斯是如何判断这是个创业好项目的?

(3)你觉得要了解产品市场,需要做些什么?

项目 3　开始网上创业

项目综述

在通过了"智赢家"婴幼儿玩具专营店网上创业构想的验证后,王创和陈功马上着手开始创业计划。但是他俩都没有创业的经验,下一步应怎么做?他俩又找到师兄张胜,张胜看了《"智赢家"创业项目计划书》后,结合自己的创业经验,建议他们先确定网上开店的平台,然后筹集起步资金,最后完成创业团队分工组建等工作。

项目目标

通过本项目的学习,应达到的目标如下:

知识目标

➤ 熟悉网上创业的平台

➤ 了解各种经营模式

➤ 掌握创业资金筹集方法

➤ 了解团队搭建的方法

能力目标

➤ 能够选择适合的网上开店平台

➤ 能选定创业经营模式

➤ 能筹集起步资金

➤ 能搭建经营团队并实施创业

情感目标

➤ 培养团队合作工作的意识

➤ 提升团队建设的有效性

➤ 增强创业资金的把控能力

项目任务

任务 1   建立网上店铺

任务 2   选定创业经营模式

任务 3   准备创业资金

任务 4   组织实施创业

任务 1   建立网上店铺

情境设计

王创和陈功面对诸多的网上开店平台——淘宝、天猫、阿里巴巴、京东、苏宁易购,有点茫然无措。师兄张胜介绍说,选择网上开店平台就如同实体店选址一样重要,人气旺、用户流量大的平台,商机也就最多。因此,需要在了解各个网上开店平台的入驻条件和对应市场的基础上,结合创业项目的需要,选择出最适合的平台,建立起自己的网上店铺。

任务分解

王创和陈功听取了师兄张胜的建议,决定首先对各种网上开店平台进行调研比较,了解各个平台的入驻条件和对应市场,然后根据自己创业项目的实际情况入驻相应的网上平台。同时考虑到由于移动电子商务的发展,目前移动端用户已经远超 PC 端用户,因此还需建立相应的移动端店铺。

活动 1   选择网上开店平台

活动背景

网上创业开店一般会选择以下两种途径:一是入驻由第三方提供的电子商务平台,例如阿里系的天猫、淘宝网或者京东商城等,这是当前个人开店最常用的途径;另一种是自立门户、自办网站开店,例如小米手机官网、优衣库官方旗舰店等,这种方式需要较多的启动资金和相关专业知识,一般适合经营成熟的企业开店。陈功和王创根据"智赢家"婴幼儿玩具专营店的需要,结合两人自身条件,决定通过入驻第三方电子商务平台的方式开店。为此,他们认真作了准备,努力挑选了一个好的网上平台。

活动实施

知识窗

中国互联网络信息中心 2017 年发布的《中国网络购物市场研究报告》显示,阿里系和京东占据了国内 B2C 网络零售市场 90% 以上的份额,见图 3.1.1),其中阿里系的天猫占据了高达 65.2% 的市场份额,处于领先位置,京东商城占额约为 23.2%,排名第二。此外,B2C 类型的电子商务网站还有苏宁易购、唯品会、国美在线和 1 号店、亚马逊中国和当当网等。天猫主要提供电子商务交易平台,自己并不提供商品也不直接参与销售商品。京东最大的特色是自主经营产品,自建物流体系,拥有业内最大的仓储物流设施。

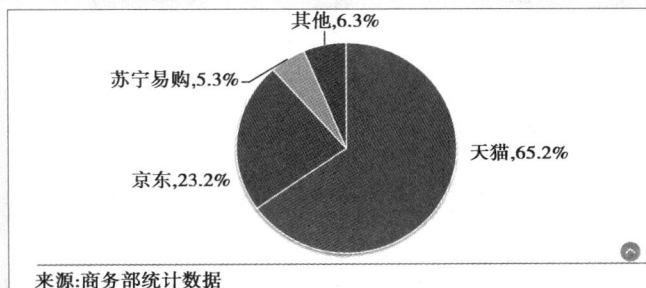

图 3.1.1   全国网络零售市场 B2C 交易额渠道分布

【做一做】陈功和王创开始着手调查了解各种电子商务平台,希望找出一个适合他们的创业平台。

1. 调查国内常用的 C2C 电子商务平台

目前国内市场份额占有最多的 C2C 网络购物交易平台主要有两家:淘宝网和易趣网。

(1)登录淘宝网(见图 3.1.2),淘宝是至今为止全国第一大电子商务网站。据调查,淘宝网约占国内 C2C 市场份额的 95% 。

(2)登录易趣网(见图 3.1.3),易趣也是国内主流的 C2C 平台之一,主要方向是全球集市,目前开通了中国馆、美国馆、加拿大馆,鼓励卖家向国外销售产品。据调查,易趣网在欧美市场有较高占有率。

(3)通过网络调研搜集资料,填写完善表 3.1.1,看看自己的网上创业项目更适合哪一个平台?

2. 了解国内常见的 B2C 平台入驻条件

(1)登录天猫(tmall.com,见图 3.1.4)和京东(jd.com,见图 3.1.5)两大 B2C 电子商务主流平台。

图 3.1.2 淘宝网首页

图 3.1.3 易趣网首页

表 3.1.1 淘宝网和易趣网开店的对比分析

项　目	淘　宝	易　趣
客户定位		
经营模式		
主要支付方式	支付宝、网上银行	安付通、paypal、网上银行
开店费用		
经营类目资费	某些类目必须交消保金	定价出售要收登录费每件 0.05～3 元不等；仓储出售免费
C2C 市场占有率		

图 3.1.4　天猫首页

图 3.1.5　京东首页

（2）进入天猫商城，查询创业项目想入驻天猫需要哪些条件。

步骤 1，进入天猫商城，在顶端导航上找到"商家支持"下拉菜单，单击其中"天猫规则"选项，进入天猫商家规则界面，如图 3.1.6 所示。

步骤 2，单击如图 3.1.6 所示的天猫商家规则界面"商家入驻"中的"入驻指南"，即可进入"入驻指南"界面。在此页查询并列举出本年度天猫招商或入驻的各种标准以及需要准备的材料，填入表 3.1.2 中。

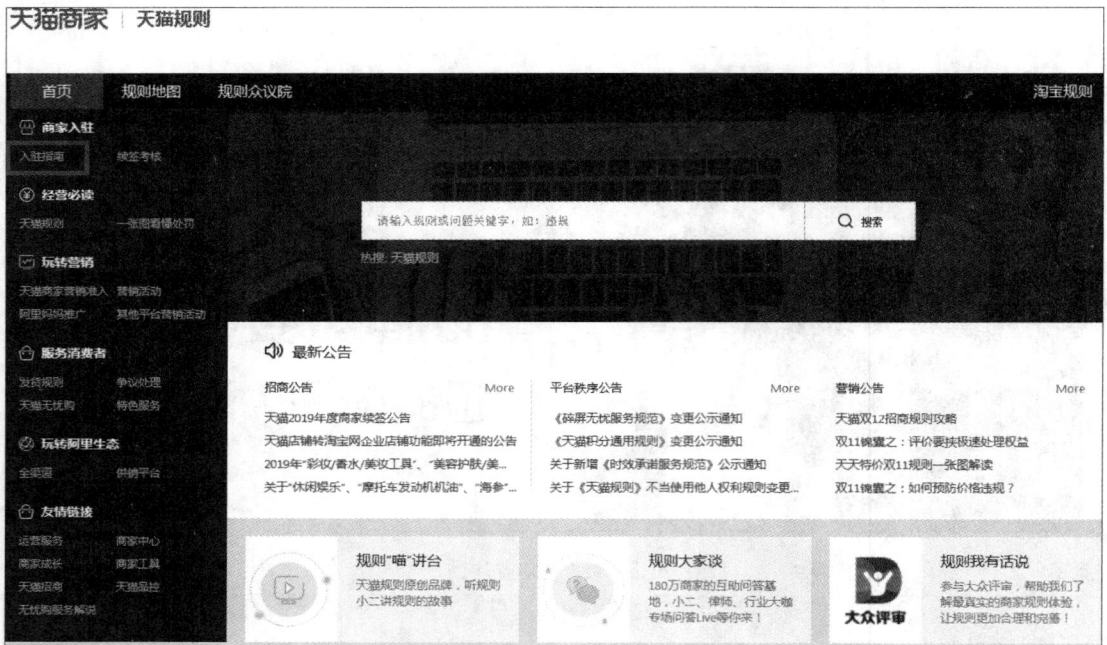

图 3.1.6　天猫商家规则界面

表 3.1.2　天猫招商入驻要求

申请资格	准备资料

（3）比较 C2C 与 B2C 平台开店条件，确定开店平台。C2C（个人对个人）与 B2C（商家对个人）开店的区别主要是在开店条件上有不同，以淘宝与天猫开店为例，淘宝业务跨越 C2C、B2C 两大部分。既允许个人、个体工商户入驻，也允许企业入驻。在淘宝开店不需要费用，只是某些商品类目需要缴纳一定金额的保证金。而天猫是一个 B2C 商城，入驻天猫商城必须要有企业资质和营业执照，个人不能直接入驻。因此在网上创业开店的时候，要根据自身创业条件和销售规模进行平台的甄选。

活动评价

陈功和王创通过深入调查各类网上创业平台的入驻条件后，他们一致认为，对于中小个体创业者来说，门槛最低、投入最少、风险最小的是 C2C 电子商务平台。最后他们决定选用淘宝网作为初次创业的平台进行开店。

活动 2　入驻网上开店平台

活动背景

经过综合考虑后,陈功和王创决定选择淘宝作为"智赢家"婴幼儿玩具专营店的网上开店创业平台。接下来就是准备入驻淘宝平台,他们首先去淘宝大学了解新手开店流程,然后着手申请创建网上店铺。

活动实施

1. 了解新手开店流程

淘宝大学(daxue. taobao.com)首页的新手开店,为淘宝新手卖家提供了丰富的有关免费开店、店铺设置、店铺装修、基本规则等各种文字和视频资料,如图 3.1.7 所示。

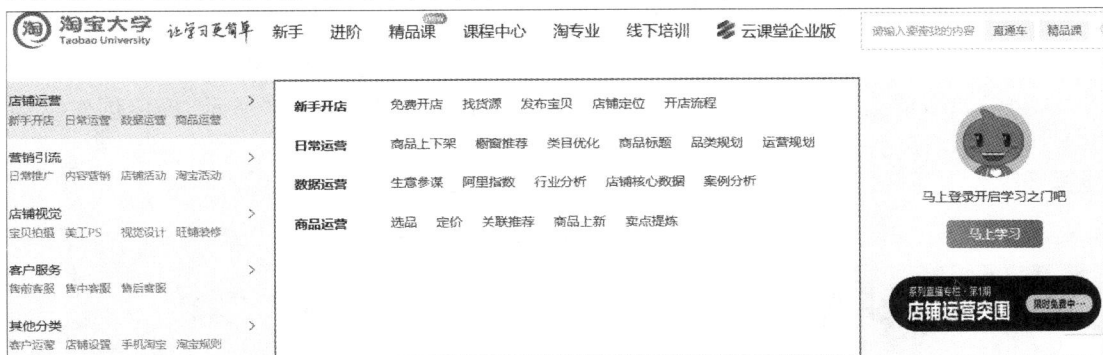

图 3.1.7　淘宝大学新手开店页面

2. 创建店铺

(1)准备身份证、银行卡等个人资质信息,开通网银。

(2)登录淘宝网,注册淘宝账户(通过手机号码),设置用户名,如图 3.1.8 所示,接着填写账号信息。如果注册成功,如图 3.1.9 所示,可进入免费开店入口。

图 3.1.8　免费注册淘宝账户页面

（3）在淘宝首页进入"开店入口"界面，如图3.1.9所示，或者进入卖家中心，选择"免费开店"，如图3.1.10所示。

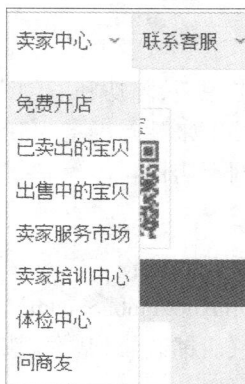

图3.1.9 开店入口   图3.1.10 卖家中心免费开店入口

（4）开始申请免费开店，进入"开店类型选择"界面，如图3.1.11所示，确定创建店铺类型。

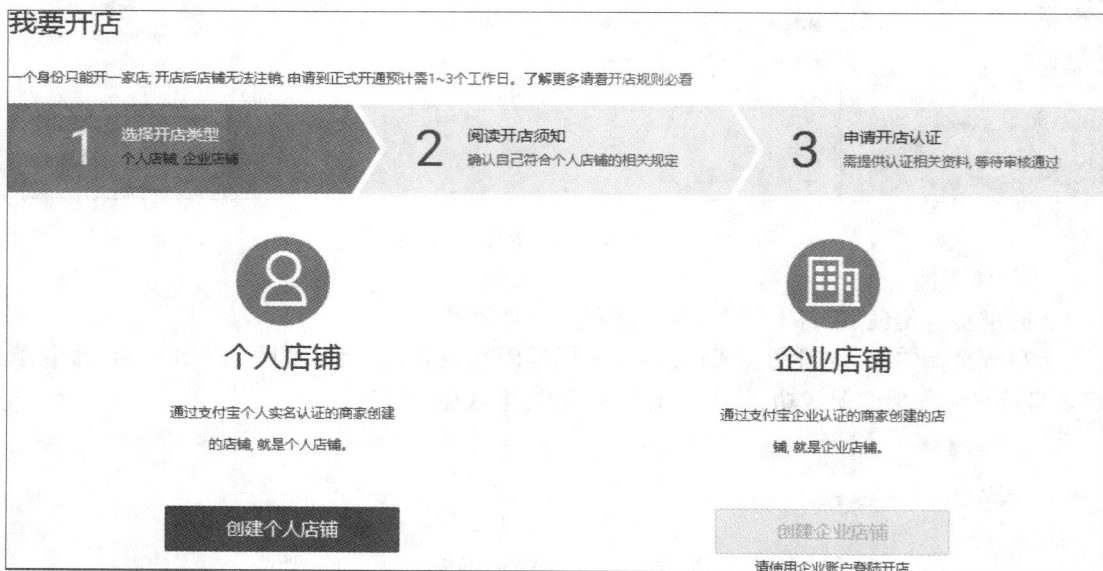

图3.1.11 开店类型选择界面

友情提示

①个人店铺需要个人实名认证，用身份证认证即可。

②企业店铺需要企业支付宝认证，需提供法人身份证、营业执照、开户许可证、组织机构代码等，开店方式和个人店铺差不多。

（5）选择"创建个人店铺"，申请开店认证，如图3.1.12所示，需要完成支付宝实名认证和淘宝开店认证。

（6）进入支付宝后台实名认证，如图3.1.13所示。

我要开店

一个身份只能开一家店;开店后店铺无法注销;申请到正式开通预计需1~3个工作日。了解更多请看开店规则必看

1	选择开店类型 个人店铺,企业店铺	2	阅读开店须知 确认自己符合个人店铺的相关规定	3	申请开店认证 需提供认证相关资料,等待审核通过

* 用户类型：◉ 中国大陆　○ 香港/澳门用户　○ 台湾用户　○ 外籍用户

您已绑定了支付宝账户：███████████ 查看

开店类型必须与支付宝认证类型一致,否则可能无法创建店铺。

抱歉,您支付宝账户的身份信息不够完善 立即认证

认证名称	状态	提示	操作
支付宝实名认证	未通过	抱歉,您支付宝账户的身份信息不够完善	立即认证
淘宝开店认证	未开始	——	

上一步　　下一步

图 3.1.12　　申请开店

支付宝 ALIPAY | 身份验证

请上传本人身份证件,确保图片清晰,四角完整

证件类型　◉ 二代身份证　○ 临时身份证

证件图片　个人信息页　　国徽页

点此上传　　点此上传

示例　　示例

打开手机支付宝,扫一扫
快速拍摄证件,极速验证
已完成拍摄,点此继续认证

证件有效期　[　]年[　]月[　]日　○ 长期

☐ 同意将证件保存至卡包证件夹

确定提交

图 3.1.13　支付宝实名认证界面

（7）通过支付宝实名认证，如图 3.1.14 所示。

（8）进行淘宝网开店身份认证，如图 3.1.15 所示。淘宝网开店身份认证分为电脑认证、手机淘宝客户端认证和阿里钱盾认证三种方式，系统根据网络环境做出指定推荐，目前无法更改认证方式。

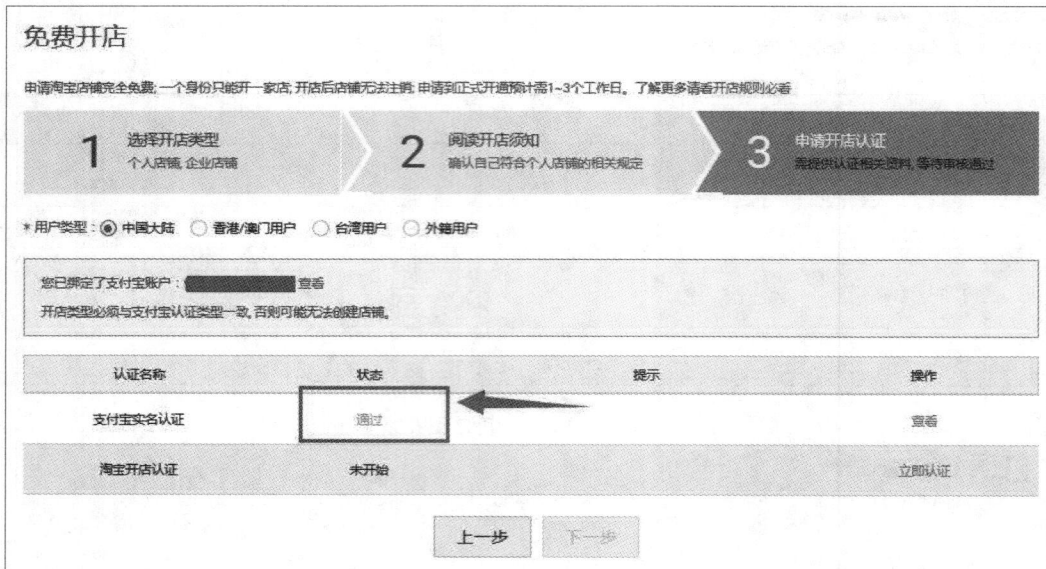

图 3.1.14　通过支付宝实名认证

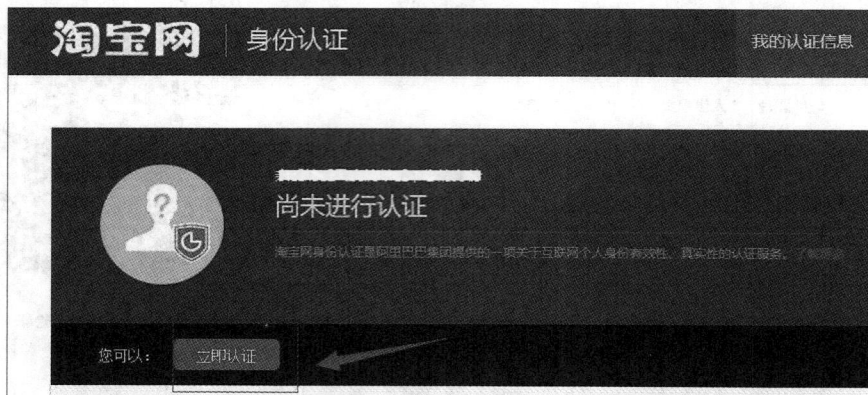

图 3.1.15　进行淘宝开店身份认证

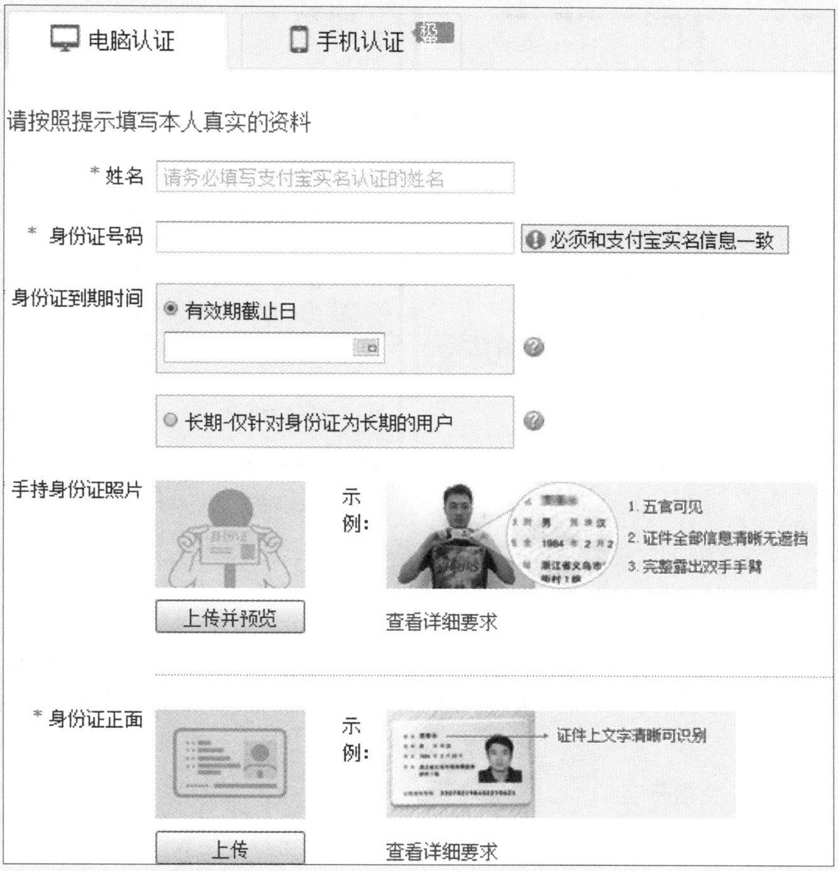

图 3.1.16　电脑认证界面

图 3.1.17　手机开店认证步骤

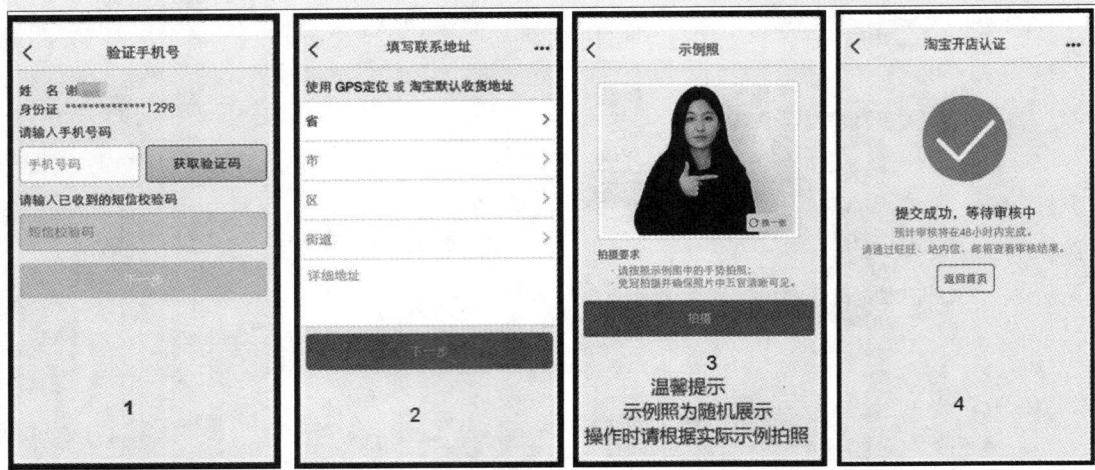

图 3.1.18　认证审核中

（9）支付宝实名认证和淘宝开店认证都通过后，点击"下一步"按钮即完成店铺创建，如图 3.1.19 所示。

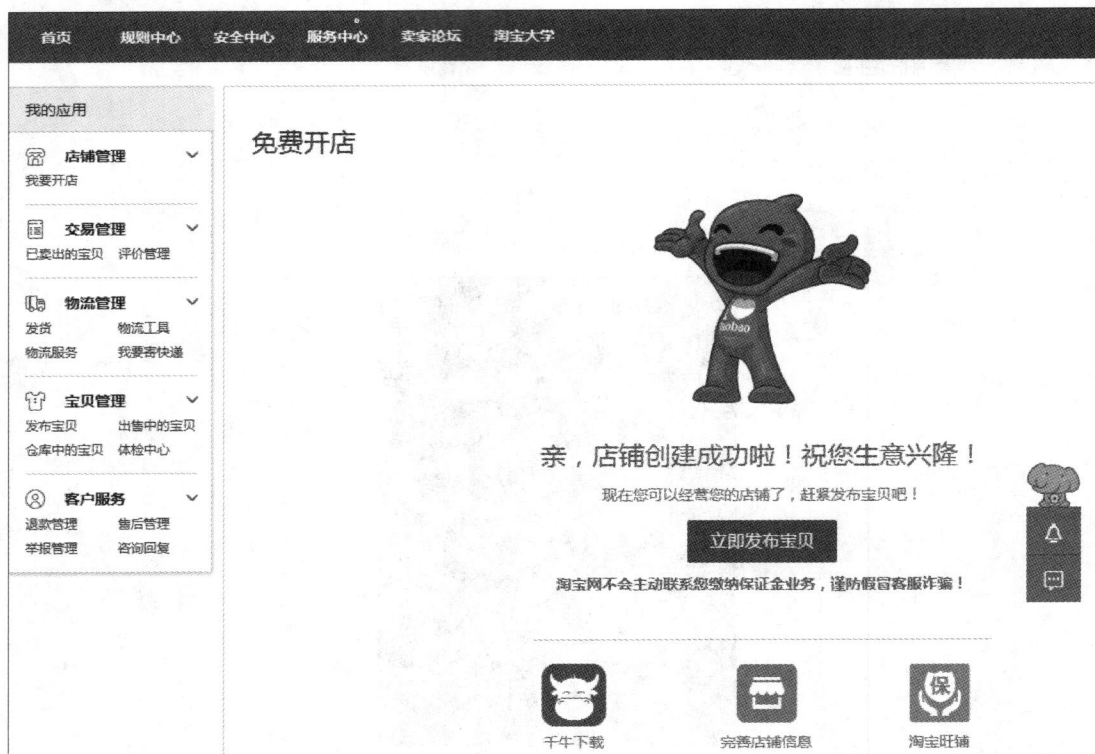

图 3.1.19　店铺创建成功

（10）进入卖家中心，如图 3.1.20 所示，完善店铺的基础信息，就可以开网店了。

图 3.1.20　完善店铺的基础信息

活动评价

陈功和王创在淘宝大学观看了免费开店的教学视频,然后按照流程顺利成为注册淘宝卖家,创建了属于自己的淘宝店铺"智赢家"婴幼儿玩具店。

活动 3　开通移动端店铺

活动背景

师兄张胜拿出一份 2017 中国移动互联网用户分析报告给陈功和王创看,数据显示中国移动互联网用户数已经达到 7.9 亿人,远超 PC 端用户。从 2015 年起,淘宝移动端成交份额开始超过 PC 端,2017 年天猫双十一活动移动端销售比例已经高达 82%。陈功和王创意识到开通淘宝手机端已经是势在必行。

知识窗

目前的移动电子商务平台主要有以下几种:①阿里、京东、大众点评、美团等各大电子商务网站的移动端;②企业微商城;③以微店 APP 等为代表的 C2C 移动电子商务平台。其中微商城和微店比较常见。

1. 微商城

微商城是基于微信的一种商业运用,目前应用最广泛的是有赞微商城。卖家首先需要注册微信公众账号,然后开放端口接入微信商城系统。微信在当前的火热是一个商机,微信这个平台可以为商家提供更有效的分享传播渠道,有利于商品的推广。比如进入友邻有家电子商务公司的企业公众账号,如图 3.1.21 所示,单击最下面的菜单"友邻商城",

就可以进入企业的微商城,如图 3.1.22 所示,便捷地进行购买交易。

图 3.1.21　友邻有家企业公众号的微商城入口

图 3.1.22　友邻有家的微商城

2. 微店

　　微店不是在微信上开的店,而是帮助卖家利用手机开店的一个 APP 应用程序。微店可以由卖家自己添加商品,也可以在绑定淘宝店铺后,导入淘宝商品。微店开通的手续简单(仅需要手机号),可以通过一键分享到微信、微博、QQ 等社交平台进行推广宣传,促成交易,并且没有任何费用,非常适合在校学生创业实践。

活动实施

　　移动互联网时代是分享经济的时代,淘宝网是最早布局移动电子商务的平台。淘宝手机端新增了一个开店入口——淘小铺,无论是卖家或买家,都可以全程通过手机淘宝进行实名认证、店铺认证,在无线端完成上货、发布等全部的店铺运营,还可以将淘小铺分享到各个社交平台,增加流量。按照以下步骤开通手机淘小铺。

　　(1)下载手机淘宝端或者将手机淘宝更新至最新版本。

　　(2)登录手机淘宝,单击右下方"我的淘宝",如图 3.1.23 所示。

　　(3)进入"我的淘宝"后,单击"必备工具",找到"我要开店",如图 3.1.24 所示。

　　(4)输入小铺名称和小铺描述,即可申请开通店铺,如图 3.1.25 所示。

　　(5)淘宝手机端完成实名认证和淘宝开店认证,如图 3.1.26 所示。

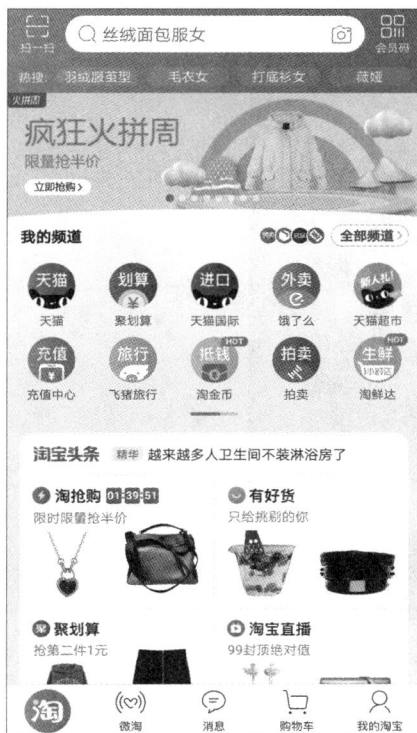

图 3.1.23 手机淘宝首页界面

图 3.1.24 我要开店

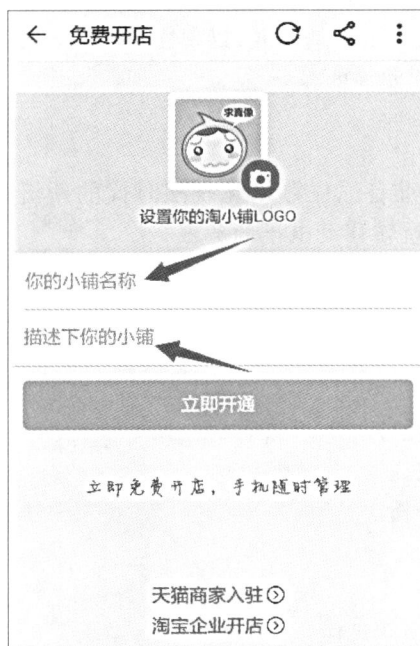

图 3.1.25 免费申请开店

图 3.1.26 对淘小铺进行实名认证和开店认证

（6）开通淘小铺后，在手机上下载并安装阿里巴巴官方卖家工具——手机千牛，如图3.1.27所示，可以方便、快捷地进行宝贝发布和管理等。

图 3.1.27   手机千牛工作平台

友情提示

移动电子商务与社交圈密不可分，它不像传统电子商务更多依赖于平台（如淘宝网、天猫、京东），而是通过微博、微信这样的沟通渠道进行分享传播。通过搭建与粉丝保持联系的渠道，从而带来销量，要求商家更加重视粉丝之间的口碑相传，以便在粉丝的社交圈上（微信朋友圈、微博等），形成广泛的二次传播，吸引更多的客户。

活动评价

陈功和王创开通设置好了手机端淘小铺。他们准备抓住移动互联网时代的新机遇，利用自己所学的营销知识，做好社交圈的分享和传播，玩转移动电子商务。

合作实训

　　　　　　　　　　　　　　　项目实训书

实训项目：对比选择自己创业项目实施平台。

实训要求：（1）每 3～5 人一个小组协同完成任务。

　　　　　（2）根据团队创业项目实际情况完成。

　　　　　（3）请每组同学派一名代表上台分析。

实训内容：每组协同完成以下任务：

　　　　　（1）分析团队创业项目实际需求。

　　　　　（2）确定合适的电子商务平台，并说明理由。

　　　　　（3）完成 PC 端开店入驻。

　　　　　（4）完成移动端开店入驻。

任务2　选定创业经营模式

情境设计

对于像陈功和王创这样的学生创业者,要如何根据自己时间和精力来选择适合的经营模式,更好、更快地实现创业之梦呢? 网上创业开店的经营可以分为兼职型和专职型,创业者可根据创业项目的需要和自己的个人情况,选择适合的经营模式。

任务分解

〔和王创准备通过调查研究和现场考察,对兼职网店经营模式和专职网店经营模式
　　解,之后再根据自身项目的实际情况确定适合他们项目的经营模式。

1　认知兼职经营网店模式

活动背景

师兄张胜根据自己的成功经验,建议陈功和王创这种初次创业的在校学生,尽量选择兼职经营最简单可行的商品入手。于是他们开始了解如何兼职经营虚拟类商品和分销代销类商品。

活动实施

> **知识窗**
>
> 1. 销售配套服务
>
> 淘宝网开通的淘宝卖家服务市场(见图3.2.1),专门为广大卖家提供诸如摄影服务(价格见表3.2.1)、视觉营销、促销管理、客服销售、代运营、开店装修、旺铺服务、店铺装修、详情模板、无线/O2O 等大量门类的卖家服务。如果创业者具备以上特长,可以试试在淘宝上出售这些服务来开启网上创业第一步。
>
> 2. 分销代销商品
>
> 新手卖家创业初期要学会控制风险,否则很容易创业失败。分销、代销商品只需要将供应商提供的商品发布到自己的店铺里,接受询问接单,销售出商品后通知供应商发货即可。采用分销、代销商品的方式可以最大限度地帮助我们减少库存和压货的风险,降低资金投入。

图 3.2.1　淘宝卖家服务市场

表 3.2.1　淘宝拍摄报价表

订购项目	价格/(元·件$^{-1}$)	项目描述
标准拍摄	40.00	6 张模特图,4 张细节图。B 类摄影师,B 类化妆师,简单,批量修图。费用包含摄影师费,化妆师费,搭配师费,后期修图费(不含模特费)
精品拍摄	60.00	8 张模特图,4 张细节图。A 类摄影师,B 类化妆师,B 类造型师,有搭配师,后期精致修图。费用包含摄影师费,化妆师费,造型费,搭配师费,后期修图费(不含模特费)
高级摄影组	80.00	8 张模特图,4 张细节图。高级摄影师,高级化妆师,高级造型师,高级搭配师,美工主管精致修图。费用包含摄影师费,化妆师费,造型费,搭配师费,后期修图费(不含模特费)
定制拍摄	100.00	定制拍摄 100 元/件起价,具体根据客户要求报价。8 张模特图,4 张细节图。高级摄影师,高级化妆师,高级搭配师,后期总监精修图。费用包含摄影师费,化妆师费,造型费,后期修图费(不含模特费)

【想一想】自己或者身边同学、朋友具有这类技术创业的潜质吗？如果有,该如何好好利用呢？

【做一做】

（1）进入阿里巴巴1688代销市场，如图3.2.2所示。

图3.2.2　阿里巴巴1688代销市场

（2）在代销市场中找到支持快速分销代销的商品（一般此类商品详情页中，有"传淘宝"字样），单击"传淘宝"按钮，如图3.2.3所示。

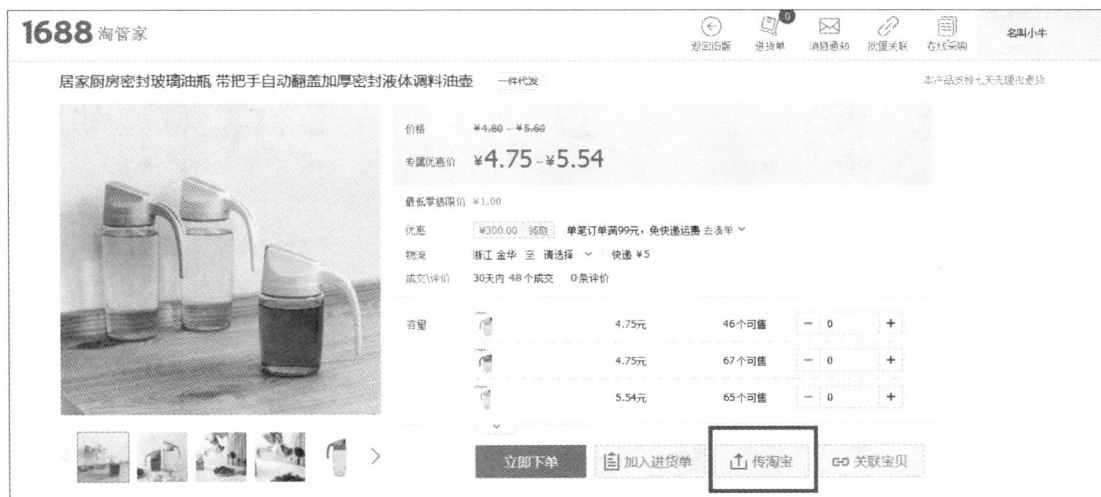

图3.2.3　淘宝分销传淘宝界面

（3）登录淘宝卖家账号，单击"确认代销"，如图3.2.4所示。

（4）回到淘宝后台的"卖家中心"→"仓库中的宝贝"查看宝贝，修改零售价格与详情页后则可以上架商品，完成分销设置，如图3.2.5所示。

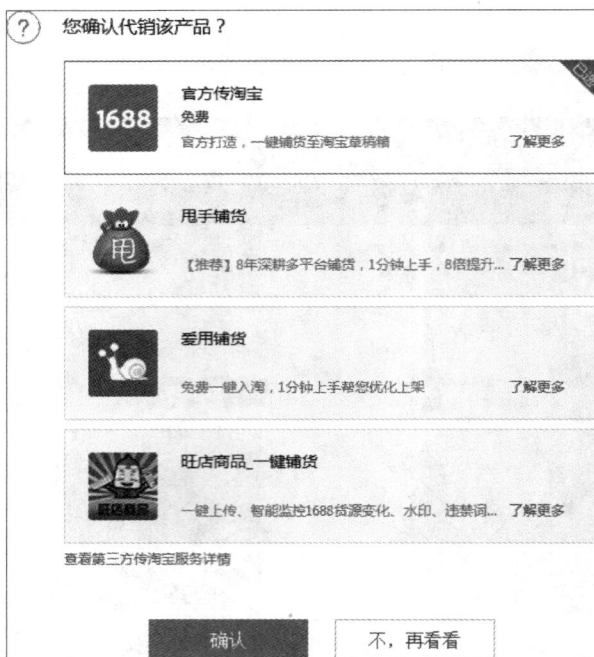

图 3.2.4　将代销商品信息发布到淘宝网

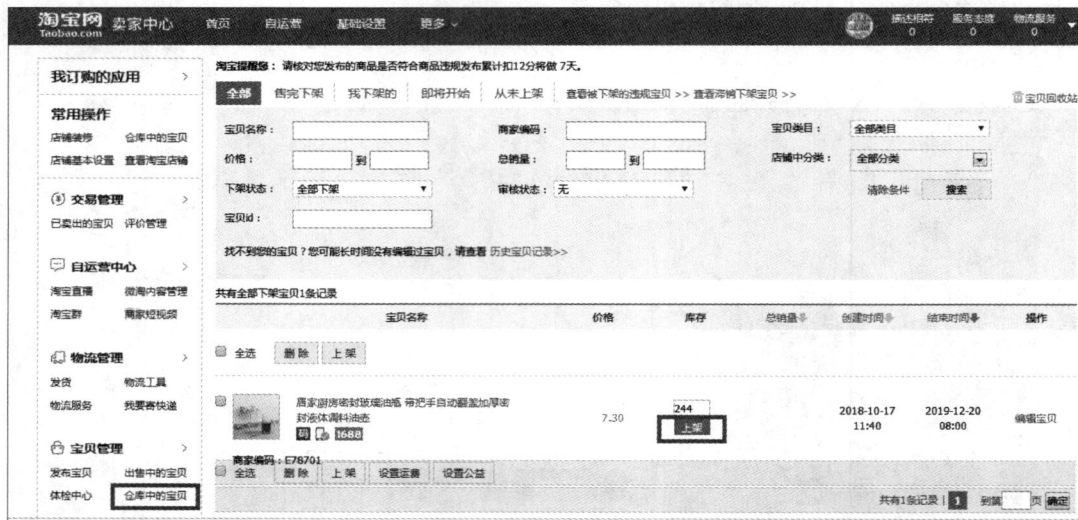

图 3.2.5　宝贝管理

友情提示

　　分销、代销商品虽然风险小,易操作,但是也存在一些不足:一是利润低,分销的商品一般由供应商统一供销,价格自然比自己批发要贵一些;二是竞争力弱,分销同样商品的卖家可能有很多,商品缺乏足够的价格优势和自身特点;三是无法亲自查看全部货源,商品质量没保障。因此创业者在选择货物供应商的时候,一定要全方位仔细考察。

活动评价

陈功和王创决定从兼职经营网店的模式做起,先尝试分销、代销,慢慢了解市场,把握行情,等毕业后再考虑专职经营网店。

活动2　了解专职经营网店模式

活动背景

陈功和王创在兼职经营网店的过程中,获得了不少经验,同时也体会到了做分销、代销商品的一些局限性。和师兄张胜沟通后,他们开始思考如何去寻找更便宜、更有特色的货源,为毕业以后专职经营网店做准备。

活动实施

专职经营网店相当于是投资创业,创业者需要将精力全部投入网上开店和经营中,同时网店的收入也将是个人或者团队收入的主要来源。专职经营网店建议采取自己采购、自己销售的方式,目前采购渠道分为线下进货渠道和线上进货渠道两种。

【做一做】练习线上线下寻找货源。

1. 线下采购进货

如果是要准备专职经营网店,根据自己的创业经营项目,想想可以从哪些线下渠道获得精准货源呢？填写表3.2.2。

表3.2.2　创业项目进货渠道表

线下进货渠道	具体渠道
①批发市场进货:批发市场进货是最传统的进货渠道	填写1~2个本地进货的批发市场渠道:
②直接找到厂家货源:正规厂家的货源充足,品质有保障;但是厂家一般要求的进货量都比较高,需要充足的资金支持,同时有压货风险	可以直接找到的厂家货源:
③关注外贸产品或尾单产品。一般外贸公司的货品都比较特别,会有一定市场,可寻找到一些外贸公司或者外贸代工厂,将一些要处理的外贸尾单承包下来	可以直接找到的外贸产品或尾单产品:
④买入库存积压或清仓处理产品。如果有渠道找到比较低价的积压或者清仓产品,将库存拿下来,利用网上销售优势的地域或时空差价,也可以获得足够的利润	可以直接找到的库存积压或清仓处理产品:
⑤代购、代理国外产品	可以直接找到的代理国外处理产品:

续表

线下进货渠道	具体渠道
⑥具体地方代表性、个人特色产品。寻找自己所在地的特色产品,尤其是一些具有不可替代性的地标性产品。比如农特产品、手工产品、工艺 DIY 产品之类的定制产品渠道,也会是一个比较独特创业方式	可以直接找到的农特产品、地标性产品、手工产品、工艺 DIY 产品:

2.线上采购进货

现在各个大型批发市场已经逐步开始在网上建立商城,并且提供货物代发业务;很多厂家也都开始开通网上代销发货业务,这些对于初期创业者来说是很好的切入机会。想想可以从哪些线上渠道获得你需要的精准货源呢?填写表3.2.3。

表3.2.3　创业项目进货渠道表

线上进货渠道	具体渠道
①目前全国各大批发市场,都已搭建了自己网上商城,如义乌购,批发店铺在线展示非常完善,在网站上甚至有短视频可以看到商家和货物的实拍情况,让采购过程如同亲临现场一样,如图3.2.6所示	可以找到的大型批发市场在线商城的批发店铺是:
②通过阿里巴巴采购批发网站,即可查看各种产地和总代理的货源,如图 3.2.7 所示,1688 源头好货界面如图 3.2.8 所示	通过阿里巴巴采购批发网站找到的好货源头是:
③通过各大搜索引擎寻找到相应的供应商	通过搜索引擎找到供应商是:

图 3.2.6　义乌购展示商家店铺实拍视频

图 3.2.7　阿里巴巴的采购批发

图 3.2.8　1688 源头好货界面

活动评价

专职经营网店是淘宝开店经营方式的主流,也是淘宝网店能够做大做强的根本。时间充裕、资金充裕的创业者采取这种方式经营,才能有较大的收益。经过对进货环节和成本把控的深入探究,陈功和王创对采购市场产生了很大的兴趣,他们决定继续摸索,找到最好的进货渠道,为今后专职经营网店打下基础。

合作实训

_____项目实训书

实训项目:确定创业基本模式。

实训要求:

(1)三人组合为一个创业小组协同完成任务。

(2)根据团队选择的创业项目,完成以下实训。

(3)请每组同学派一名代表上台分析。

实训内容:

(1)根据个人或者团队选择的创业项目,确定适合的创业模式,并列出具体的经营模式和项目开展方式(进货渠道),填写表3.2.4。

表3.2.4　经营模式及渠道分析表

创业项目名称	
创业模式(或选择的主要创业平台)	
经营模式	
项目开展方式(或进货渠道)	

(2)练习在网上寻找货源,尝试分销。

①进入阿里巴巴1688代销市场或者其他分销平台。

②阅读一件代发的淘掌柜代销指南,或者相关平台分销的流程和要求。

③在代销市场中找到支持快速代销的商品,上传到自己的淘宝卖家仓库中。

④回到淘宝后台的"卖家中心"中的"仓库中的宝贝"查看宝贝,修改零售价格与详情以后则可以上架宝贝,完成分销设置。

⑤选择三种商品做一件代发,上货到自己的淘宝店中,熟悉分销流程。

任务 3 准备创业资金

情境设计

俗话说,"巧妇难为无米之炊"。在确定了企业的经营模式后,陈功和王创二人面临了大多数创业者创业初期最为头痛的问题:资金短缺。所幸陈功的父亲非常支持两人创业,表示可以提供一部分创业资金,但其他的资金从何而来呢? 师兄张胜根据自身积累的经验,给予了一些建议,然后,王创和陈功两人就走上了他们创业的筹资之路。

任务分解

陈功和王创认真听取了师兄张胜的建议,从自身实际情况出发,首先进行了资金预算,接着通过各种渠道筹集创业的启动资金。

活动 筹集启动资金

活动背景

创业的过程同时也是资金筹集与使用的过程。充足的启动资金能帮助创业项目得到充足的"给养",增大成功的可能性。在筹集创业资金的过程中,创业者要根据实际情况,理智分析,整合资源,选择最适合的筹资途径。

活动实施

第1步:计划启动资金。创业的不同阶段需要的资金是不一样的,创业者首先要考虑的是创业初期的资金需求,包括开办企业的基本费用、业务推广的费用、必要的流动资金等。

【做一做】根据小组项目的实际情况,选择本市的一个创业园区作为办公地点,完成表3.3.1。

表 3.3.1 某小组启动资金预算表

项　目		内　容	金额/元
开办费	①公司注册费用		
	②办公室租金		
	③办公家具、办公用品		
	④平台入驻费用(淘宝)		
	⑤进货费用		
业务推广费			
流动资金			
合　计			

第2步:找出启动资金筹集途径。

创业者在得出创业启动需要投入多少资金后,要思考这笔启动资金从何处而来?

创业者可以根据创业项目的类型和创业者个人的情况,在以下几种方式中找到合适的途径。

(1)使用自有资金。自有资金是个人创业筹资中最有效、也是最便捷的方式,它包括现金,如活期存款账户、储蓄存款账户以及各种可变现的有价证券;其他资产,如股票、证券、钱币、邮票、其他收藏品,或是暂时用不上的房子、车子,进行房子或者其他财产抵押或者回收外债取得资金。

(2)个人借款。在借款时,创业者往往需要书写借据,借据中应说明以下具体细节:①借款的数量;②在什么情况下归还(最好以创业公司达到某个销售水平为还款标准);③是否以个人的名义担保借款;④利息的多少。

(3)寻找合伙资金。合伙创业可以充分发挥团队的互补作用,有利于各种资源的利用与整合,还可以有效地分解风险。如果创业不成功,由此带来的后果将由几个人共同分担,相对来说每一个人的损失就要小得多。

(4)申请贷款。银行贷款是最常见的筹款方式。中国工商银行、中国银行等储蓄银行设立了中小企业信贷部,专为中小企业提供创业贷款。民生银行、广东发展银行、中信银行等股份制银行也推出了专为个人创业者打造的贷款品种,如图3.3.1所示。

图3.3.1　民生易贷平台

近年来,金融创新不断涌现,各类金融机构推出了专门针对电子商务和小微企业的互联网金融贷款,受到网上创业者青睐,如图3.3.2所示。有资金需求的电子商务卖家、企业在网上借贷平台提出申请后,通过审核就可以获得资金支持。

(5)申请政府创业支持。国家鼓励"大众创业、万众创新",出台了不少政策扶持创业。对创办小型微利企业的,给予相关税收支持。对自主创业的大学生等人群,给予创业担保贷款(贷款额度一般为10万~100万元)。政府还鼓励金融机构对个人发放创业担保贷款,并给予财政贴息的优惠。此外,创业者还能享受培训补贴、招用应届高校毕业生社保补贴、免费创业咨询服务等待遇。

图 3.3.2 阿里金融平台

(6)寻找风险投资。风险投资,是指投资人对处于创建期和成长期的中小企业进行股权或债权投资,并参与企业管理,以获得较高回报。对创业者来说,使用风险投资创业的最大好处在于,即使失败,也不会背上债务。这样就使得年轻人创业成为可能。

(7)众筹募资。创业者可以把自己的产品原型或创意提交到众筹平台,发起募集资金,由感兴趣的人来捐献指定数目的资金。国内的互联网众筹包括产品众筹和股权众筹等模式,著名的众筹平台有京东众筹、京东东家、淘宝众筹、天使汇、众筹网、点名时间、追梦网等。目前,创业股权式的众筹已经有了不少案例,对于绝大部分创业者来讲,创业股权式众筹的尝试可以帮助他们有效地找到创业的启动资金。

第 3 步:进行资金筹集。如果启动资金需求较少,可以只选用 1 种筹资方式;如启动资金需求较多,可同时采用多种方式来筹资。

筹资前要做好相应的准备,以银行贷款为例,要填写必要的贷款表格文件,提供价值高于贷款额的物品作为抵押,如房产、证券等。

第4步:偿还资金。通过借款、银行贷款等途径获得的资金会有借款期限,到期后必须偿还本金和利息。也有一些资金是不需要归还的,如通过风险投资、众筹等得到的资金,投资者将通过创业者企业股权增值来获得收益。

活动评价

创业者可以通过自筹资金和寻找风险投资两种方式,获得创业的启动资金。陈功和王创通过本次活动,全面了解各种筹集资金的渠道,分析各种方式的利弊,确定最适合的筹资方式。

合作实训

_____项目实训书

实训项目:练习寻找筹资途径和做筹资规划。

实训要求:(1)3人一个小组协同完成任务。

　　　　　(2)将分析结果填入下面的表格中。

　　　　　(3)请每组同学派一名代表上台分析。

实训内容:

(1)尝试寻找两种小微贷款途径,并搜集申请条件,如表3.3.2所示。

表3.3.2　小微贷款获取途径

编　号	小微贷款途径	申请条件
1		
2		

(2)根据启动资金预算表(见表3.3.1),规划创业的资金需求情况,选择合理的筹资模式,完成表3.3.3。

表3.3.3　某小组筹资规划表

需求规划	金　额	筹集途径	预计筹集金额	备　注
短期资金需求 (第1年)				
短期资金需求 (第2~3年)				
长期资金需求 (第4~5年)				

任务 4　组织实施创业

情境设计

筹集创业资金的同时,陈功和王创也开始着手搭建公司的组织架构并组建创业团队。如何快速组建起团队,有效开展工作,这些都是摆在他们面前亟待解决的问题。于是陈功、王创赶紧去请教具有丰富创业经验的师兄张胜。

任务分解

师兄张胜告诉陈功和王创,首先他们需要了解各种经营组织架构;然后确定适合自身创业项目的组织架构;最后确定创业团队的类型,组建创业团队。

活动 1　搭建经营组织架构

活动背景

师兄张胜向陈功、王创建议,现阶段,公司处于创业期,组织架构应该做到"短、平、快",即架构精简、反应迅速、执行力强。根据师兄的建议,结合公司的实际情况,陈功、王创开始搭建公司的组织架构。

1. 了解组织架构的基础模式

企业组织结构就相当于人体的骨骼,一个成熟的企业都会有一个分工合理、协作力强的组织架构,而这个组织架构也是随着公司的成长和市场的需要不断调整的。

活动实施

> **知识窗**
>
> 在当代企业的实践中,组织架构一般分为直线职能式和矩阵式两种,但是互联网的开放、互联、虚拟的特性,也催生了几种新型的组织架构,具体如下:
>
> (1)直线职能式
>
> 直线职能式组织是目前广泛应用的一种传统组织结构形式,它强调按专业技术分工,纵向管理力度强,属于集权体制下的组织结构形式,如图 3.4.1 所示。

图 3.4.1　直线职能式组织结构图

（2）矩阵式

矩阵式组织结构形式是在直线职能式垂直形态组织系统的基础上，再增加一种横向的领导系统，它由职能部门系列和完成某一临时任务而组建的项目小组系列组成，从而同时实现事业部式与职能式组织结构特征的组织结构形式，如图3.4.2所示。

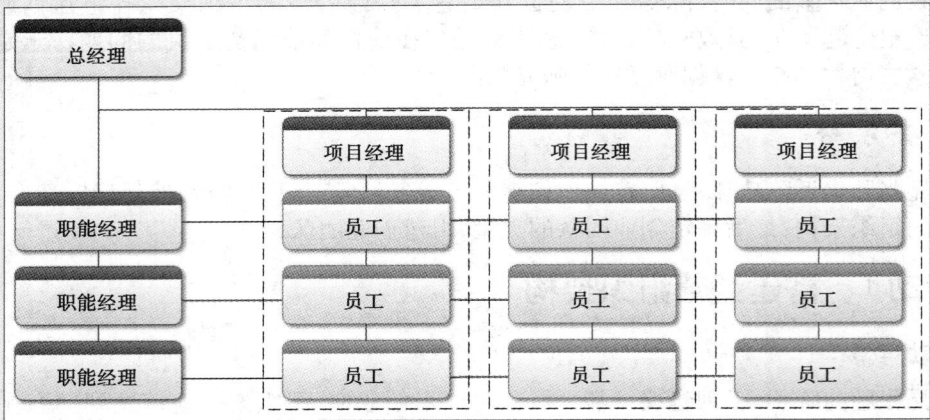

图3.4.2　矩阵式组织结构图

（3）团队式

团队式是为了完成某一指定任务，组织有相关专长的人才成为一个团体而形成的组织结构形式。团队内部不强调传统的专业分工，对外则为团队负责人制。这种组织结构形式更加灵活，任务导向更强，适应多变的环境，因此多见于初创期的小型组织，如图3.4.3所示。

（4）网络式

网络式组织结构是一种只有很精干的中心机构，以契约关系的建立和维持为基础，依靠外部机构进行制造、销售或其他重要业务经营活动的组织结构形式，如图3.4.4所示。

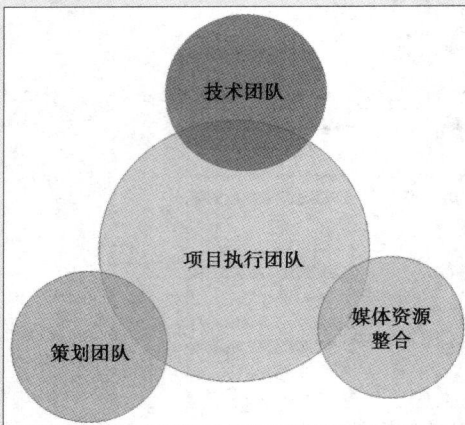

图3.4.3　团队式组织结构图

图3.4.4　网络式组织结构图

2. 划分职能部门并设置岗位

这一步工作要求创业者根据自己企业内部承载的功能及各功能之间的关系,来确定企业职能管理部门。陈功、王创仔细梳理了企业的内外部业务,考虑到目前主要是在淘宝平台开店,因此陈功、王创梳理了淘宝开店涉及的工作流程,将相似的工作综合归类,划定了 6 个职能部门,分别是行政和财务部、产品部、业务部、营销部、数据部、仓储部。每个部门根据工作内容设置了工作岗位。即使在创业初期,因为人手不足而需要由一个人负责多个工作岗位,但清晰的职能划分,明确了什么事该找什么部门、哪些工作是哪些人负责,将保证公司未来稳定、健康的发展。企业的职能部门及岗位设置如表 3.4.1 所示。

表 3.4.1　公司职能部门及岗位设置表

职能部门	岗位设置
行政和财务部	人力资源、行政、财务
产品部	选品管理、采购进货、拍照作图、文案编辑
业务部	零售客服、订单处理、售后维护、分销批发
营销部	品牌传播、网店推广、促销活动、美工设计
数据部	产品分析、营销分析、客户分析、服务分析
仓储部	入库上架、配货检查、验货出库、打包发货

【做一做】试着根据自己的创业项目,确定组织架构图。

(1)陈功、王创根据建议绘制了一般企业的组织架构图,详见图 3.4.5。

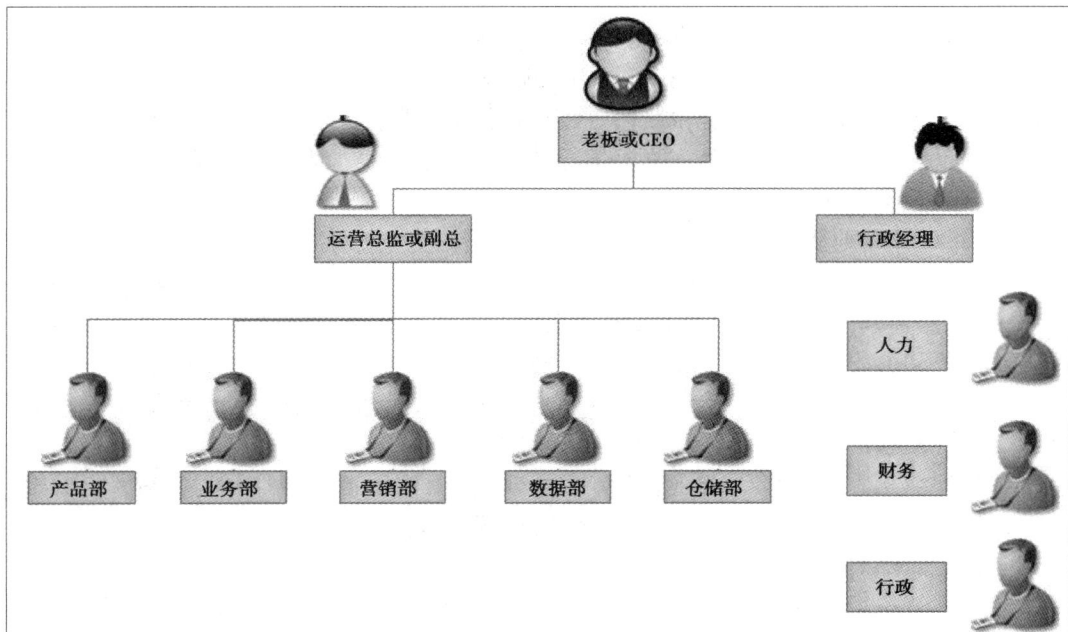

图 3.4.5　公司组织结构图

（2）请思考并绘制你的创业项目初期架构。

活动评价

在本活动中，创业者首先了解组织架构的几种模式，选择适合的组织架构模式，然后划分职能部门并设置各个部门的工作岗位，最后绘制完整的公司组织架构图。通过本活动的学习，创业者能够合理规划公司职能部门，明确各部门的岗位设置，为团队搭建奠定基础。

活动2　组建创业团队

活动背景

许多调查显示，团队创业成功的概率要远远高于个人独自创业。师兄张胜给王创建议，创业初期受资源限制，难以组建完美的团队，创业团队是公司的核心竞争力，要有明确的构想，才能保证一个企业健康、可持续地发展。

活动实施

> **知识窗**
>
> 如何有效组建创业团队？
>
> 1. 明确创业理念和创业思路
>
> 处于创业期的企业资源有限，无法给予团队成员足够的物质激励，同时创业期团队成员也要承受不确定性带来的巨大压力。因此，团队成员必须有一致的创业理念，才能保证团队拥有强大的凝聚力，能够克服创业期面临的各种问题。
>
> 2. 确定创业团队的类型
>
> （1）星状创业团队
>
> 在星状创业团队中，一般有一个核心主导任务，充当领军的角色。这种团队在形成之前，核心领袖有了创业的想法，然后根据自己的设想组织创业团队。因此，在团队形成之前，核心领袖已经就团队的组成进行仔细思考，根据自己的想法选择合适人选加入团队，这些加入团队的人在公司中更多时候是支持者的角色。星状创业团队的模型如图3.4.6所示。
>
> （2）网状创业团队
>
> 在网状创业团队中没有明确的核心人物，其成员一般在创业之前都有密切的关系，比如同学、亲友、同事、朋友等，大家根据各自的特点进行自发的组织角色定位。在创业团队组成时，网状创业团队没有明确的核心人物，大家根据各自的特点进行自发的组织角色定位。因此，在企业初创时期，各位成员基本上扮演协作者或者伙伴角色。星状创业团队的模型如图3.4.7所示。
>
> 经过综合的分析考虑，王创认为，他和陈功作为刚刚离开学校的创业新人，各方面都不具备成为一个绝对的团队领袖的条件，因此，他选择了网状创业团队。
>
> （3）招募团队成员
>
> 创业公司早期团队是创业成败的关键，因此创业团队成员的招募至关重要。创业团队成员的招募一般有以下几种方式。

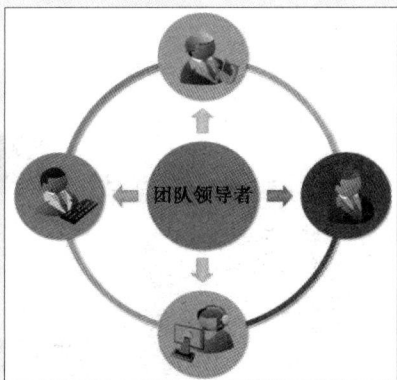

图 3.4.6　星状创业团队模型　　图 3.4.7　网状创业团队模型

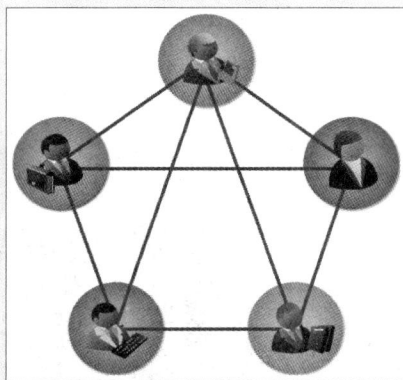

①向自己的朋友、同学或同事抛出橄榄枝。这种形式招募的成员之间有足够的信任基础和了解,有一致的意向一起合作,团队发展得较快。

②加入孵化器。创业孵化器除了帮助创业公司筹集资金,也能招募人才。但是加入孵化器的公司是经过挑选的,需要创业者本身具备竞争力。

③网络上招募。互联网上的创业平台、创业论坛里往往聚集了很多渴望创业的有志之士,也是创业公司招募成员的一种方式,但是这种团队因为需要一段彼此了解和信任的过程,所以形成周期一般比较长。

【做一做】规划团队人员分工并了解行业岗位职责和薪资水平。

1. 假设计划进行团队人员招募,请根据你的创业项目规划所需的团队人员分工及岗位名称,并填入表 3.4.2 的第 1 列中。

表 3.4.2　工作岗位调查表

岗位名称	职位描述	任职要求	薪金水平

2. 进入淘工作网,如图 3.4.8 所示,可在搜索栏中输入所需岗位名称,了解职位描述、岗位职责及薪金水平等,并填入表 3.4.2 相应列中。

图 3.4.8　淘工作网首页图

友情提示

　　淘工作网于 2010 年 8 月 30 日正式上线,该网站是淘宝网的招聘平台。淘工作平台主要面向淘宝用户,淘宝的卖家为招聘方,任何有淘宝 ID 的用户都可以在淘工作发布现场求职方向。

活动评价

　　本活动中,创业者通过确定创业理念、确定团队类型、招募团队成员等步骤,组建自己的创业团队。创业小组在本活动中需要经过小组讨论,选择适合的团队类型,明确各成员的分工,设立公司的部门及工作岗位,拟订团队招聘计划,完成团队的组建。

合作实训

　　　　　　　　　　　　　　　　　项目实训书

　　实训项目:公司团队组建及人员招募。

　　实训要求:

　　(1)3~5 人一个小组协同完成任务。

　　(2)将分析结果写在活页纸上或填在表格里。

　　(3)请每组同学派一名代表上台分析。

　　实训内容:

　　(1)为新创的创业公司规划职能部门,并绘制公司的组织架构图。

　　(2)目前陈功、王创的公司需要招聘一名网络推广专员,假如你负责人力资源工作,请填写表 3.4.3,并注明通过哪些途径发布该招聘信息。

表 3.4.3　招聘计划表

招聘岗位	
招聘人数	
招聘部门	
岗位职责	
职位要求	
招聘信息发布途径	

项目总结

本项目主要介绍了开始实施网上创业的几个要点,首先需要根据创业项目的实际情况及创业资金,选择合适的网上开店平台,对于初期创业者来说,流量大、入驻费用低的第三方电子商务平台是最佳的选择。其次创业者应该根据自身情况确定好创业经营模式。创业者要全面了解种筹集资金的渠道,可以通过自筹资金和寻找风险投资两种方式获得资金支持。最后在实施创业过程中,要明确各成员的分工,合理设立公司的部门及工作岗位,完成创业团队的组建,为创业项目走向成功奠定坚实基础。

项目检测

1. **单选题**(每题只有一个正确答案,请将正确的答案填在括号中)

(1)商家要开展电子商务活动,应将(　　)作为其主要的生意平台。

A. 在线商店　　　　　　B. BBS　　　　　　C. 电子邮件　　　　　　D. 电话订购

(2)目前在淘宝开店不需要以下哪个步骤?(　　)

A. 开店考试　　　　　　　　　　　　B. 淘宝开店个人身份认证

C. 支付宝账户绑定　　　　　　　　　D. 注册淘宝账号

(3)以下哪种电子商务企业的电子商务模式不属于 B2C 模式?(　　)

A. 京东商城　　　　　　B. 1 号店　　　　　　C. 苏宁易购　　　　　　D. 环球资源网

(4)加盟代理商的优势是(　　)。

A. 开店者需要研发产品　　　　　　　B. 不必支付加盟总部费用

C. 开店者自由度高　　　　　　　　　D. 保持较强的竞争力

(5)手机淘宝平台的推出,主要是应对哪种趋势?(　　)

A. 购物群体的年轻化　　　　　　　　B. 购物终端的移动化

C. 平台商品的时尚化　　　　　　　　D. 手机用户的普及化

2. **多选题**(每题有两个或两个以上的正确答案,请将正确的答案填在括号中)

(1)以下属于开店前期准备工作的有哪些?(　　)

A. 分析产品市场需求　　　　　　　　B. 优化商品详情页

C. 定位消费人群　　　　　　　　　　D. 搜索同品类店铺销量排名靠前的商品

(2)目前关于淘宝不正确的说法有哪些?(　　)

A. 目前淘宝店铺分为企业店铺与个人店铺

B. 一个身份证可以注册多个淘宝个人店铺

C. 可以用邮箱注册淘宝个人账户

D. 一个店铺可以有多个店铺名称

(3)关于为淘宝店铺起名应注意的事项有哪些?(　　　)

A. 名称应与店铺主营产品相关

B. 使用吉祥的繁体字,体现中国传统文化,如木材生意用"懋",农副产品用"豐"

C. 应尽量简短易记,易于传播

D. 名字一定要高大上,多用生僻字眼体现店铺规格

(4)评价供应商的主要指标包括以下哪些项?(　　　)

A. 供应商是否遵守公司制订的供应商行为准则

B. 供应商是否具备良好的售后服务意识

C. 供应商是否具备精干有魄力的领导

D. 供应商是否具备良好的现代化企业管理制度

(5)网店的进货渠道有(　　　)。

A. 阿里巴巴 　　　　　　　　　　B. 当地菜市场

C. 各地批发市场小商品城 　　　　D. 正规途径代购

3. 判断题(正确的画"√",错误的画"×")

(1)与实体店相比,网店最大的特点是虚拟性。　　　　　　　　　(　　　)

(2)当前企业参与电子商务活动的首要是判断产品交易机会。　　　(　　　)

(3)至少有一家外国公司或个人参与是电子商务发展的基本条件。　(　　　)

(4)电子商务的交易几乎都是在网络上进行,只是实体商品的配送和部分售后服务不在网络上,因而能够实现高效率、低成本的目标。　　　　　　　　　　　(　　　)

(5)作为中职学生,想要网上创业成功,就要投入全部精力去经营。　(　　　)

4. 简述题

(1)说说天猫和淘宝开店的区别以及入驻各有什么不同的条件。

(2)写出网上开店的流程。

项目4 筹建网上店铺

项目综述

经过一个多月的紧张准备,王创和陈功注册成立了一家名为智赢家电子商务有限责任公司的企业。公司按计划进入实施阶段,经过慎重选择,公司在淘宝网开设"智赢家"店铺,接下来进入紧张的店铺装修,商品的进货、上货和物流联系阶段,陈功和王创兴奋之余又有些担心,幸好有师兄张胜可以随时指导他们。

项目目标

通过本项目的学习,应达到的具体目标如下:

知识目标

➤ 掌握淘宝店铺装修的方法
➤ 掌握商品上架的基本方法
➤ 熟悉电子商务物流的选择和管理流程
➤ 熟悉电子商务的几种支付方式

能力目标

➤ 能够熟练进行网络店铺的装修
➤ 能够选择商品并成功发布商品
➤ 掌握发货操作及熟悉物流管理
➤ 会选择合适的第三方支付方式

情感目标

➤　培养探索意识和精神

➤　培养对市场的敏锐性

➤　锻炼对外沟通交流的能力

项目任务

任务 1　装修淘宝店铺

任务 2　选择货品并上架

任务 3　建立物流渠道

任务 4　建立支付渠道

任务 1　装修淘宝店铺

情境设计

网络经济时代,如何吸引顾客的注意力成为电子商务成功的关键。网店的美化如同实体店的装修一样,能让买家从视觉上和心理上感觉到店主对店铺的用心,并且能够最大限度地提升店铺的形象,有利于网店品牌的形成、提高浏览量、增加成交率。因此陈功和王创一收到淘宝网站通过了他们开店申请的审核通知后,立刻开始商量怎样进行网店的布局和装修。

任务分解

陈功和王创通过查阅各种资料和请教师兄张胜,准备按照以下步骤对网店进行装修:首先从最容易入手的店铺模板开始生成店铺,然后利用管理布局工具进行页面的调整和编辑;接着完善店标、店招、广告等;最后进行手机店铺的装修。

活动 1　确定店铺模板和管理布局模块

活动背景

对于大多数的新手卖家来说,对淘宝店铺的装修是完全没有头绪的,为此淘宝提供了一系列免费和收费的店铺模板供商家选择。陈功和王创决定从使用淘宝提供的免费模板开始做起。

活动实施

在进行淘宝店铺的框架搭建时,可以直接使用淘宝提供的店铺模板,也可以根据自己的设计,定义布局,然后添加功能模块。

1.使用店铺模板

陈功和王创根据"智赢家"婴幼儿玩具专营店的商品属性,开始对"智赢家"网店风格进行定位,进而选择相应的店铺模板。

【做一做】练习设置店铺模板。

(1)从淘宝的"卖家中心"找到"店铺装修",如图4.1.1所示,单击进入店铺装修界面,如图4.1.2所示。

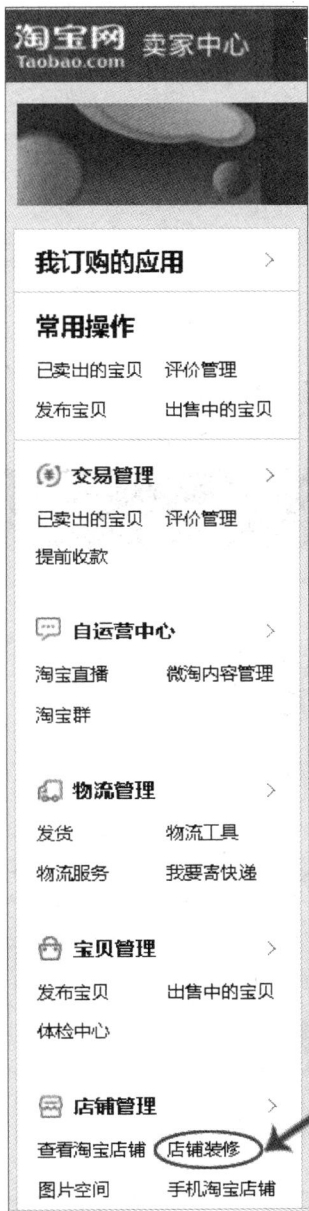

图 4.1.1　店铺装修菜单

(2)单击"店铺装修"页面顶端菜单的"模板管理",进入专业版"模板管理界面",如图 4.1.3 所示。

图 4.1.2　店铺装修界面

图 4.1.3　模板管理

（3）根据配色方案以及模板样式选择要使用的模板，如图4.1.4所示。

图4.1.4　选择模板

（4）挑选好模板并确认后，页面会自动跳回店铺装修的首页，单击右上角"预览"和"发布站点"按钮，则可生成一个原始的店铺，如图4.1.5所示。

图4.1.5　根据模板生成的一个原始店铺

（5）如果感觉店铺的颜色、背景过于单调，可以单击页面左侧样式面板，对"配色""页头""页面""CSS"样式等效果进行修改，如图4.1.6—图4.1.8所示，达到预期效果。

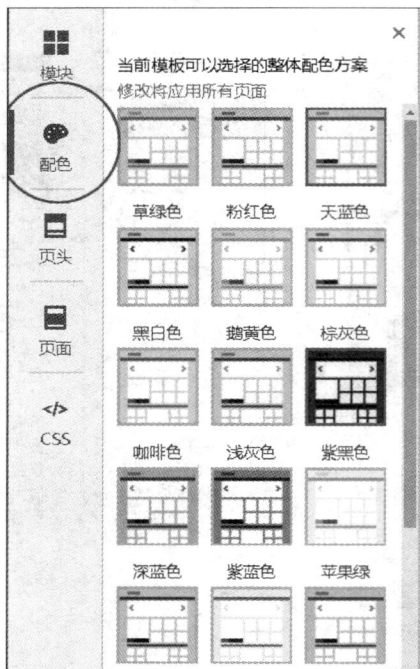

图4.1.6　设置配色方案

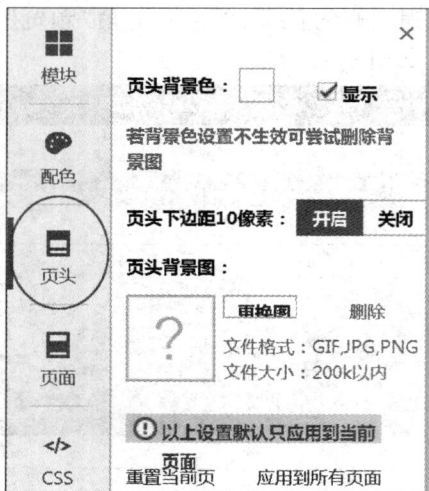

图4.1.7　设置页头背景

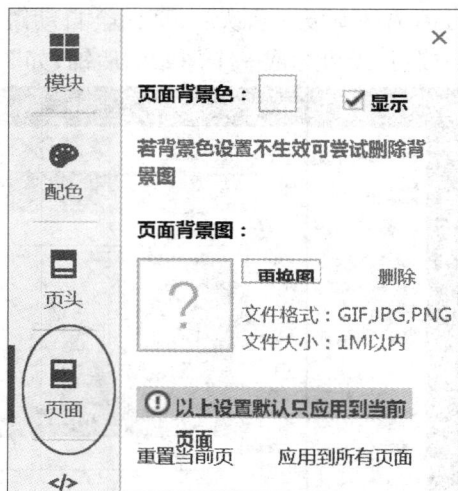

图4.1.8　设置页面背景

友情提示

淘宝网站除了免费提供的几种模板外，还提供了更多的收费精品模板，单击"模板管理"下方前往"装修模版市场"，如图4.1.4所示。单击各个模板，可以查看选择每个模板的细节、价格、使用期限等。

2. 管理布局

店铺装修除了完全按照模板提供的布局结构以外,还可以通过添加、删除布局单元对现有的结构进行修改,达到自己希望呈现的效果。

友情提示

在进行店铺装修前,也可以通过在草稿纸手绘布局或者使用 Photoshop 软件先完成页面的布局设计,再根据前期计划的模块细节进行店铺装修。

【做一做】根据下列步骤,完成布局管理。

(1)点击"店铺装修"页面上方菜单的"布局管理",如图4.1.9所示,进入"布局管理"页面,如图4.1.10所示。

图4.1.9　选择"布局管理"

图4.1.10　"布局管理"页面

(2)点击"添加布局单元",如图4.1.11所示,选择需要的布局结构。

(3)通过按住鼠标拖动模块右边的"十"字可以调整模块的位置,单击"×"按钮可以删除模块,如图4.1.12所示。

(4)完成后单击"发布站点"按钮。

友情提示

(1)一般情况下,页面分为表头、中间部分和页尾三个部分。

(2)一个装修页面,最多只能添加5个布局单元。

图 4.1.11　添加布局单元

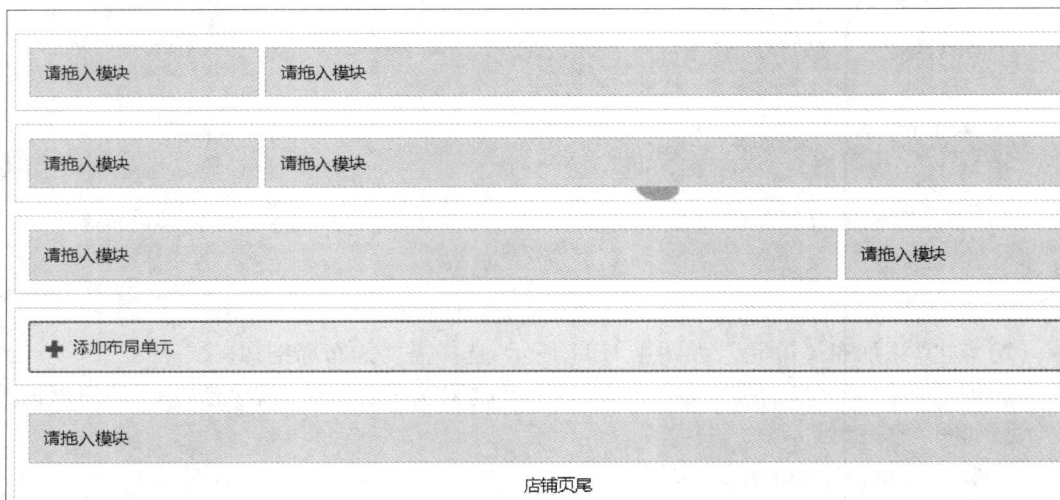

图 4.1.12　调整布局单元模板

3. 编辑模块

每一个布局都只是一个预设好的格局框架,需要为其添加功能模块,才能在发布后显示出每个模块的布局。因此,还需要为每个布局框架内添加功能模块,才算是完成了店铺装修的基本构架。

【做一做】根据下列步骤，编辑添加模块。

（1）在"布局管理"界面左边的"模块"中，选择相应的基础模块，拖曳到相应的布局框架内，如图4.1.13所示，完成模块的添加。

图4.1.13　选择基础模块

（2）单击顶端菜单的"页面编辑"，如图4.1.14所示，回到页面编辑所见即所得的界面。

图4.1.14　跳转到页面编辑状态

（3）将光标放在各个模块上，点击右下角"＋"可以添加模块，点击右上角"删除"按钮则可以删除本模块，如图4.1.15所示。

（4）将光标放在各个模块上，单击右上角"编辑"按钮，如图4.1.16所示，则会出现相应的编辑界面，如图4.1.17所示，调整各种参数并保存设置，相应模块会呈现不同的显示效果。

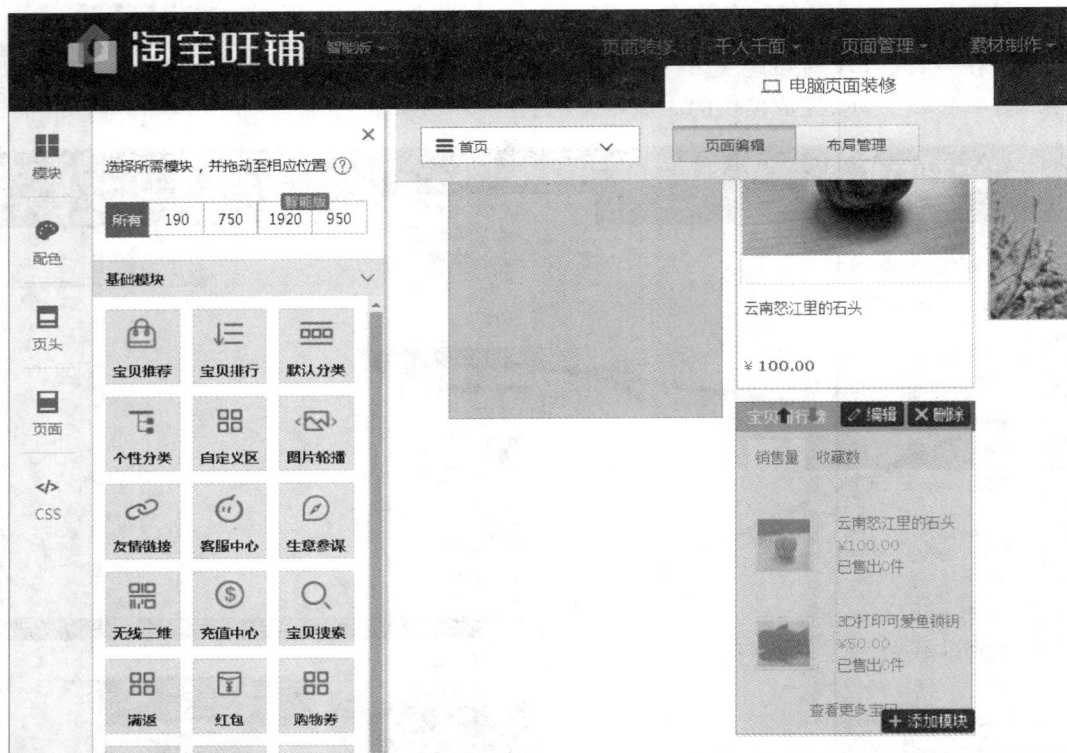

图 4.1.15　添加删除模块按钮

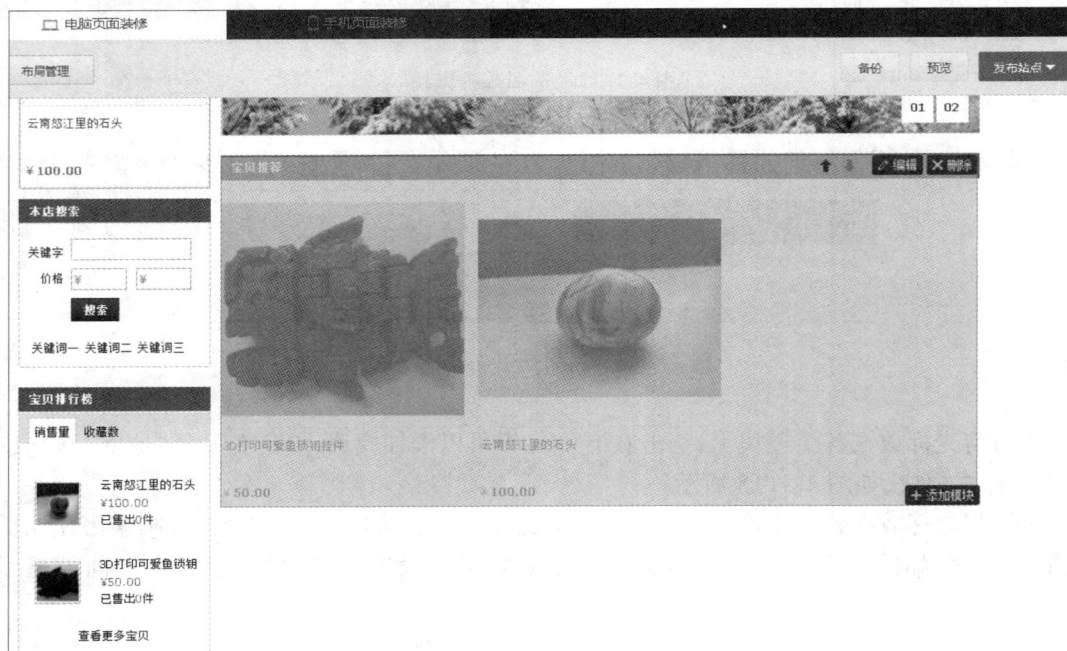

图 4.1.16　编辑模块按钮

宝贝推荐

您可以通过系统自动推荐或者手动选择最多28个店铺内宝贝，通常可以用于畅销商品、最新上架的商品推荐等场景　　　　② 使用帮助

宝贝设置　　电脑端显示设置

显示标题：　○ 不显示　● 显示　宝贝推荐

展示方式：

一行展示4个宝贝　　　　一行展示3个宝贝　　　　一行无缝展示3个宝贝

是否显示：　☑ 折扣价　□ 最近30天销售数据　□ 累计评价数　□ 评论

宝贝折扣价格显示与主搜索保持一致！

保存　取消

图 4.1.17　设置模块参数

4. 发布站点

发布站点，如图 4.1.18 所示。

图 4.1.18　发布站点

友情提示

在页面装修的界面中，除了对首页可以进行编辑设置外，还可以切换到其他页面进行管理编辑，如图 4.1.19 所示。

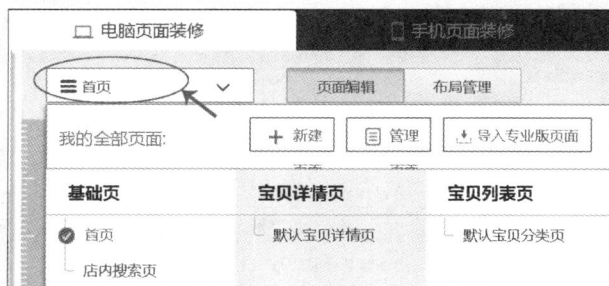

图 4.1.19　管理全部页面

活动评价

通过不断探讨与摸索,陈功和王创确定了"智赢家"婴幼儿玩具专营店的风格、配色方案,完成了店铺基本模块的布局设置,看着自己亲自装修的初具规模的店铺,他们觉得离成功又近了一步。

活动 2 确定店标、店招

活动背景

陈功和王创完成了店铺页面的初步搭建以后,开始对店铺的细节进行完善。接下来设计"智赢家"婴幼儿玩具专营店的店标、店招和导航条。

活动实施

1. 完善店铺基本信息

【做一做】练习使用卖家管理后台,进行店铺设置。

进入"我是卖家"后台,在"店铺管理"中选择"店铺基本设置",可以完善店铺的各个基本信息,如图 4.1.20 所示。

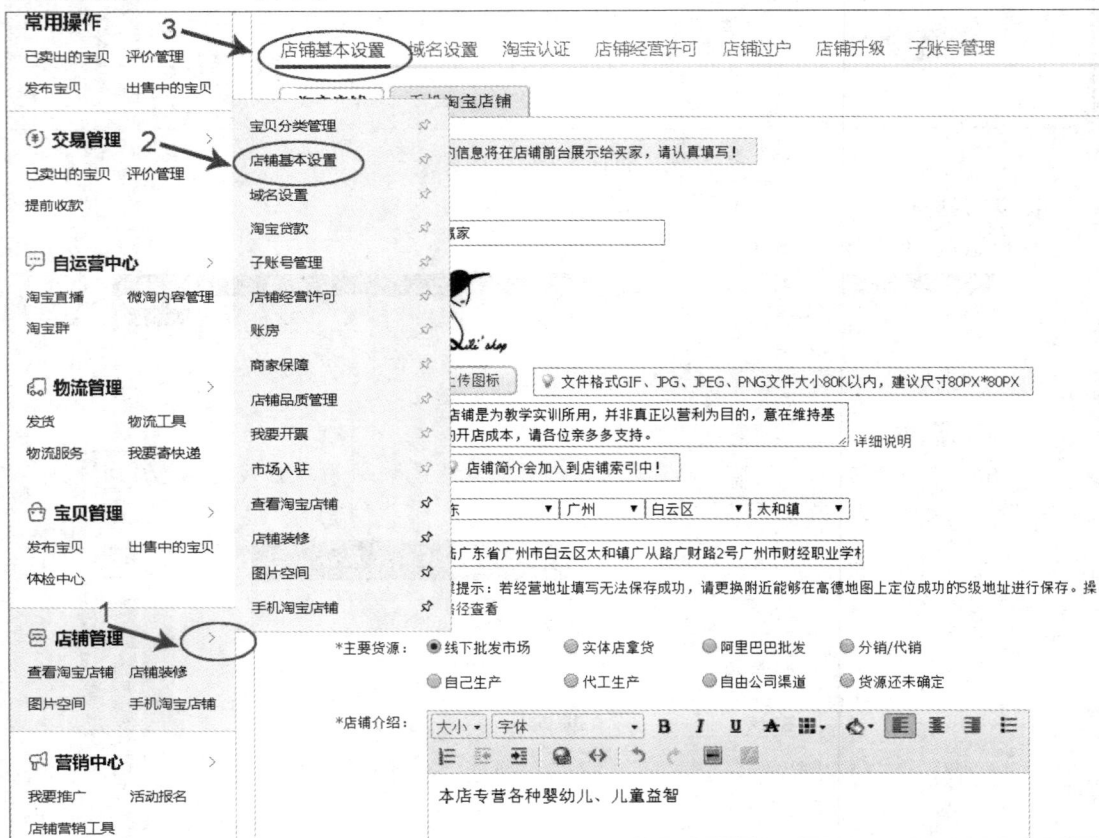

图 4.1.20 店铺基本设置

2. 添加店标

店标也叫店标图片,是店铺的标志,会直接出现在店铺搜索中,如图 4.1.21 所示,是网店特色和内涵的集中体现。一个好的店标图片可以让消费者对网店的风格和形象产生比较深刻的印象,有助于增加销售。

图 4.1.21　店铺搜索中的店标

友情提示

目前店标图片支持 gif、jpg、jpeg、png 格式,大小限制在 80 kB 以内,推荐尺寸为 80 像素×80 像素。

【做一做】学习制作店标。

(1)在百度中输入"三角梨网店装修",如图 4.1.22 所示,点击进入三角梨官方网站。

图 4.1.22　百度搜索三角梨

（2）从菜单进入"店铺店招"，如图4.1.23所示。

图4.1.23　三角梨在线制作首页菜单

（3）选择合适的模板。单击"点此开始制作"按钮便可以在线制作店标了，如图4.1.24所示；也可以快速生成店标，如图4.1.25所示。

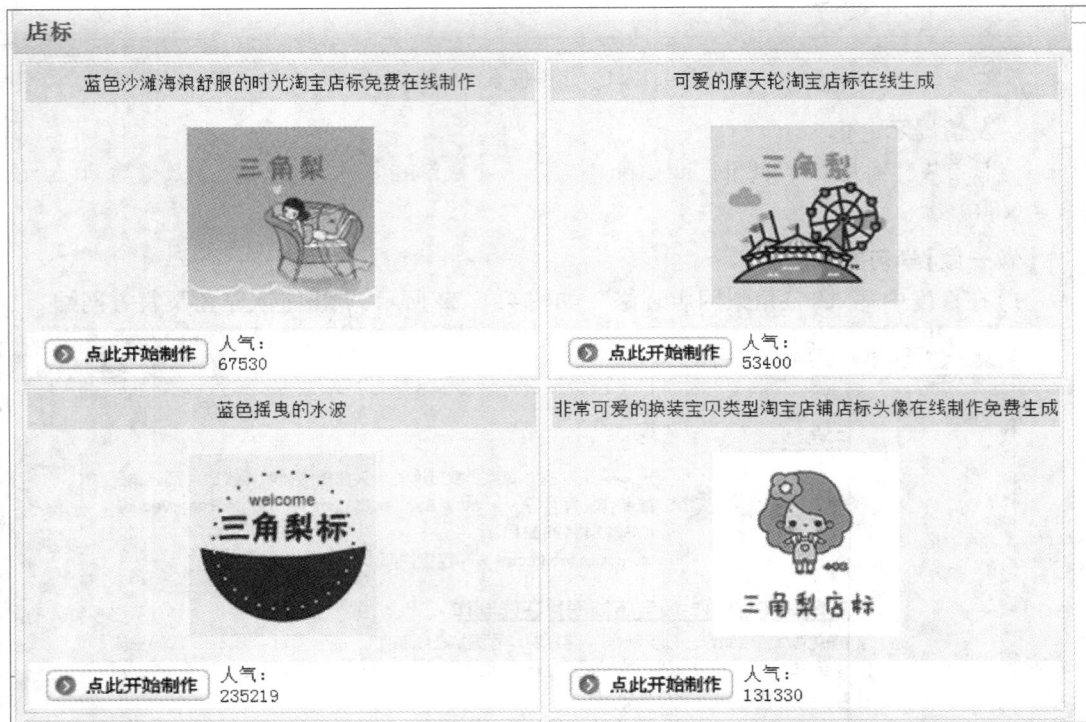

图4.1.24　在线制作店标

图4.1.25　在线生成的店标

（4）进入淘宝网的卖家中心，在"店铺管理"中选择"店铺基本设置"，上传店铺标志图，如图4.1.26所示。

3. 添加店招

店招是网店的招牌，是淘宝店铺留给顾客的第一印象。店招一般可用来展示店铺名称和形象，你的店铺定位如何、是否有优惠、是否有核心产品，都可以从店招看出来。从内容上来说，店招上可以有店铺名、店铺 logo、品牌口号 slogan、收藏按钮、关注按钮、促销产品、优惠券、活动信息、店铺公告、店铺资质、店铺荣誉等一系列信息,如图 4.1.27 和图 4.1.28 所示。

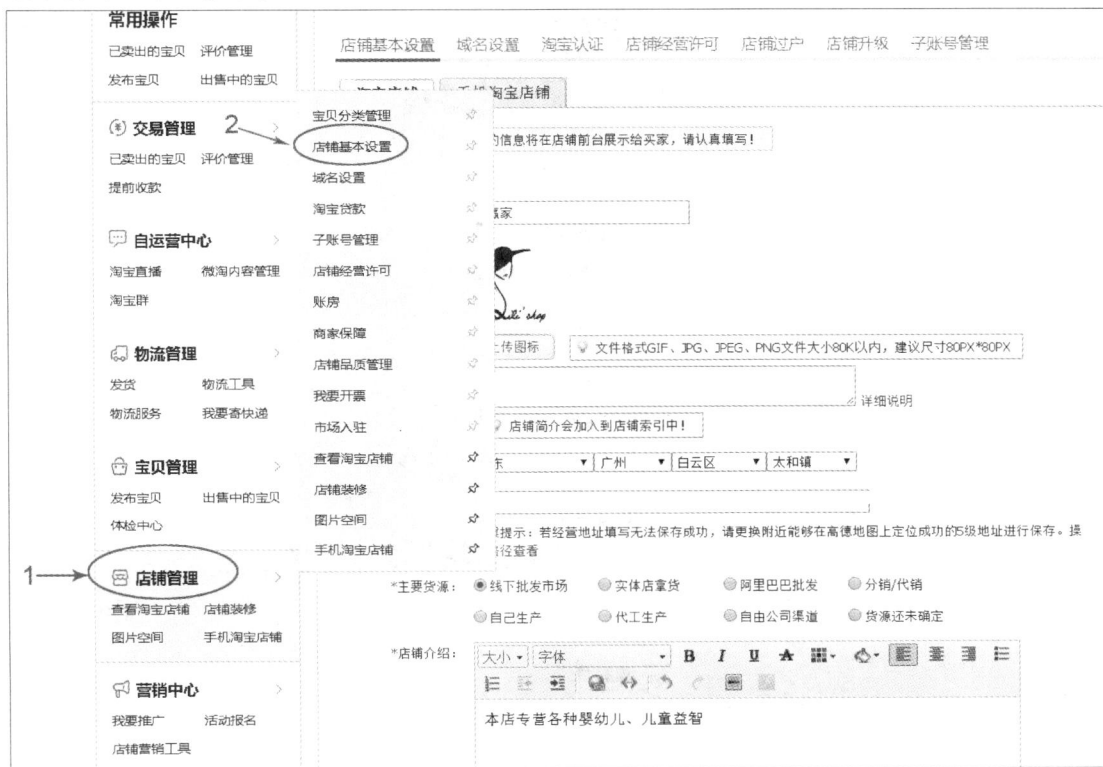

图 4.1.26　上传店标图片

图 4.1.27　母婴尚品坊店招

图 4.1.28　可优比旗舰店店招

友情提示

　　店招通常位于淘宝店铺上方,标准尺寸是 950 像素 × 150 像素。店招可以在线编辑,也可以自己制作上传。

【做一做】练习使用卖家管理后台,进行店铺装修。

(1)进入"卖家中心"→"店铺管理"→"店铺装修",如图 4.1.29 所示。

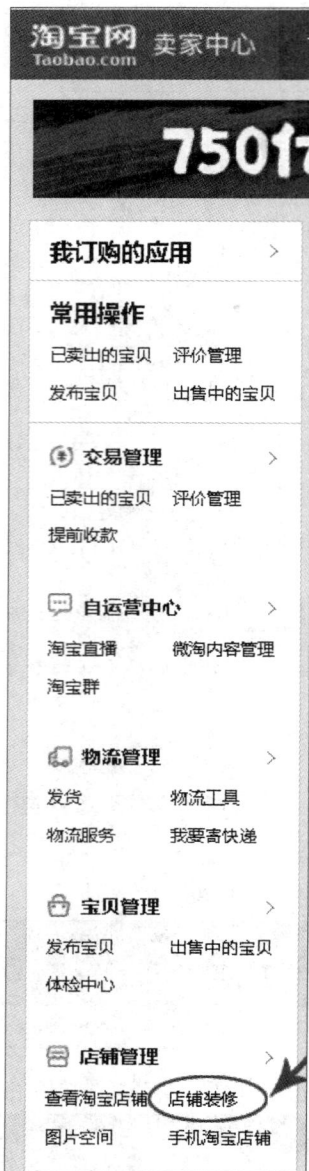

图 4.1.29　店铺装修菜单

　　(2)单击"模块",找到"店铺招牌"功能模块,按住鼠标左键拖拽"店铺招牌"模块图标到页头的布局单元中,如图 4.1.30 所示。

　　(3)将光标放在添加的"店铺招牌"功能模块上,如图 4.1.30 所示,单击新出现的"编辑",会弹出如图 4.1.31 所示界面。

　　(4)选择"默认招牌"类型。单击"选择文件"来改变店招图片,如图 4.1.31 所示。选择的图片文件必须是已经上传到淘宝图片空间的图片,然后单击"保存"按钮即可。

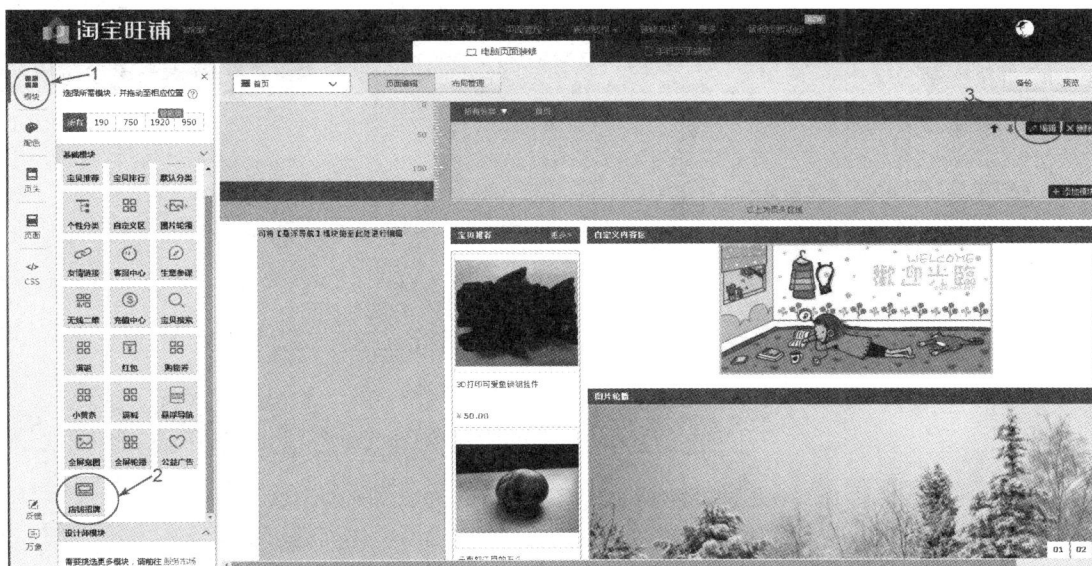

图 4.1.30　添加店铺招牌模块

图 4.1.31　编辑店铺招牌

友情提示

导入的店招需要通过第三方图像处理软件,比如 Potoshop、三角梨等事先制作好,再将图片上传到淘宝网的图片空间,最后才能插入店招模块中。

(5)如果选择"自定义招牌"类型,可以在"自定义内容"的编辑区域内添加图片和输入文字制作店招,如图 4.1.32 所示,制作完成后单击"保存"按钮。

(6)点击装修页面右上角"预览"按钮可以查看制作效果,选择"发布"按钮就可以完成店招的制作和设置。

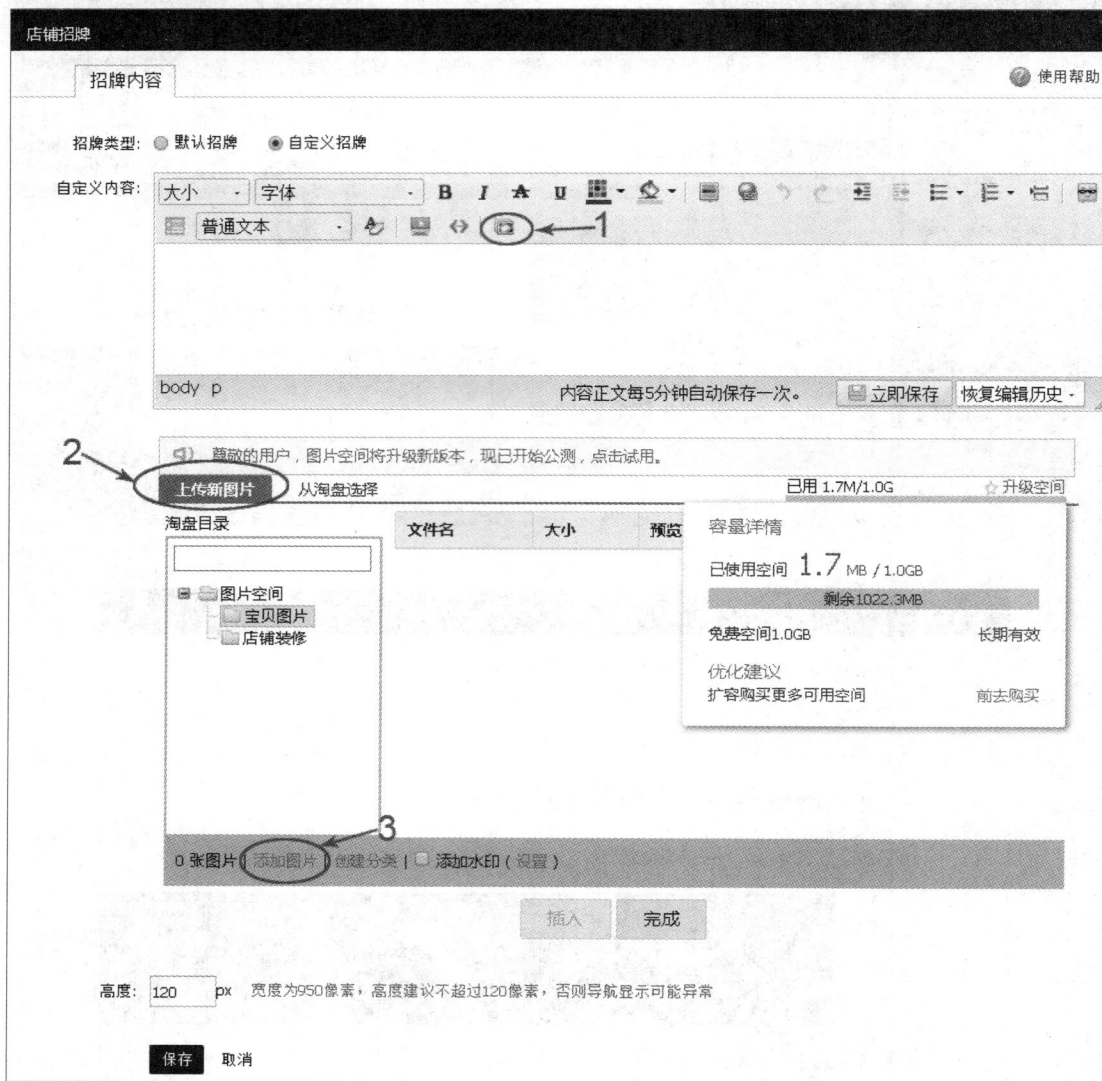

图 4.1.32　自定义招牌制作

活动评价

　　陈功和王创完善了店铺的基本信息,通过制作、上传店标和店招,他们熟练掌握了编辑、修改各个功能模块的技巧。他们还为自己店铺添加了公告、水印,店铺装修得越来越成熟。

活动3　装修手机淘宝店铺

活动背景

　　陈功和王创一起完成了对"智赢家"淘宝店铺的电脑页面装修,很有成就感。同时他们也意识到,鉴于目前更多的交易来自淘宝手机端,手机端的页面布局将更大地影响客户的体验,所以接下来开始着手进行淘宝手机页面的装修。

活动实施

【做一做】根据以下步骤,完成店铺的手机端装修。

(1)登录淘宝网,进入"卖家中心"→"店铺管理"→"手机淘宝店铺",进入无线店铺运营中心,如图4.1.33所示。

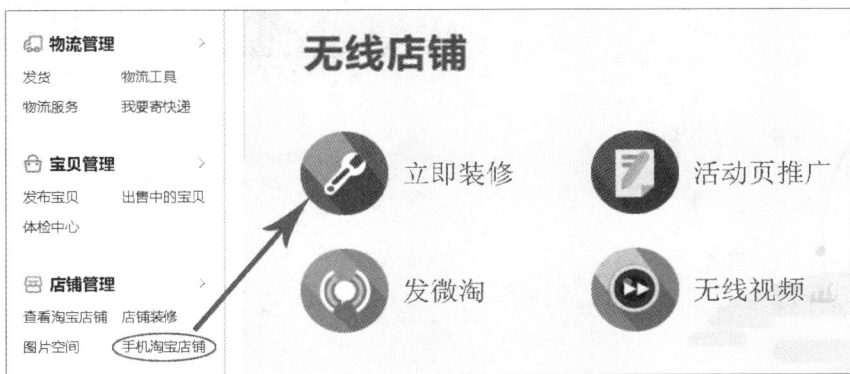

图4.1.33　无线店铺运营中心

(2)选择"立即装修",如图4.1.33所示。进入手机店铺装修界面,如图4.1.34所示。

图4.1.34　无线运营中心手机店铺装修界面

(3)依次单击"店铺首页"→"店铺动态"→"店铺分类"等可以进行各种设置。

(4)单击"店铺首页",进入手机淘宝店铺首页,如图4.1.35所示。

(5)进行手机店铺基本设置。点击手机店铺的店招模块部分,右边会弹出店招模块编辑框,如图4.1.35所示,可对店铺的基本信息、店招等进行设置。

(6)布局其他模块。除了店招、店标的设置外,还可以拖入宝贝类、图文类、营销互动类、智能类等其他的模块,如图4.1.36所示。

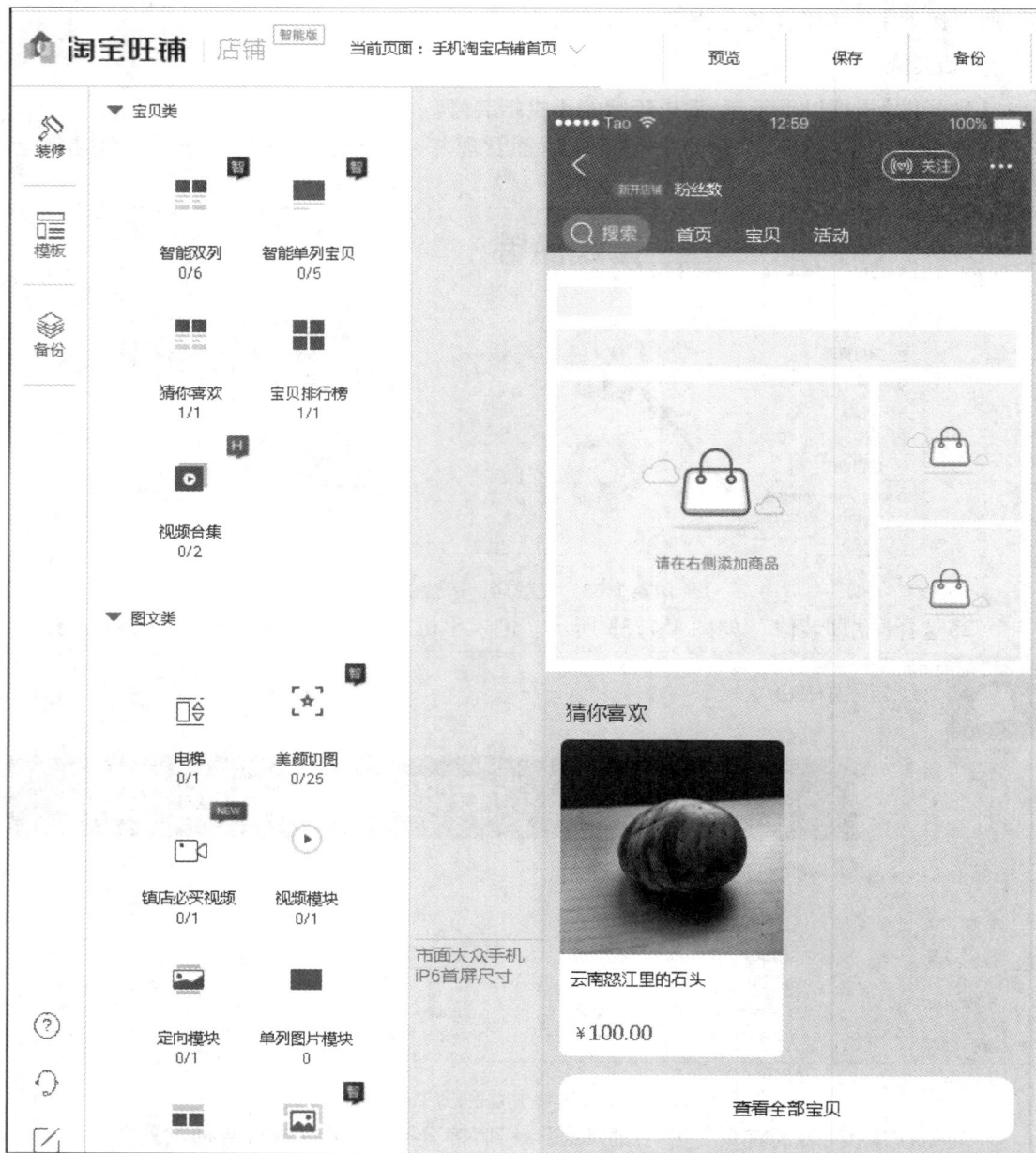

图 4.1.35　手机淘宝店铺首页

（7）进行模块设置。按手机店铺的需要适当地添加和编辑模块,方法与 PC 端(见任务1)相同。拖入"宝贝类"模块后,选中该模块,在右边即可进行模块的各种属性编辑,如图4.1.37所示。

（8）设置完成后,保存发布。

图 4.1.36　布局其他模块

图 4.1.37　添加和编辑手机店铺模块

活动评价

陈功和王创完成了店铺手机端装修之后,发现了手机端与 PC 端的装修应有一些差异:从用户角度出发,手机淘宝的店铺装修更要注意色彩搭配,应舒适和谐;商品应以大图为主;手机店铺页面的长度不可过长。

合作实训

_____项目实训书

实训项目:完成小组网上创业项目的淘宝店铺的装修设置。

实训要求:

(1)3 人一个小组协同完成任务。

(2)二人负责设计实施店铺布局、细节。

(3)一人负责搜集图片素材并进行美化处理。

实训内容:

(1)根据小组的开店项目,开始店铺装修,完善店铺信息。

(2)规划店铺布局。

(3)设计店标、店招。

(4)完成店铺电脑端装修并发布。

(5)完成店铺手机端装修并发布。

任务 2　选择货品并上架

情境设计

经过不断的努力,陈功和王创完成了网店的装修,现在网店万事俱备,只欠商品了。随着网络市场竞争日益激烈,买家对网购商品的要求也越来越高。如何选择好货品、进行商品规划,对于创业店铺来说,其分量越来越重。

任务分解

陈功和王创准备首先对店铺商品进行分类规划,制订出相应的价格体系,然后再进行货物的上架。同时认真考察供应商,针对不同的进货渠道,签订采购协议,保证网店商品的质量和网店的赢利。

活动 1　选择货物并上架

活动背景

作为新手卖家,切忌看着别的商家什么东西好卖,就盲目地进货上架售卖,同样的商品,价格没有优势,也很难销售出去。一个新的店铺应当形成自己的特色,这样才能吸引回头客购买。那么该如何选择上架商品呢? 两个创业者开始了新一轮的讨论。

活动实施

1. 规划店铺商品

> **知识窗**
>
> 创业者在初期规划商品的时候要考虑的几个问题。
>
> 1. 圈定目标客户
>
> 需求是客户购买的原始动机。在商品上架之前,必须从需求出发,对目标客户进行详细分析,这个群体有什么特征、偏好、购买习惯等,从而明确商品的定位。
>
> 2. 划分商品结构
>
> 根据前期圈定的目标客户,采用多种方式进行选品,调整店铺产品结构,对广告款、平销款、活动款和库存款进行细致划分,并且确定店铺的核心产品。
>
> 3. 明确产品价格体系
>
> 确定好商品结构,根据自己的商品类目和市场情况,制订出一个和你目标顾客相匹配的商品价格,这个价格体系的核心是提高整体销售的利润率。作为创业新手,最简单的定价策略可以从在淘宝搜索同类同款商品开始,然后分析参考以下几种方法:
>
> (1)成本导向定价法:
>
> 　　　成本价 + 溢价(利润) + 平台成本 + 售后成本(物流包装等) = 价格
>
> (2)竞争导向定价法:需要调查和了解目前同行中同类产品的定价,了解大概的价格

范围,然后再制订商品的价格。

(3)促销导向定价法:在促销商品中,可以选择一两款产品定个底价,目的只为了吸引人气。

【做一做】根据商品规划的几个原则,填写表4.2.1的客户定位分析表,明确客户定位;填写表4.2.2,对即将上架的至少十种商品做出大致的定位分类并填写价格。

表4.2.1　客户定位分析表

项　目	定　位
客户为什么需要卖家的商品,而不是其他的同类产品	
客户要求的服务有哪些? 卖家是否具备提供这些要求的服务的能力	
客户为产品能付出多少代价? 这种支付与卖家预想的有什么区别	
客户的消费潜力如何? 客户有多大的购买能力	

表4.2.2　上架商品定位、定价表

类　别	具体商品	价　格
广告款(爆款)		
平销款		
活动款		
库存款		

2.上架发布商品

友情提示

商品上架看似简单,其实是商品管理的开始。如果在一开始商品上架太过简单,会导致后期的商品管理混乱,增加管理的时间和精力成本。网购由于消费者无法看到实物,更需要在上架的时候考虑充分,宝贝的各种参数、宝贝属性、宝贝卖点和价格等都需要清晰明了地展示给消费者。

【做一做】在淘宝商家平台发布单个商品。

(1)登录淘宝卖家中心后台,单击“宝贝管理”→“发布宝贝”,如图4.2.1所示。

(2)选择产品类目。可以直接在“类目搜索”里直接输入要发布的宝贝的类型名称,或者从一级类目开始依次搜索,如图4.2.2所示。

(3)填写宝贝,发布参数规格,如标题、数量、价格、属性等,如图4.2.3所示。

(4)上传宝贝的图片和填写商品详情描述,如图4.2.4和图4.2.5所示。

图 4.2.1　在"宝贝管理"中找到"发布宝贝"

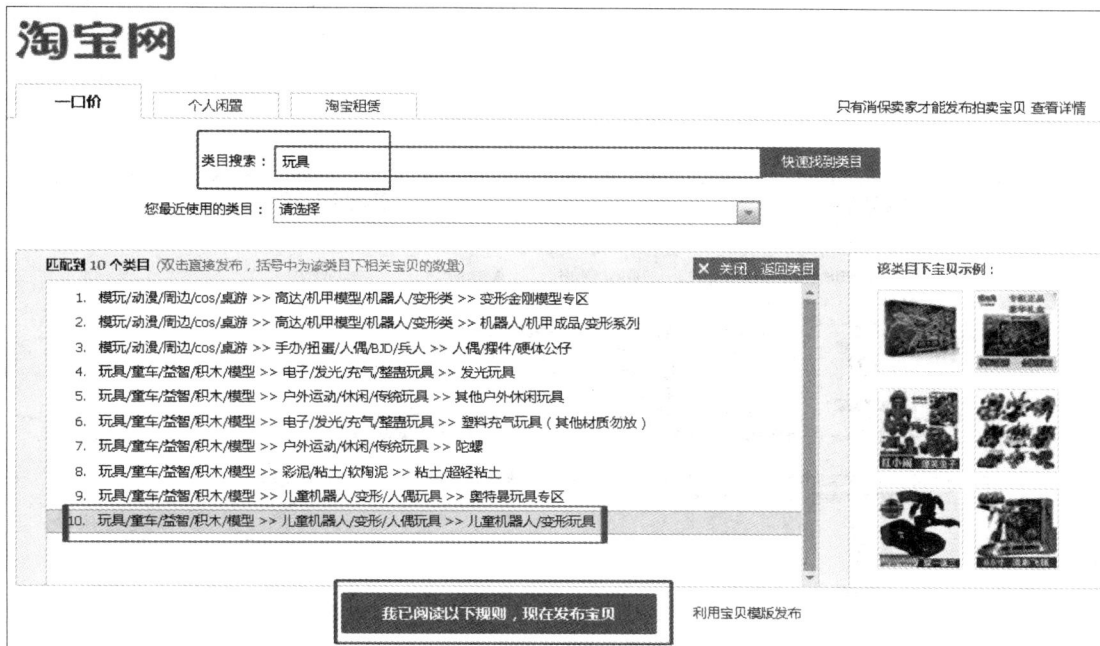

图 4.2.2　寻找类目

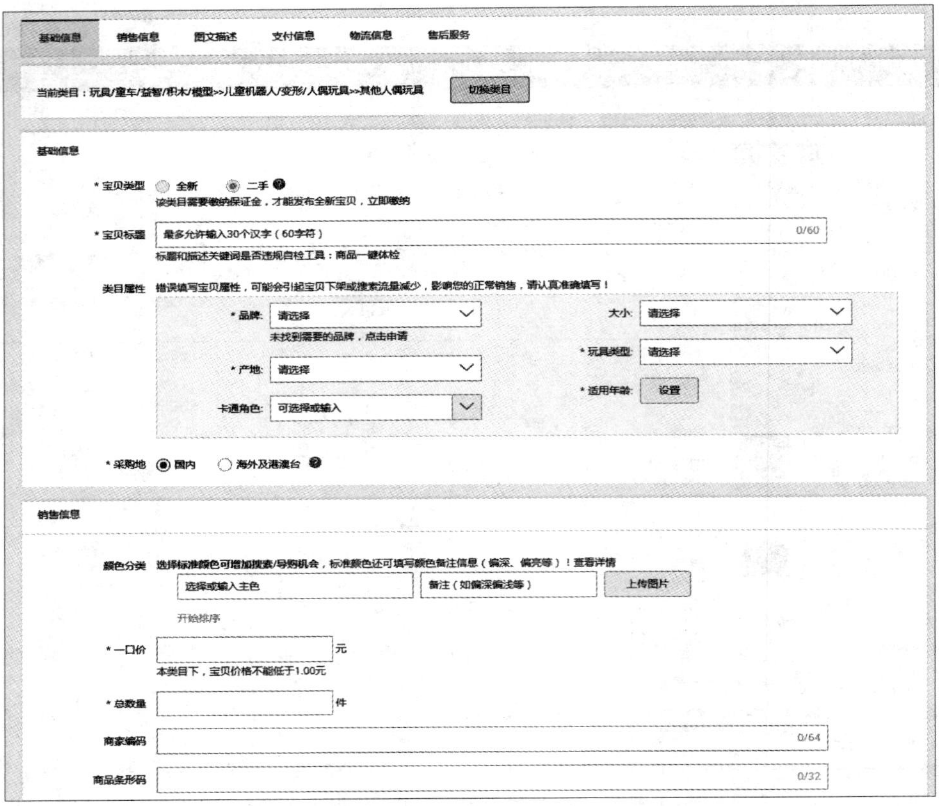

基础信息　销售信息　图文描述　支付信息　物流信息　售后服务

当前类目：玩具/童车/益智/积木/模型>>儿童机器人/变形/人偶玩具>>其他人偶玩具　[切换类目]

基础信息

* 宝贝类型　○ 全新　◉ 二手 ❓
该类目需要缴纳保证金，才能发布全新宝贝，立即缴纳

* 宝贝标题　最多允许输入30个汉字（60字符）　0/60
标题和描述关键词是否违规自检工具：商品一键体检

类目属性　错误填写宝贝属性，可能会引起宝贝下架或搜索流量减少，影响您的正常销售，请认真准确填写！

*品牌	请选择	大小	请选择
	未找到需要的品牌，点击申请	玩具类型	请选择
*产地	请选择		
卡通角色	可选择或输入	*适用年龄	设置

* 采购地　◉ 国内　○ 海外及港澳台 ❓

销售信息

颜色分类　选择标准颜色可增加搜索/导购机会，标准颜色还可填写颜色备注信息（偏深、偏亮等）！查看详情

选择或输入主色　　备注（如偏深偏浅等）　　[上传图片]

开始排序

* 一口价　　　　　元
本类目下，宝贝价格不能低于1.00元

* 总数量　　　　　件

商家编码　　　　　0/64

商品条形码　　　　　0/32

图 4.2.3　宝贝发布参数规格

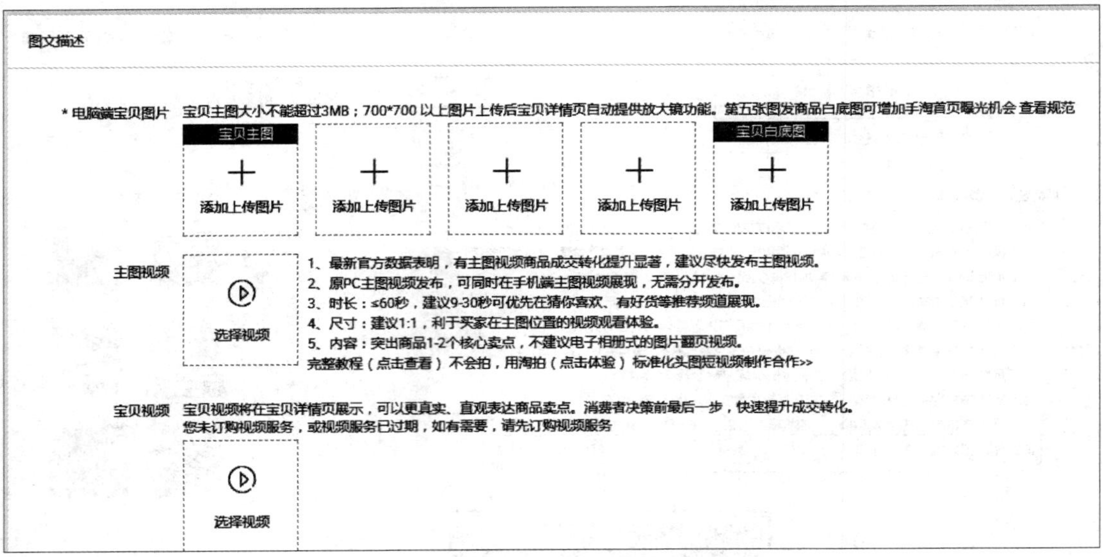

图文描述

* 电脑端宝贝图片　宝贝主图大小不能超过3MB；700*700以上图片上传后宝贝详情页自动提供放大镜功能。第五张图发商品白底图可增加手淘首页曝光机会 查看规范

宝贝主图　　　　　　　　　　　　　　　　　　　宝贝白底图
＋　　　　　＋　　　　　＋　　　　　＋　　　　　＋
添加上传图片　添加上传图片　添加上传图片　添加上传图片　添加上传图片

主图视频　▷ 选择视频

1、最新官方数据表明，有主图视频商品成交转化提升显著，建议尽快发布主图视频。
2、原PC主图视频发布，可同时在手机端主图视频展现，无需分开发布。
3、时长：≤60秒，建议9-30秒可优先在猜你喜欢、有好货等推荐频道展现。
4、尺寸：建议1:1，利于买家在主图位置的视频观看体验。
5、内容：突出商品1-2个核心卖点，不建议电子相册式的图片翻页视频。
完整教程（点击查看）不会拍，用淘拍（点击体验）标准化头图短视频制作合作>>

宝贝视频　宝贝视频将在宝贝详情页展示，可以更真实、直观表达商品卖点。消费者决策前最后一步，快速提升成交转化。
您未订购视频服务，或视频服务已过期，如有需要，请先订购视频服务

▷ 选择视频

图 4.2.4　上传宝贝的图片

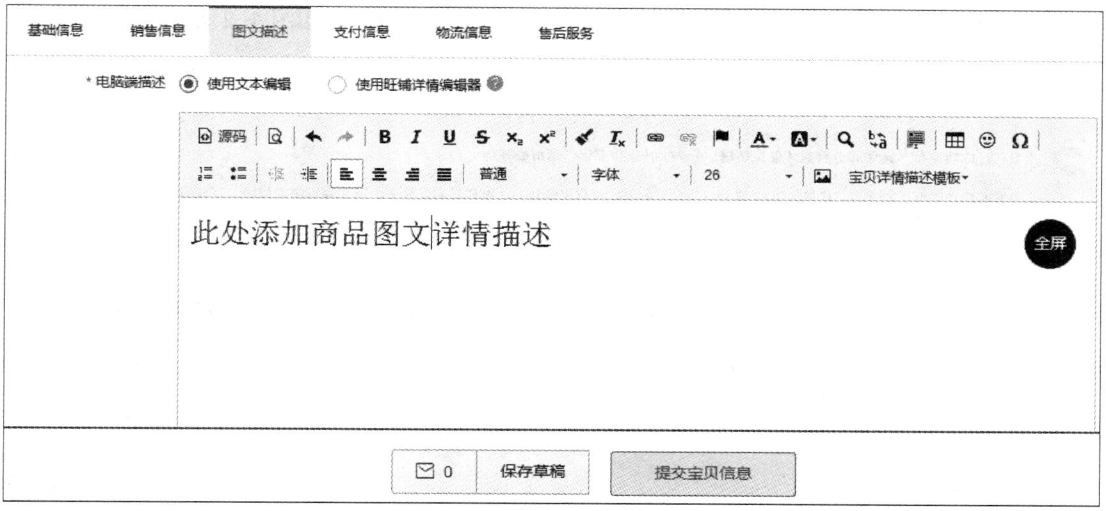

图 4.2.5　填写商品详情描述

（5）确定发布宝贝的物流配送信息，如图 4.2.6 所示。

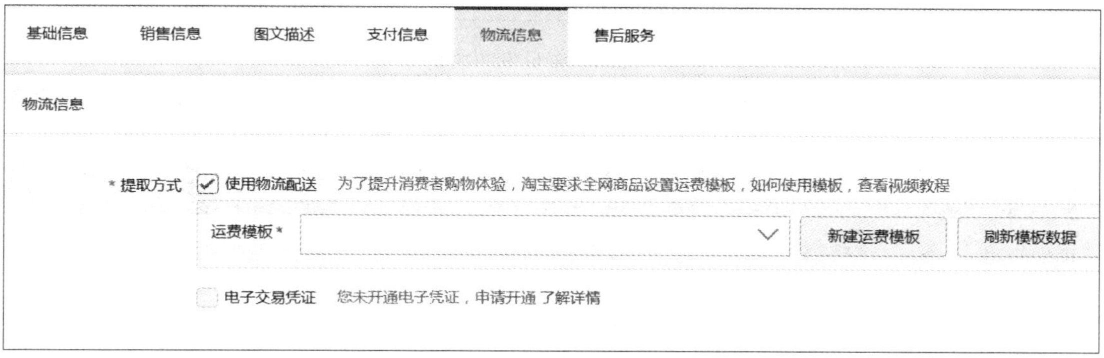

图 4.2.6　填写宝贝物流信息

（6）确定发布宝贝的售后服务、上架时间信息，如图 4.2.7 所示。

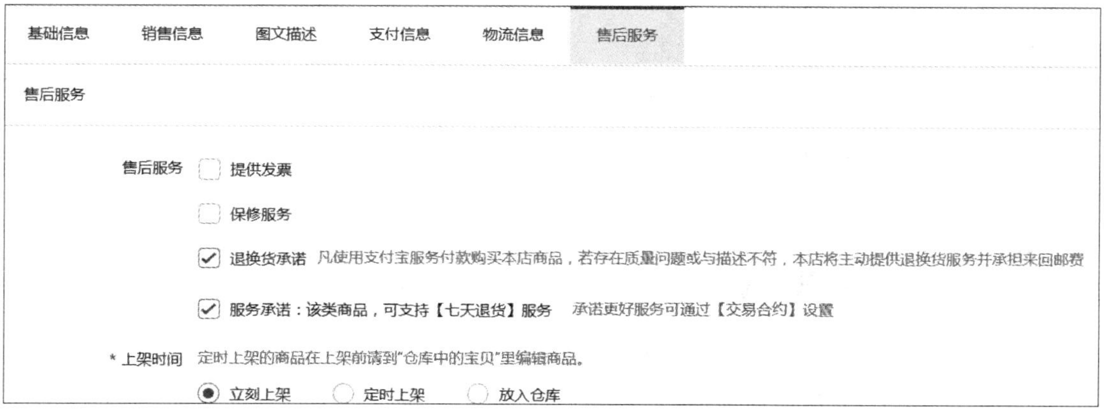

图 4.2.7　填写宝贝售后服务信息

（7）全部填写完成后，单击"发布"按钮即可完成商品的上架，如图4.2.8所示。

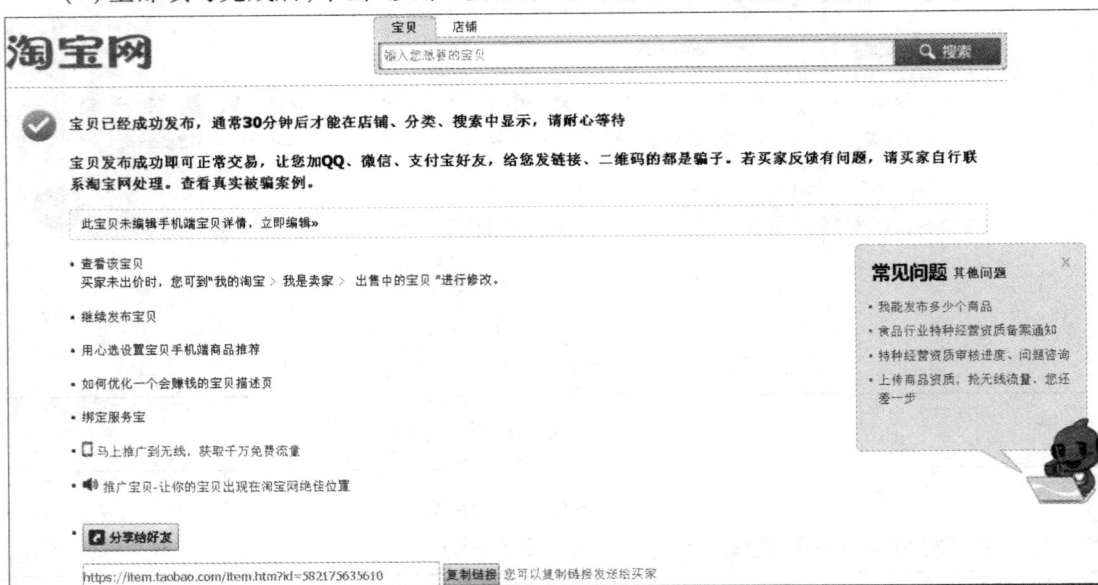

图4.2.8　宝贝发布成功

（8）回到"卖家中心"找到"宝贝管理"，单击"出售中的宝贝"就可以看到成功发布的商品了，如图4.2.9所示。

图4.2.9　查看出售中的宝贝

活动评价

通过本次活动,陈功和王创了解了如何去规划一个新店铺上架的产品,完成了第一批十个商品的上架,同时也下载了淘宝助理,开始使用专业的工具去管理自己的店铺产品。

活动2　签订货物采购协议

活动背景

陈功和王创作为新手卖家,根据现有资金和风险预测的情况,本着将压货和滞销的风险减低到最低的原则,他们决定在创业初期采用在网上做代销和一件代发的模式进行货物采购。

> **知识窗**
>
> 确定好货源后,要仔细了解查看供应商所能提供的销售模式、招募书以及招募条件(是否有资格代理供货商的产品)、分销利润、当前库存等。
>
> 签约货物代销协议的一般流程:初步沟通合作意向→填写一张代发申请表→申请书审核→签订分销、采购协议。

活动实施

【做一做】下面以最简单的淘宝一件代发为例,完成一个采购流程。

(1)进入淘宝后台,单击页面右上角的"卖家中心"进入卖家后台,然后在页面左侧找"货源中心"菜单,单击子菜单"分销管理",如图 4.2.10 所示,可进入天猫供销平台,如图4.2.11 所示。

图 4.2.10　分销管理子菜单

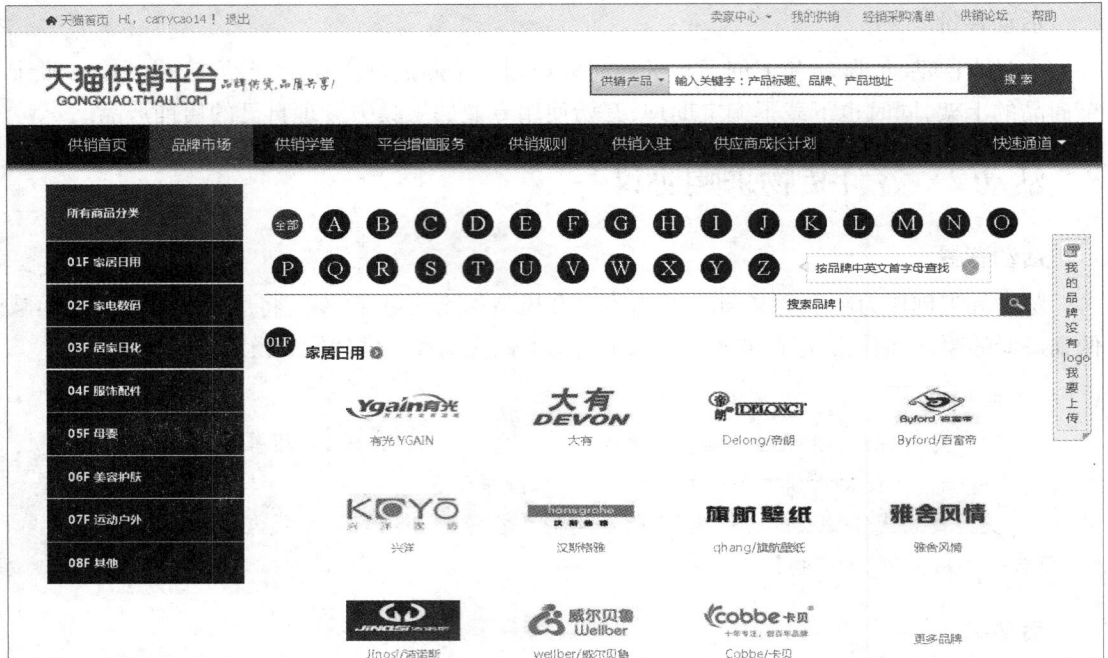

图 4.2.11　天猫供销平台首页

（2）进入天猫分销后台后，在页面的右上角搜索框中输入准备代销的品牌或者产品链接，如图 4.2.12 所示；或者单击页面导航"品牌市场"筛选供应商，如图 4.2.13 所示。

图 4.2.12　天猫分销平台产品搜索框

（3）输入准备代销的产品后，下面会列出供应商的产品，如图 4.2.14 所示。首先查看供应商的招募书，单击"招募书"进入招募条件界面，如图 4.2.15 所示，可查看自己是否符合供应商的招募条件。

（4）如果符合各项条件，单击页面左侧的"申请合作"按钮，等待供应商通过。不符合条件则按钮呈灰色，无法选择"申请合作"。

图 4.2.13 天猫供销平台品牌市场

图 4.2.14 供应商的产品列表

图 4.2.15　查看招募条件

活动评价

　　在签订货物采购协议的时候,先要对比找到适合自己经营、可靠的货源供应商并认真阅读供应商的招募条件,向供应商发出代销申请。当代销申请通过后,需要及时与供应商签订代销协议。

合作实训

　　_____项目实训书

　　实训项目:通过各种途径,寻找合适的商品货源,并在淘宝电子商务平台里将商品成功发布。

　　实训要求:

　　(1)三人一个小组协同完成任务。

　　(2)A 同学负责在线上找货源,B 同学负责在线下找货源,C 同学对找到的货源进行筛选。三位同学沟通后,确定供应商并与之签订进货协议。

　　(3)A、B 两位同学分别处理商品图片,C 同学填写商品属性并发布商品。

实训内容：
　　（1）根据小组的开店项目，进行目标市场细分，选择商品品种。
　　（2）划分商品的结构和价格体系。
　　（3）通过线上、线下各种途径寻找货源并与供应商签订供货协议。
　　（4）完成各种商品的资料采集。
　　（5）发布十个以上的商品。

任务3　建立物流渠道

情境设计

　　"智赢家"网店在淘宝网开张一周之后，接到客户下的第一个订单，这让陈功和王创两个合伙人兴奋不已。可是，问题来了，接下来应该怎么给客户发货呢？物流配送如果选择不当，不仅会增加经营成本，也会严重影响用户体验，给店铺的信誉带来负面的影响。该如何去选择物流渠道，并且做好货物的跟踪管理呢？陈功和王创又面临了新的问题。

任务分解

　　物流配送是完成电子商务完整交易过程的重要环节，是实现整个交易过程的最终保证，快递则是联系卖家和买家间的纽带，卖家需要选择对自己来说性价比最高的快递，并且学会设置物流模板，做好对商品物流的追踪管理工作。

活动1　设置并使用物流运费模板

活动背景

　　陈功和王创开始比对各物流快递公司的服务和价格，并联系快递公司，接下来还要对淘宝商品的物流管理进行设置。

活动实施

> **知识窗**
>
> 　　目前淘宝的主流快递有：顺丰、三通（申通、圆通、中通）、一达（韵达），另外还有百世汇通、天天快递、EMS——中国邮政、宅急送等。对于一般网店的快递方案是：三通一达为主，顺丰、EMS备用，其他快递作补充。

　　【做一做】练习设置物流模块。
　　（1）进入卖家中心，单击"物流管理"→"物流工具"，再单击"地址库"选项卡，如图4.3.1所示。
　　（2）在地址库中设置好发货地址，如图4.3.2所示。
　　（3）单击"服务商设置"选项卡，添加快递服务商，如图4.3.3所示。

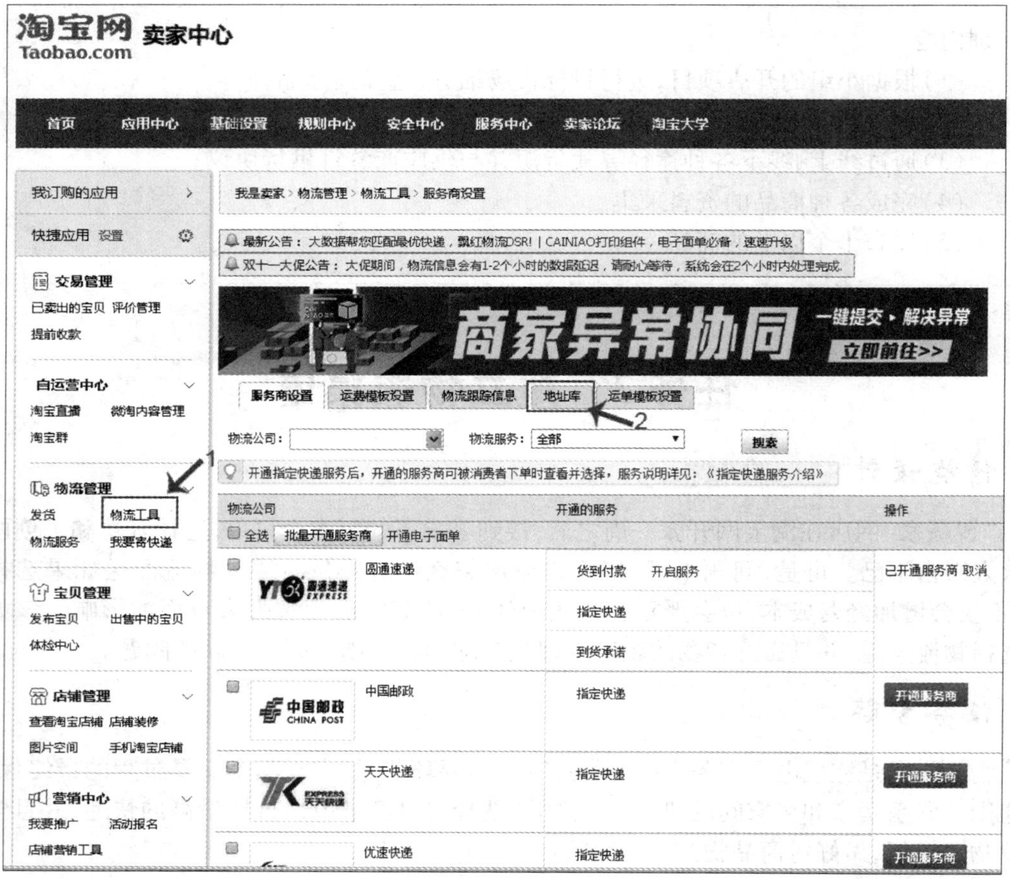

图 4.3.1 “物流工具”页面

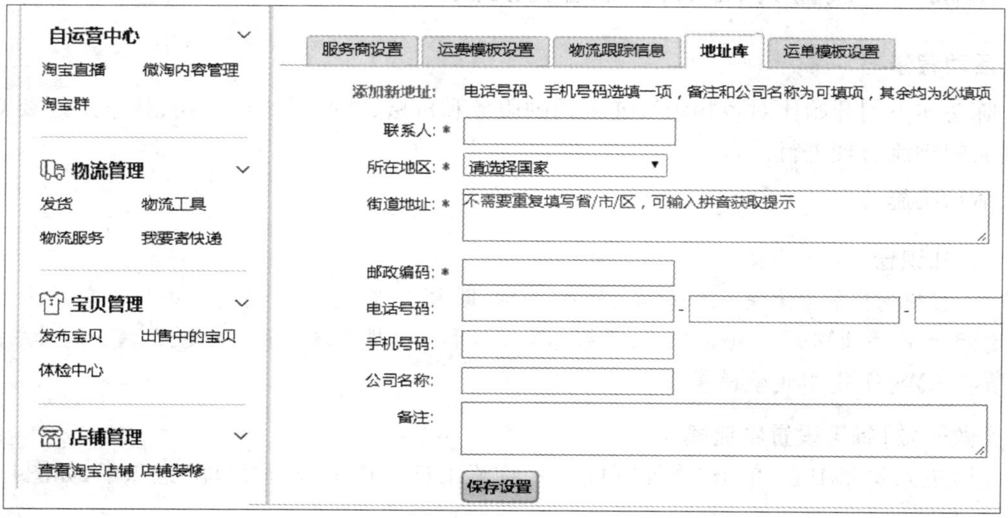

图 4.3.2 “地址库”选项卡

图 4.3.3 "服务商设置"选项卡

（4）单击"运费模板设置"选项卡，选择"新增运费模板"，如图 4.3.4 所示。

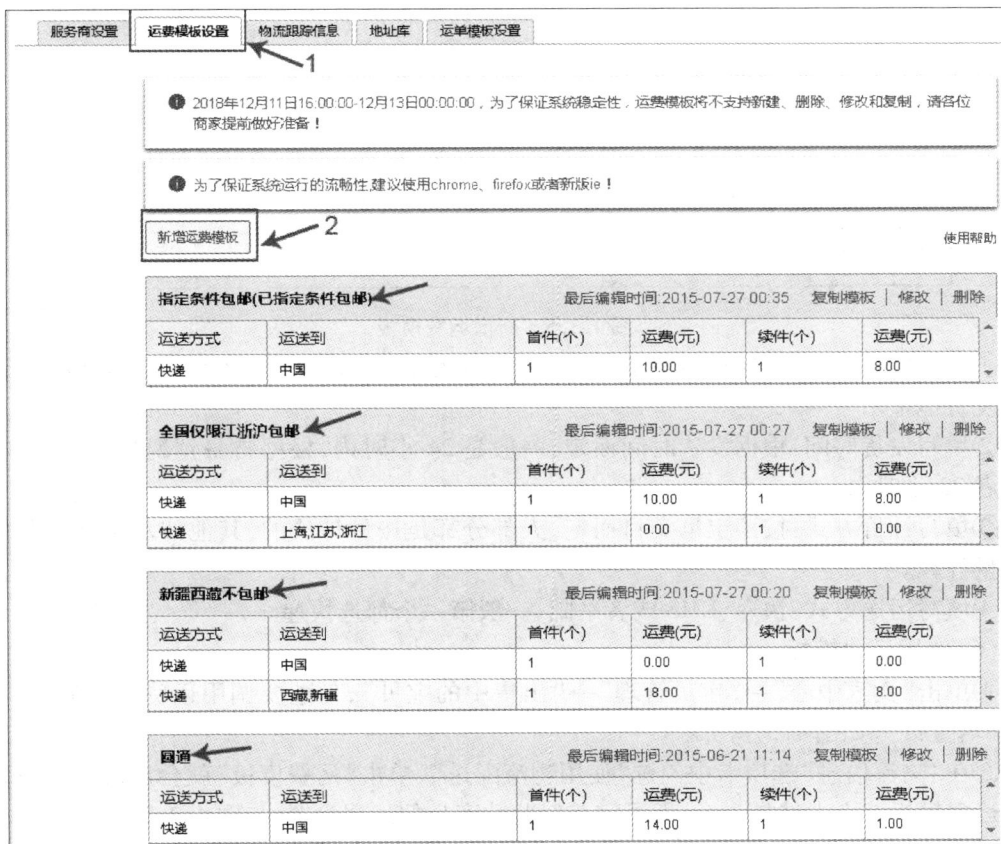

图 4.3.4 "运费模板设置"选项卡

（5）在弹出的"新增运费模板"界面里填好模板名称、宝贝地址、发货时间、计价方式、运输方式（快递、平邮、EMS）等信息，还可以自己添加地区设置相应的邮费，如图4.3.5所示。

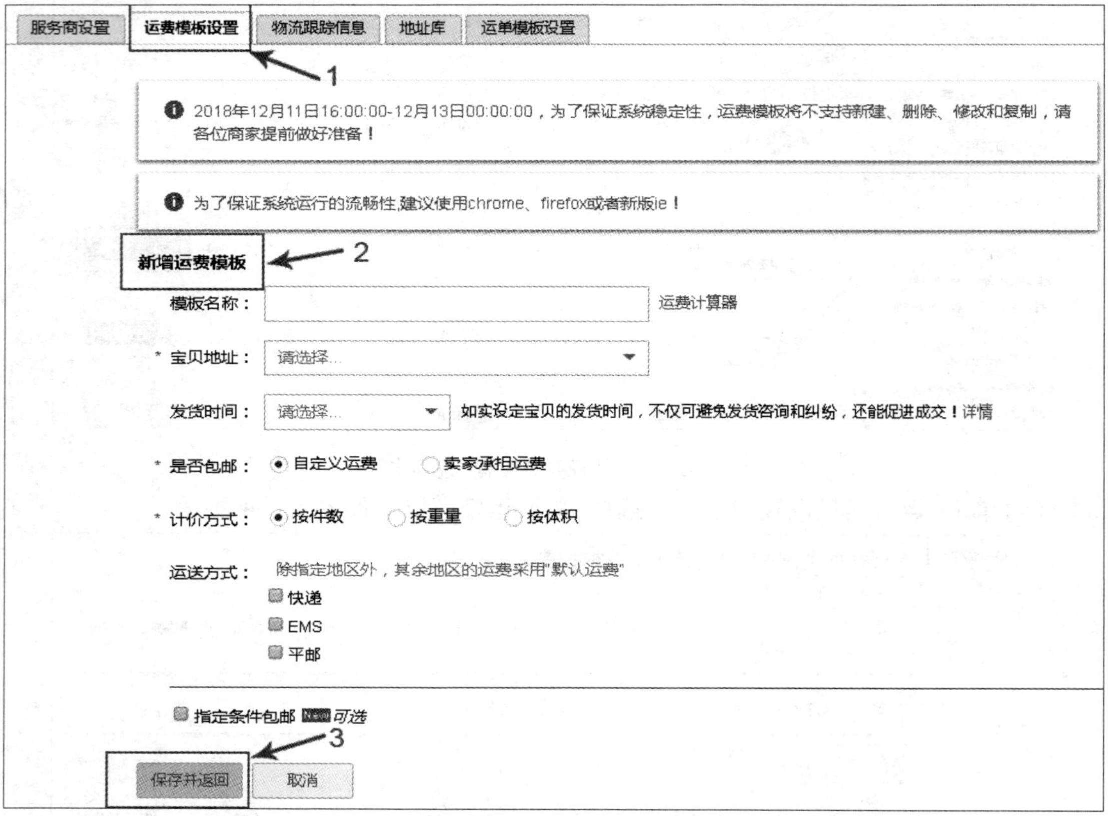

图4.3.5　新增运费模板

①填写宝贝地址：即宝贝发货地选择，对于多代理的卖家，宝贝地址需要选择代理商的宝贝发货地址。

②填写发货时间：根据发货时间而定，一般是24小时内，根据自身情况也可以是48小时或者72小时内。

③填写计价方式：按照宝贝类目而定，大部分都是按件计价的，其他如水果类的可能是按质量计算。

④填写运送方式：快递、EMS或者平邮，一般第一个都选快递。

（6）使用运费模板。

①单击"卖家中心"→"宝贝管理"→"出售中的宝贝"，勾选要调用运费模板的宝贝，单击"编辑宝贝"，如图4.3.6所示。

②在"物流信息"选项卡中勾选"使用物流配送"，单击"运费模板"就会出现之前设置的全部运费模板。点击选择一个，即可完善对此款商品的运费设置，如图4.3.7所示。

图 4.3.6　编辑宝贝页面

图 4.3.7　设置宝贝物流信息

活动评价

　　选择速度快、效率高的快递公司会让客户有很好的用户体验,提高回购率,但是作为卖家也要考虑价格成本。新手卖家刚刚设置运费的时候可能对各个地区的运费价格还不是很了解,多参考其他商家的运费设置,就会对淘宝全网快递的运费设置均价有详细的了解。如果是代理的商品,则需要先看一下代理商的运费设置。

活动2　跟踪管理货物配送

活动背景

商品已经按客户的地址发出去了,但货物到了哪里呢? 能不能顺利地送到客户手上呢? 客户如果一直没有收到货该怎么办? 这是陈功和王创目前最担心的问题,也就是买家和卖家双方都很关心的"物流追踪"问题。

> **知识窗**
>
> 物流追踪原本是物流企业用来追踪内部物品流向的一种手段,现在面向电子商务客户开放让其查询,成为一种免费的增值服务。完善的追踪系统取决于每个运输、分拣、中转、配送的时间,甚至可以精确到在每一环节的准确时间。现在国内的物流和快递公司,大多提供网站、手机、电话查询,一个单号对应一件托运物,根据单号可查询货物到达每个中转站的时间,如图4.3.8所示。

图4.3.8　申通快递公司的查询界面

活动实施

卖家登录到淘宝后台,单击"卖家中心"→"物流管理"→"物流工具"→"物流跟踪信息",如图4.3.9所示。输入订单编号,单击"搜索"按钮即可查看相关订单中的物流详情。

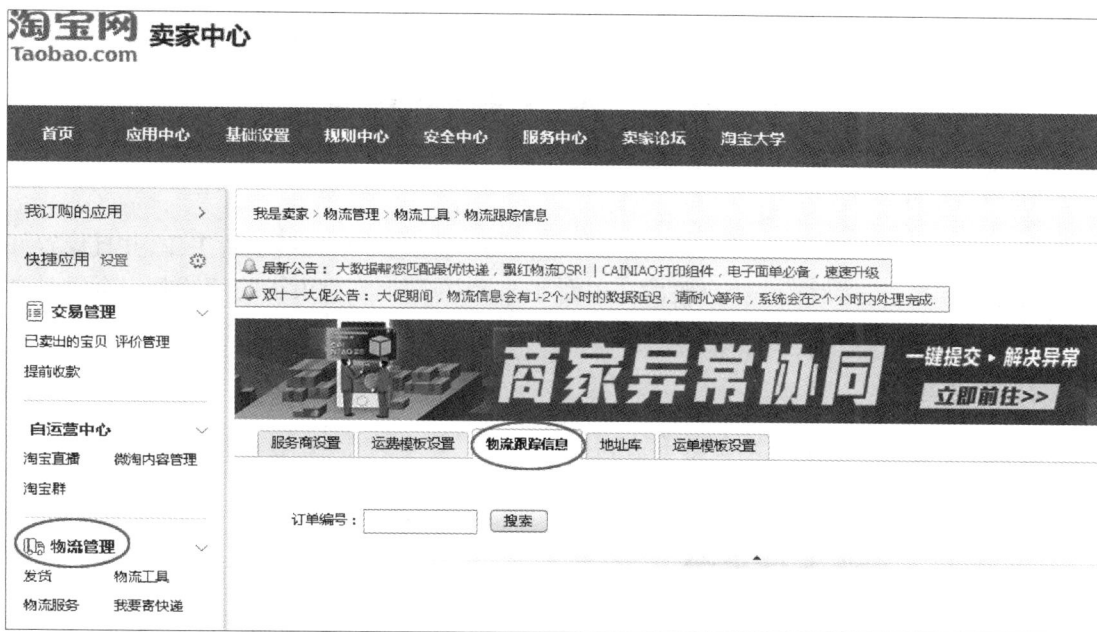

图4.3.9 淘宝提供的物流跟踪信息查询界面

活动评价

物流环节是整个销售过程中最后的一个环节,只有买家完成签收以后,整个交易过程才算结束。客户在货物接收过程中有任何问题,卖家都应积极联系快递公司查询解决。

合作实训

_____项目实训书

实训项目:确定合作快递公司及运费模板。

实训要求:三人一个创业小组,对比确定1~2个快递公司,建立相应的运费模板。

实训内容:

(1)A、B同学负责对网店周边的快递公司进行调查,填写表4.3.1快递公司服务调查表,将各个公司的收费、上门取件的服务条件填入表4.3.1中。

表4.3.1 快递公司服务调查表

快递公司	基本费用	批量费用	上门取件条件

(2)C同学从A、B同学的调查表中选取1~2个快递公司并说明原因,在淘宝卖家中心里设置相应的运费模板。

任务4　建立支付渠道

情境设计

经过不断的努力奋斗,王创和陈功的团队完成了"智赢家"店铺的上货工作,并且设置好了物流方式和模板,然而在一个完整的电子商务流程中,网上支付渠道的便捷和安全也是必须考虑的,这样才能保证交易的完整性。

任务分解

陈功和王创准备先对各大支付渠道和平台进行一次调查了解,然后选择开通相应的支付方式。

活动1　了解支付平台

活动背景

随着电子商务的发展,支付方式越来越多,各种方式都有什么优缺点? 如何去选择合适的支付方式? 陈功和王创开始进一步的调查了解。

知识窗

支付方式是指购物或消费需要付款的形式,各个电子商务平台都有不同的支付方式,网上支付是电子商务的一个重要组成部分。目前电子商务交易过程采用的支付方式主要有以下几种:银行汇款、邮局汇款、货到付款、网上支付。

1. 银行汇款

银行汇款或邮局汇款是一种传统的支付方式,采用银行或邮局汇款,可以直接用现金交易,避免了诸如黑客攻击、账号泄漏、密码被盗等问题,对顾客来说更安全。但采用此种支付方式的收发货周期时间长,例如卓越网的邮局汇款支付期限为14天,银行电汇为10天,而采用其他网上支付则只需1~2天。

2. 货到付款

货到付款又称送货上门,指按照客户提交的订单内容,在承诺配送的时限内送达顾客指定的交货地点后,双方当场验收商品,当场交纳货款的一种结算支付方式。货到付款可以帮助商家扩大客户群(尤其没有网银的客户群体),加大竞争力、差异化。但是也存在物流费用较高、可选择物流范围变小、物流风险加大、资金回笼慢等问题。

3. 网上支付

网上支付又分为:网上银行卡转账支付和第三方支付平台结算支付。

(1)网上银行卡转账支付

网上银行卡转账支付指的是电子商务的交易通过网络,利用银行卡进行支付的方式。客户通过 Internet 向商家订货后,在网上将银行卡卡号和密码加密发送到银行,直接要求转移资金到商家银行账户中,完成支付。银行卡的卡类可以包括信用卡、借记卡和智能卡等。

（2）第三方支付平台结算支付

第三方支付平台结算支付是指客户和商家都首先在第三方支付平台处开立账户,并将各自的银行账户信息提供给支付平台的账户,第三方支付平台通知商家已经收到货款,商家发货;客户收到并检验商品后,通知第三方支付平台可以付款给商家,第三方支付平台再将款项划转到商家的账户中。目前很多的电子商务平台都选择这种第三方支付形式,比如淘宝平台用的支付宝第三方支付,京东电子商务平台的京东钱包,腾讯公司的财付通,还有用于境外跨境电子商务支付的 PayPal 支付等都属于第三方支付。

活动实施

【做一做】比较以下电子商务活动支付方式的优缺点,并填写表4.4.1。

表4.4.1　主流支付方式比较表

支付方式名称	优　点	缺　点	可使用平台
汇款			
货到付款			
网上支付			

活动评价

通过本次活动,陈功和王创了解了各种支付方式,对其优缺点进行了比较,也选择了适合自己小店的网上支付方式。

活动2　开通各种支付方式

活动背景

在了解了各种支付方式后,陈功和王创根据网店所在的淘宝平台的要求选定了支付宝作为第三方支付平台。其实每个电子商务平台的第三方支付平台都有所不同,本活动以淘宝网为例加以说明。

> **知识窗**
>
> 为了方便顾客付款,一般电子商务平台都会给出多种选择,不只接受一种支付方式,因为这样很可能会因为顾客感觉不便而失去成交的机会。淘宝网默认的付款方式是使用第三方支付平台——支付宝付款,开通支付宝不需要另外设置。

活动实施

【做一做】如果需要开通其他支付方式,可参照如下步骤进行设置。

1.设置网银支付

买家在支付界面,可以选择通过银行卡支付,不需要卖家额外开通。

2.设置信用卡支付

(1)进入"卖家中心",在"资金管理"模块里先开通"信用卡支付免费开通"服务,如图 4.4.1 所示。

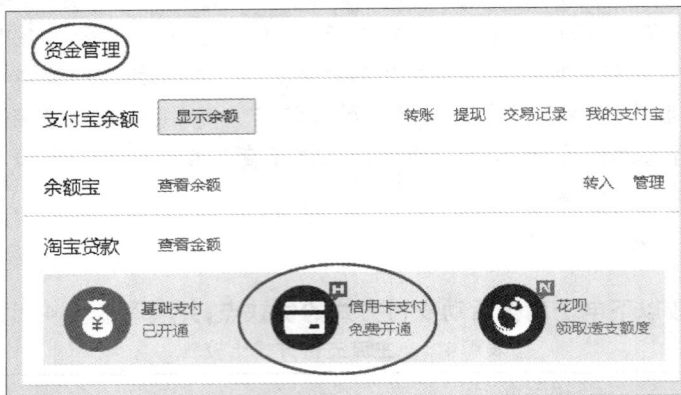

图 4.4.1　开通"信用卡支付"服务

友情提示

如果"卖家中心"里没有"资金管理"模块,可以单击"添加新模块",增加"资金管理"模块,如图 4.4.2 所示。

图 4.4.2　增加"资金管理"模块

（2）选择订购信用卡支付服务,可以实现买家在店铺购买时使用信用卡进行大宗金额的刷卡支付,如图4.4.3、图4.4.4所示。如果卖家已开通信用卡支付功能,使用信用卡付款,确认收货时,卖家收到的支付宝款项将被扣除1%的手续费。

图4.4.3　订购"信用卡支付"服务

图4.4.4　开通"信用卡支付免费开通"功能

3.设置货到付款

（1）登录淘宝店铺账号，在"卖家中心"→"物流管理"选择"物流工具"进入"服务商设置"界面，如图4.4.5所示。选择开通有货到付款的快递公司，单击后面的"开通服务商"，然后再单击"货到付款开启服务"。

图4.4.5　开启"货到付款"服务

（2）如果要开启货到付款业务，需要在弹出的"更多物流服务"页面里的"货到付款"处单击"立即订购"按钮，如图4.4.6所示，可以购买货到付款的业务。

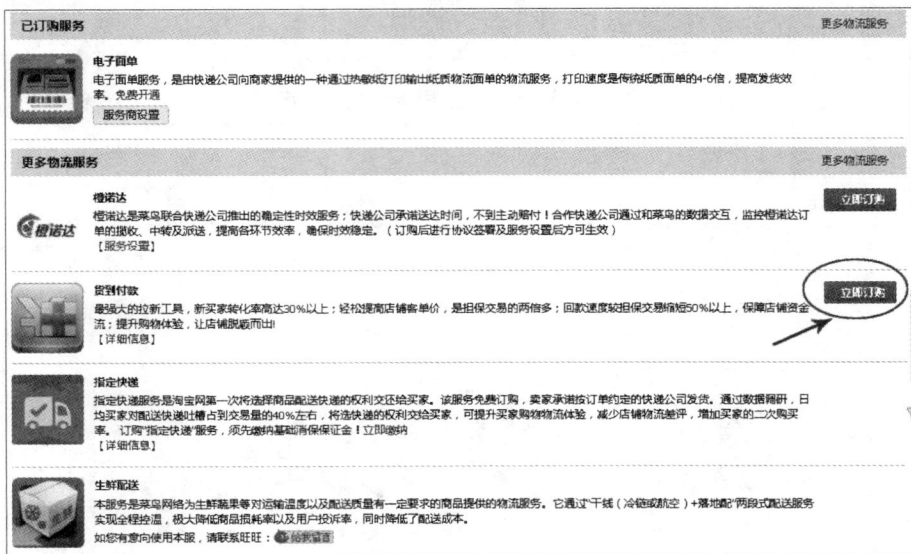

图4.4.6　立即订购的货到付款页面

友情提示

作为初创企业,一般情况下不要接受货到付款的方式,这样会增加自己的经营风险。

设置好相应的支付方式后,在自己店铺的每一个商品页面里都能看到设置好的支付方式标示,如图4.4.7所示。

图4.4.7　商家支持的多种支付方式

活动评价

通过本次活动,陈功和王创学会了设置各种网上支付方式,这样更方便各种顾客购买并进行便捷支付。

合作实训

_____项目实训书

实训项目:调查了解各大电子商务平台(购物网站)使用的第三方支付方式。

实训要求:

(1)三人一个创业小组合作完成。

(2)尽可能多地调查电子商务平台,完成表4.4.2的填写。

实训内容:

表4.4.2　各种电子商务平台支付方式

电子商务平台	支付方式
淘宝、天猫、阿里巴巴	
京东	

续表

电子商务平台	支付方式

项目总结

通过本项目的学习与练习,读者可以独立地在网上筹建店铺并能开张营业。能通过精美的店铺装修来吸引客户点击进入店铺浏览商品;能够进行商品的布局和准确的定价;能根据店铺的实际情况找到合适的商品供应商,选择适当的商品并成功发布;能根据不同的营销策略去配置物流与配送;建立多种支付方式扩大客户支付适用范围,有效增加客源。

项目检测

1. **单选题**(每题只有一个正确答案,请将正确的答案填在括号中)

(1)在产品最初进入市场时,将价格定在较低水平,以求迅速开拓市场,抑制竞争者的进入,这种定价方法是(   )。

A. 直接低价定价　　　　B. 渗透定价　　　　C. 拍卖定价　　　　D. 周期定价

(2)充电宝一般会上架到淘宝的哪个类目中?(   )

A. 办公设备/耗材/相关服务　　　　　　B. 3C 数码配件

C. 电脑硬件/显示器/电脑周边　　　　　D. 大家电

(3)当前中国交易额最大的第三方支付平台是(   )。

A. 快钱　　　　　　B. 财付通　　　　　　C. 支付宝　　　　　　D. PayPal

(4)一件连衣裙用一口价和拍卖方式各发布了一次,会被淘宝网判断为何种违规行为?(   )

A. 重复铺货　　　　B. 发布广告商品　　　　C. 信用炒作　　　　D. 虚假信息

(5)中国知名电子商务企业纷纷自建物流的目的很明确,下列不是核心目标的是(   )。

A. 提升配送效率,提高客户体验　　　　B. 降低配送成本

C. 加快资金回流　　　　　　　　　　　D. 承揽其他企业外包业务,增加收益

2. **多选题**(每题有两个或两个以上的正确答案,请将正确的答案填在括号中)

(1)细节图片的目的和作用是(　　　)。

A. 让买家进一步了解产品信息　　　　　B. 展示产品不同的、必要的信息

C. 说明产品的大小　　　　　　　　　　D. 展示产品的功能

(2)店招作为顾客了解店铺的第一印象,以下说法正确的是(　　　)。

A. 店招应该色彩醒目,主题突出

B. 店招应该体现商品的所有特点

C. 淘宝网的店招图片格式可以是 jpg,也可以是 gif

D. 店招的文案应该文字精练,逻辑清晰

(3)关于产品定价不正确的说法是(　　　)。

A. 一定要比市场价便宜

B. 可以将店铺内相关的商品做成套餐,进行组合定价

C. 取多家店铺竞品价格的平均值进行定价

D. 在商品进价的成本上增加20%作为利润

(4)仓库商品上架应遵循的规则有(　　　)。

A. 遵循先进先出原则,新货放内侧

B. 活动商品、赠品应放置在距离出货口近的货架

C. 畅销品应考虑放置在容易取货的一、二层货架

D. 贵重商品应单独设立贵重品仓储空间

(5)电子商务网站设计中影响客户体验的元素有(　　　)。

A. 网站首页设计　　　　　　　　　　B. 商品页设计

C. 导航页面和商品搜索　　　　　　　D. 商品价格

3. **判断题**(正确的画"√",错误的画"×")

(1)第三方物流可以将社会上众多的闲散物资资源有效整合,有利于缓解城市交通压力,这体现了第三方物流的社会价值。　　　　　　　　　　　　　　　　　(　　　)

(2)一般页面加载超过3秒,57%的用户会放弃当前浏览。　　　　　　　(　　　)

(3)支付宝是国内唯一的第三方支付平台。　　　　　　　　　　　　　　(　　　)

(4)第三方支付方式是独立于银行体系之外的支付方式。　　　　　　　　(　　　)

(5)商品详情页的文案需要详细阐述所有商品的特点。　　　　　　　　　(　　　)

4. **问答题**

(1)网店的店招作用有哪些?

(2)物流跟踪管理货物工作要做到哪几个方面?

项目 5　经营新的网店

项目综述

　　经过前期的网店筹建工作后，陈功和王创的网店已经正式上线，师兄张胜告诉他们，酒香也怕巷子深，想要在数百万间网店中脱颖而出，就必须做好推广和营销工作。首先，需要借助淘宝网内部和淘宝网之外的各种渠道推广店铺和产品，让更多的客户看到你的网店，增加产品曝光率；然后，需要结合营销策略，利用产品特色、优惠措施等吸引客户，从而促成交易；最后，需要做好店铺的日常管理工作，服务好新客户和维护好老客户，为客户提供全方位的优质服务，从而提高店铺复购率和客单价。

项目目标

　　学习完本模块后，应该达到的具体目标如下：
知识目标
➢　熟悉淘宝网站外推广的几种方法
➢　熟悉淘宝网站商品定价及促销准备工作
➢　掌握淘宝网客户服务技巧规则
能力目标
➢　能够利用微博、微信和论坛等网络营销手段对网店进行推广
➢　能够完成新网店的商品上架前定价促销工作
➢　能够实施淘宝客服服务

情感目标

➤ 培养营销推广意识
➤ 培养沟通交流意识
➤ 培养诚信经营习惯

项目任务

任务 1　宣传推广网店
任务 2　制订淘宝商品营销策略
任务 3　提供客户服务

任务 1　宣传推广网店

情境设计

不知不觉,"智赢家"网店和微店已经上线一个月了,陈功和王创整理销售数据发现:网店的点击率每天才几次,咨询购买共有 15 次,成交 4 笔,金额为 1 300 元,微店的访问量几乎为零。成本支出方面,本月商品采购费用 1 000 元,其他成本支出 300 元。面对这样的销售数据,王创有点着急了,和陈功商议后,决定加大宣传力度和促销投入,吸引更多的人浏览网店和微店。首先,他们决定从站外宣传推广网店开始。

任务分解

站外推广的方式和渠道多种多样,陈功和王创准备在创业初期资金紧张的情况下,选择论坛、微博和微信公众号这 3 种免费而有效的推广方式进行。

活动 1　依托论坛推广网店

活动背景

陈功和王创组织团队讨论以后,大家一致认为,随着互联网的迅速发展和普及,众多的消费者更倾向于通过网络获得自己所需要的信息。例如:浏览各种网页、论坛、微博、微信来获取自己所喜爱的产品(企业),在用户的回馈信息中;通过与网友沟通和交流中,从而确定自己是否购买此产品。因此,如何充分利用互联网的优势推广产品和服务是摆在团队面前最主要的问题。

活动实施

知识窗
什么是论坛营销。

1. 了解论坛营销

(1)论坛营销的概念

论坛营销就是企业借助论坛这个网络平台,通过文字、图片、视频、声音等发布企业产品和服务信息,提高自己企业的知名度和影响力,从而让目标客户更加深刻地了解企业的产品和服务,最终达到宣传企业的品牌、加深市场认知度的目的。

(2)论坛分类(见图 5.1.1)

①门户类:新浪、搜狐、网易、腾讯、论坛等。

②论坛类:猫扑、天涯社区等。

③行业类:搜房网、中国智能家居网等。

图 5.1.1　各种论坛

2. 了解论坛营销的方法和技巧

利用网络公众论坛进行网络营销要注意方法和技巧。如果企业和商家只是在公众论坛上发布自己的商品或服务的广告信息,简单地介绍产品和服务的内容并留下联系方式,这是为大多数论坛所不允许的,将会被"踢出"论坛,成为失败的营销。

(1)选择论坛

论坛营销过程中的论坛选择除了考虑流量外,还有以下考虑:①论坛管理是否严格规范;②论坛是否符合企业定位;③论坛的影响力是否足够。中国人气论坛排行榜前50名名单如表 5.1.1 所示。

表 5.1.1　中国人气论坛排行榜

序　号	论坛名称	序　号	论坛名称
1	百度贴吧	8	上海热线
2	西陆论坛	9	网易社区
3	新浪论坛	10	中华网论坛
4	天涯社区	11	腾讯 QQ 论坛
5	搜狐社区	12	新华网论坛
6	Tom 社区	13	CCTV 论坛
7	猫扑社区论坛	14	CN 社区

续表

序　号	论坛名称	序　号	论坛名称
15	强国论坛	33	怡红快绿
16	铁血论坛	34	263 海云天
17	华声在线	35	17173 网游社区
18	CSDN 技术社区	36	泡泡俱乐部
19	博客论坛	37	263 海云天
20	凯迪社区	38	ABBS 建筑论坛
21	西祠胡同	39	凤凰网论坛
22	BT 之家论坛	40	千龙社区
23	易域风情	41	浩方社区
24	第九城市	42	SoGua 娱乐论坛
25	贪婪大陆	43	中国学生社区
26	中国站长论坛	44	瑞丽论坛
27	动网先锋论坛	45	BT 爱好者论坛
28	焦点房产论坛	46	百看娱乐网
29	Chinaren 校园论坛	47	ENET 论坛
30	丽影论坛	48	亿唐盛世
31	影视帝国论坛	49	金融界财富论坛
32	榕树下社区	50	北大 BBS

(2)注册账号

对于企业比较重视的论坛,除了主号,一般还需要多注册一些账号,要尽可能完善个人资料,并使用不同的头像和签名,尽量让每个账号看起来独立且真实。

(3)进行营销策划

①文案形式策划。论坛营销文案有 6 种写作形式:事件式、亲历式、解密式、求助式、分享式、幽默式。

②标题的策划。论坛标题的常见写法提炼,如图 5.1.2 所示。

③内容的设计。标题的作用是吸引眼球,内容的作用就是把眼球留住。在设计时要考虑以下三个因素:一是内容不宜过长,最好控制在 1 000 字以内;二是内容要图文并茂,图片比文字更直观、更有说服力,一张好的图片胜过千言万语;三是内容要留有余地,没有争议,就没有互动,很快这篇帖子就会沉没,达不到持续引爆的效果。

④后期引导。发完一个好的帖子不意味着论坛营销的结束,后期的引导和控制非常重要,它关系到事件的走向,直接影响最终的营销效果。常用的引导方法要掌握几种技

巧：发帖后第一时间顶帖；楼主与网友之间的互动；马甲与马甲之间的争论；对于不利回复的冷处理；对于有利言论的及时肯定；适时的总结很重要。

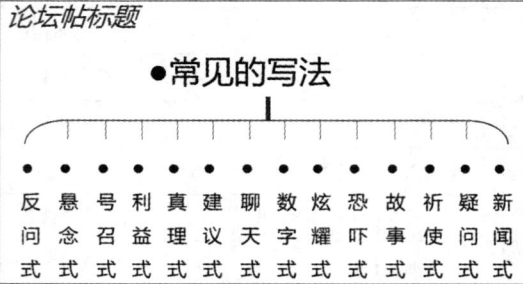

图 5.1.2　论坛标题的常见写法

⑤效果监测。企业要仔细监测论坛营销带来的效果，同时注意改进。这相当于一个细致的数据分析和用户群体分析；通过一次营销，会总结出很多问题，下次策划时可以借鉴。

【做一做】按照创业项目三人一个小组，尝试做一个与创业项目相关的话题营销，在天涯论坛上注册三个账号，一人在相关论坛负责发主题帖，其他两个人跟帖、顶帖，观察营销效果。

（1）搜索"天涯社区"并进入天涯社区，如图 5.1.3 所示。

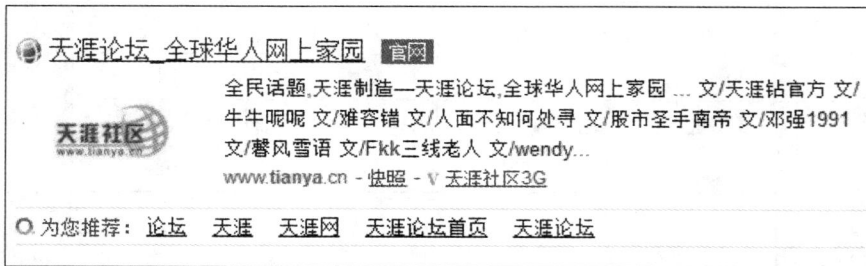

图 5.1.3　搜索进入天涯社区

（2）单击"注册"按钮，如图 5.1.4 所示。

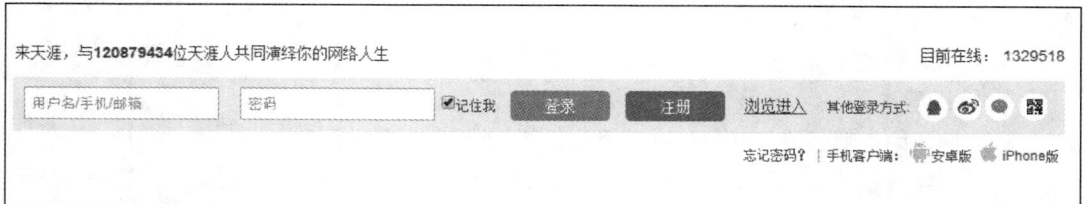

图 5.1.4　免费注册界面

（3）填入注册账号信息，完善个人信息，如图 5.1.5 所示。

图 5.1.5　填入注册账号信息

（4）单击天涯社区的"论坛"，进入相关主题比如"亲子中心"，如图 5.1.6 所示，单击"发帖"按钮。

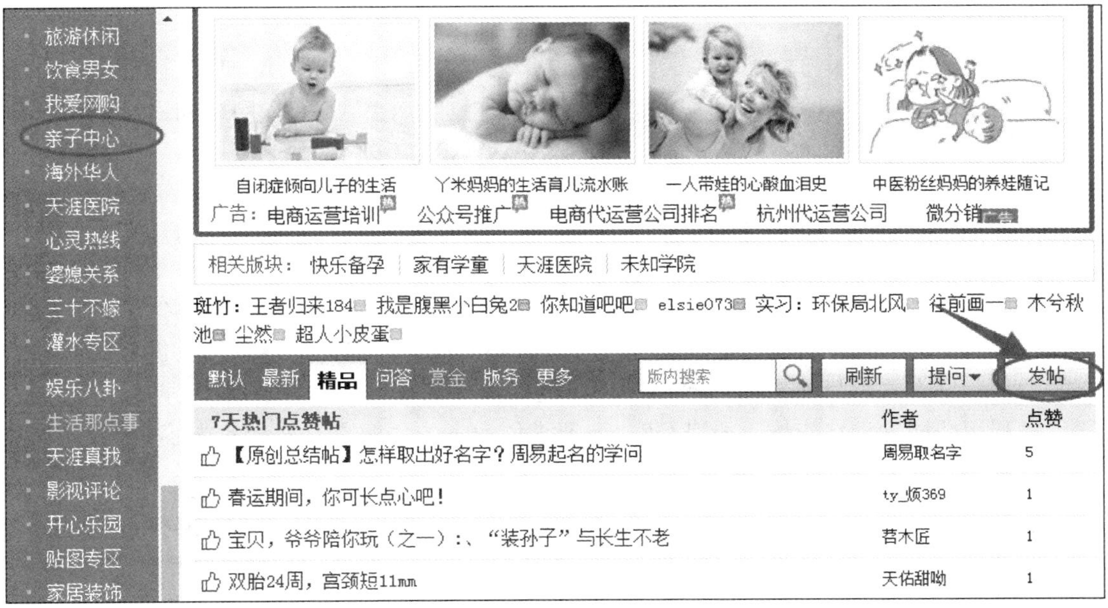

图 5.1.6　进入"亲子中心"准备发帖

（5）在"亲子中心"栏目中，选择相关的发帖分类，然后输入标题和内容，就可以在天涯社区论坛中发表主题帖，如图 5.1.7 所示。

图 5.1.7   发表主题帖

活动评价

经过第一轮在各种论坛上的宣传推广,陈功和王创发现"智赢家"网店和微店的浏览量有了较大幅度的增长。

活动2   借助微博推广网店

活动背景

微博营销具有立体化、高速度、便捷性、广泛性等特点,让它成为很多网上创业团队最重要的一种营销方式。目前新浪微博直接可以链接淘宝商品页面,为淘宝网店推广带来很大便利。利用微博这种自媒体手段进行宣传,要求创业者的微博具有精准的内容定位,并具备一定数量的受众。

活动实施

知识窗

1. 什么是微博营销

微博营销是以微博作为营销平台,以微博听众(粉丝)为潜在营销对象的一种新型营销模式。每一个听众(粉丝)都是潜在的营销对象,企业利用更新自己的微博向网友传播企业信息、产品信息,树立良好的企业形象和产品形象。比如目前微博很火的 THE BEAST 野兽派花店,如图 5.1.8 所示,也会利用微博进行天猫店铺的营销推广,如图 5.1.9 所示。

图 5.1.8 野兽派花店企业微博

图 5.1.9 野兽派花店天猫活动推广

2. 微博营销制作的基本策略(见图 5.1.10)

(1)社交账号及头像优化。

(2)博文内容:图文并茂,相得益彰。

(3)最常见的互动方式:"活动 + 奖品 + 关注 + 评论 + 转发"。

(4)加入网站地址链接,进行二次营销。

(5)加#某某话题组#,制作话题。

图 5.1.10 微博营销制作的基本策略

友情提示

一个微博营销要想制作得比较有吸引力,可采用以下的技巧,如图5.1.11所示。

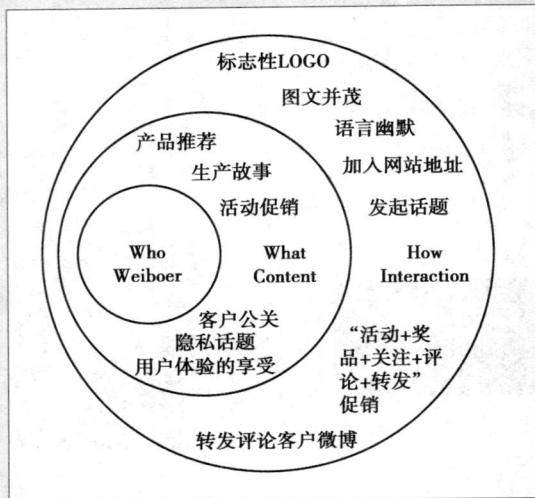

图5.1.11　微博制作技巧

①采用原创,增进趣味性和多样性;
②强化关系,互动,增进;
③强调人性化、个性化,适当增加隐私话题;
④展现真诚、乐观开朗、宽容诚信的个人魅力。

【做一做】开通新浪微博。

(1)开通一个新浪微博,填写LOGO及账号资料。

(2)打开手机移动端的微博界面,下方有一个"＋"的按钮,单击这个按钮即可发送文字、图片、音乐、长微博等,还可以直接添加淘宝商品的橱窗,打开直播、秒拍、光影秀等多种功能,如图5.1.12所示。

图5.1.12　微博链接界面

(3)选择"商品",进入商品橱窗,单击右下角"创建商品",即可进入"编辑商品"界面,如图5.1.13所示。

（4）找到要推广的商品的链接，复制到图5.1.13的商品链接位置，即可将网店中的商品导入进来，如图5.1.14所示。

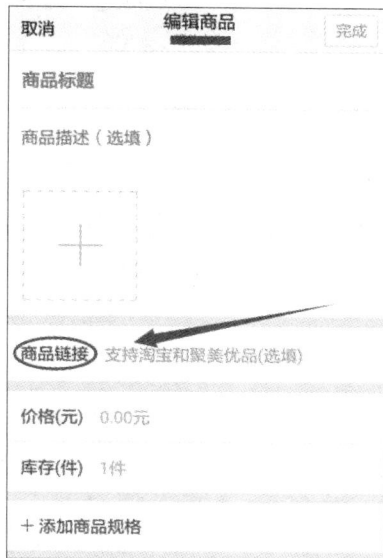

图 5.1.13　在微博中编辑商品　　　图 5.1.14　在微博中导入淘宝商品链接

（5）选择要导入的商品，应用所学的微博营销技巧，开始独立制作发布微博，如图5.1.15所示。

图 5.1.15　制作发布微博

（6）单击"去看看"按钮，即可进入微博产品展示橱窗，同时可以直接跳转到淘宝宝贝详情页，方便微博用户进行交易。

活动评价

通过对微博营销技巧的学习,陈功和王创掌握了很多微博的"新玩法",以及针对精准用户的宣传策略,他们对网店的推广更有信心了。

活动3　使用微信公众号推广网店

活动背景

陈功和王创了解到,现微信营销日渐成为网络经济时代企业或个人线上线下互动营销的模式之一。商家可以通过微信朋友圈或者微信公众平台,提供用户需要的信息,推广自己的产品,从而实现点对点的营销。

活动实施

> **知识窗**
>
> 1. 微信营销的功能
>
> ①打造自媒体;
>
> ②有效连接用户;
>
> ③带来潜在用户;
>
> ④管理客户关系;
>
> ⑤提升复购率;
>
> ⑥提升办公效率。
>
> 2. 微信营销的基本方法
>
> (1)使用朋友圈营销
>
> 朋友圈营销可以说是微博营销的"优化版",朋友圈精彩内容的分享比微博更容易,链式的分享有利于实现"病毒式"的扩散效果,引爆关注,实现粉丝的增长和品牌的推广。
>
> (2)用微信公众号进行推广
>
> 微信能够为企业提供一个关系链紧密的客户管理、维护平台,图5.1.16是顺丰优选的微信公众号平台。通过微信公众号实现维护好每一个客户,起到口碑经过一个个强关系的朋友圈滚动式传播的效果。微信服务号下面的菜单接口还可以直接链接企业商城,实现推广和销售一体化。

图5.1.16　顺丰优选的
微信公众号平台

> 3. 微信公众号分类
>
> 微信分为个人号和公众号,微信公众号和个人号是完全不同的产品,其产品界面、使用方式、功能等完全不同。而公众号又分为订阅号、服务号和企业号,各类公众号的功能不尽相同,如图5.1.17所示。其呈现的方式也各不相同,微信服务号直接显示在好友对话列表中,而微信订阅号则是在订阅号文件夹中显示,如图5.1.18所示。

订阅号、服务号、企业号功能区别介绍						
帐号类型	订阅号		服务号		企业号	
业务介绍	为媒体和个人提供一种新的信息传播方式，构建与读者之间更好的沟通与管理模式。		给企业和组织提供更强大的服务与用户管理能力，帮助企业实现全新的公众号服务平台。		帮助企业和组织内部建立员工、上下游合作伙伴与企业IT系统间的连接。	
适用人群	适用于个人和组织		不适用于个人		企业、政府、事业单位或其他组织	
功能权限	普通订阅号	微信认证订阅号	普通服务号	微信认证服务号	普通企业号	微信认证企业号
消息直接显示在好友对话列表中			✓	✓	✓	✓
消息显示在"订阅号"文件夹中	✓	✓				
每天可以群发1条消息	✓	✓				
每个月可以群发4条消息			✓	✓		
无限制群发						
保密消息禁止转发					✓	✓
关注时验证身份					✓	✓
基本的消息接收/回复接口	✓	✓	✓	✓	✓	✓
聊天界面底部，自定义菜单	✓	✓	✓	✓	✓	✓
定制应用					✓	✓
高级接口能力		部分支持		✓		部分支持
微信支付——商户功能				✓		

图 5.1.17　订阅号、服务号、企业号功能区别介绍

图 5.1.18　订阅号、服务号、企业号接收区别

【做一做】 为"智赢家"电子商务有限公司注册并使用微信公众号进行品牌软文推广。

（1）搜索进入微信公众号的官方网站 http://weixin.qq.com，单击"立即注册"注册公众号，如图 5.1.19 所示。

图 5.1.19　微信公众号的官方网站

（2）选择你要注册的账号类型，如图 5.1.20 所示。个人用户一般只能选择微信订阅号，服务号和企业号需要提供企业或者组织资质。

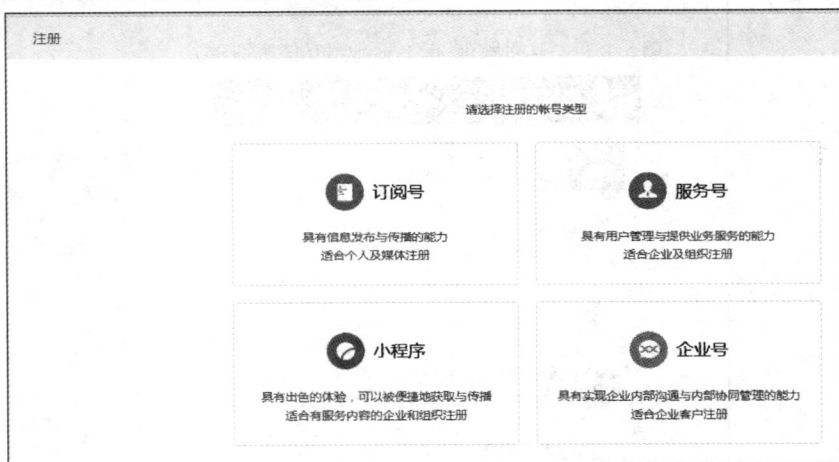

图 5.1.20　注册的账号类型

（3）填入账号基本信息，通过邮箱激活。

（4）选择账号类型，一旦成功建立账号，类型不可更改，如图 5.1.21 所示。

（5）输入微信公众号主体相关信息和运营者信息，如图 5.1.22—图 5.1.23 所示。

（6）注册完成后，进入微信公众号管理平台，如图 5.1.24 所示。

（7）在微信订阅号中，单击"群发功能"，选择"新建群发信息"，如图 5.1.25 所示。

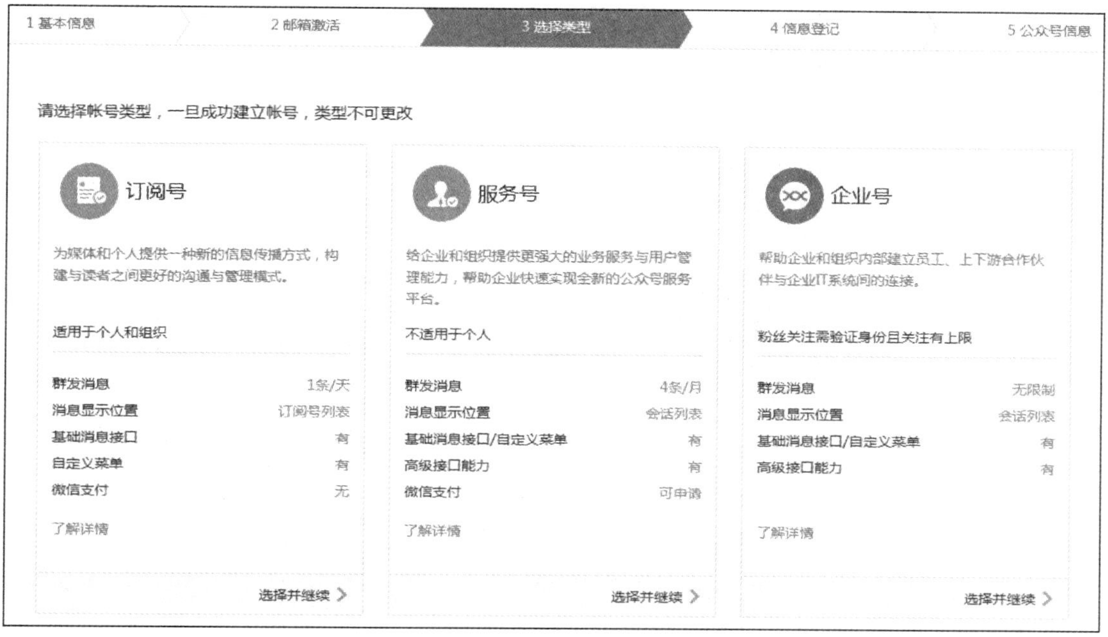

1 基本信息	2 邮箱激活	3 选择类型	4 信息登记	5 公众号信息

请选择帐号类型，一旦成功建立帐号，类型不可更改

订阅号

为媒体和个人提供一种新的信息传播方式，构建与读者之间更好的沟通与管理模式。

适用于个人和组织

群发消息	1条/天
消息显示位置	订阅号列表
基础消息接口	有
自定义菜单	有
微信支付	无

了解详情

选择并继续 >

服务号

给企业和组织提供更强大的业务服务与用户管理能力，帮助企业快速实现全新的公众号服务平台。

不适用于个人

群发消息	4条/月
消息显示位置	会话列表
基础消息接口/自定义菜单	有
高级接口能力	有
微信支付	可申请

了解详情

选择并继续 >

企业号

帮助企业和组织内部建立员工、上下游合作伙伴与企业IT系统间的连接。

粉丝关注需验证身份且关注有上限

群发消息	无限制
消息显示位置	会话列表
基础消息接口/自定义菜单	有
高级接口能力	有

了解详情

选择并继续 >

图 5.1.21　确定账号类型

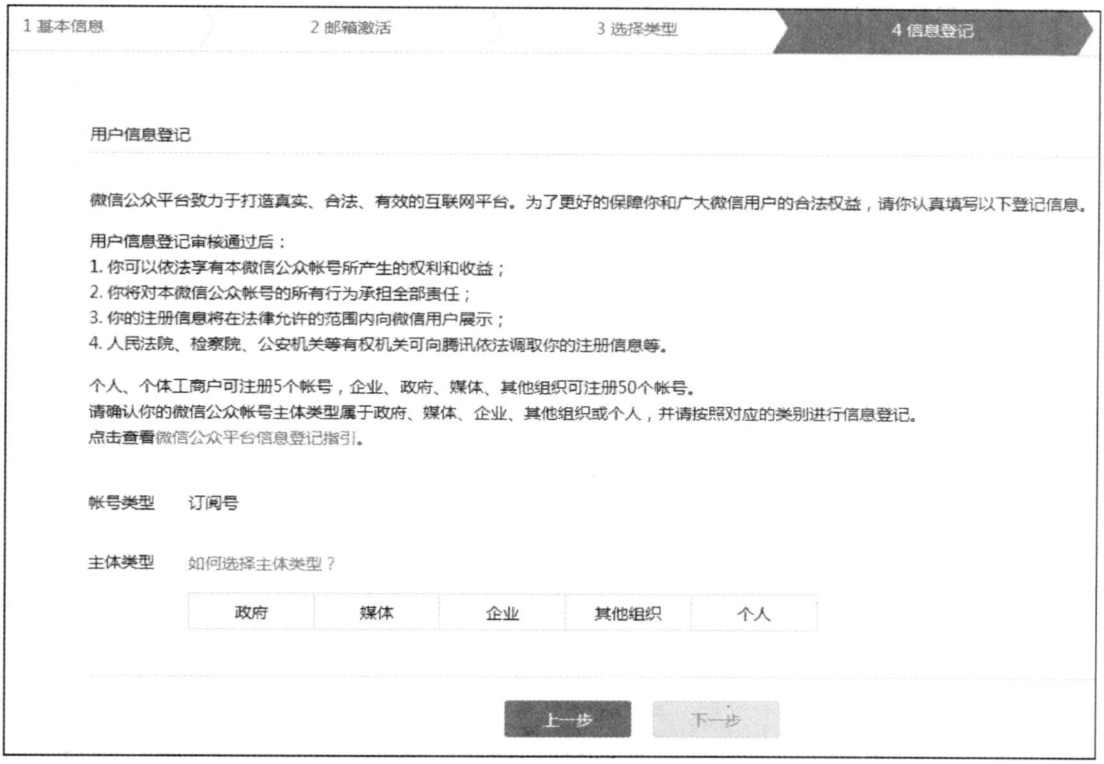

1 基本信息	2 邮箱激活	3 选择类型	4 信息登记

用户信息登记

微信公众平台致力于打造真实、合法、有效的互联网平台。为了更好的保障你和广大微信用户的合法权益，请你认真填写以下登记信息。

用户信息登记审核通过后：
1. 你可以依法享有本微信公众帐号所产生的权利和收益；
2. 你将对本微信公众帐号的所有行为承担全部责任；
3. 你的注册信息将在法律允许的范围内向微信用户展示；
4. 人民法院、检察院、公安机关等有权机关可向腾讯依法调取你的注册信息等。

个人、个体工商户可注册5个帐号，企业、政府、媒体、其他组织可注册50个帐号。
请确认你的微信公众帐号主体类型属于政府、媒体、企业、其他组织或个人，并请按照对应的类别进行信息登记。
点击查看微信公众平台信息登记指引。

帐号类型　　订阅号

主体类型　　如何选择主体类型？

政府	媒体	企业	其他组织	个人

上一步　　下一步

图 5.1.22　用户主体相关信息登记

身份证姓名	
	信息审核成功后身份证姓名不可修改；如果名字包含分隔号"·"，请勿省略。
身份证号码	
	请输入您的身份证号码。一个身份证号码只能注册5个公众帐号。
运营者身份验证	为了验证你的身份，请用绑定了运营者本人银行卡的微信扫描二维码。本验证方式不扣除任何费用。 注册后，扫码的微信号将成为该帐号的管理员微信号。 若微信没有绑定银行卡，请先绑定。如何绑定

运营者信息登记

运营者手机号码		获取验证码
	请输入您的手机号码，一个手机号码只能注册5个公众帐号。	
短信验证码		无法接收验证码？
	请输入手机短信收到的6位验证码	

图 5.1.23　运营者信息登记

图 5.1.24　微信公众号管理平台

图 5.1.25   新建群发消息

（8）新建图文消息，如图5.1.26所示，开始编辑标题、作者、封面、正文等。多图文消息最多可添加8条，完成后单击"保存"按钮即可；也可以单击"从素材库中选择"，从已经编辑好的素材中提取图文消息，如图5.1.27所示。

图 5.1.26   新建图文消息

（9）完成后返回"群发功能"界面，选取编辑好的消息，确定"群发对象"即可完成推送，如图 5.1.28 所示。

图 5.1.27　素材中提取图文消息

图 5.1.28　群发推送

友情提示

利用微信公众号投放广告已成为业内通行的做法,微信公众号软文广告成了运营者在海量信息时代寻求突围的手段。微信公众号作为自媒体将自己的信息、价值、理念传播出去依托的是内容,内容是自媒体运营者的核心。只有做好了内容,才能吸引受众。有了一定的受众,才有自媒体创业的商机。

活动评价

陈功和王创掌握了如何借助微信公众号和朋友圈对淘宝店铺进行宣传与推广的方法和技巧,他们发现效果还不错,很多朋友纷纷关注到他们的产品,而且还有朋友将链接推送给身边的朋友,网店访问量又得到了一定的提升。

合作实训

_____项目实训书

实训项目:练习使用论坛、微博和微信公众号进行营销推广。

实训要求:

(1)三人一个小组协同完成任务。

(2)将分析结果填入下面表格中。

(3)请每组同学派一名代表上台分析。

实训内容:

针对团队的创业项目网店,利用论坛、微博、微信公众号完成以下推广工作。

要求如下:

(1)一名同学负责论坛策划发主帖,其他两名同学参与回帖,一周内要求本帖置顶。

(2)一名同学负责微博策划发主帖,其他两名同学参与回复。

(3)一名同学负责微信公众号主题文章推送,其他两名同学参与转发推广。

(4)记录店铺每日的访客数、浏览量、订单成交量,对各个平台的宣传推广效果进行总结评价。

(5)分析、比较各种宣传推广方式的适用范围,填写表 5.1.2。

表 5.1.2　一周内外推效果比较表

外部推广方式	效果(回复数、新增访客量等)	评 价
论坛		
微博		
微信		
其他		

任务 2　制订淘宝商品营销策略

情境设计

陈功和王创在创业过程中发现,目前淘宝网店琳琅满目,想要从众多的淘宝网店中脱颖而出,需要打造好的产品和做好产品的精准营销。推销货品的终极目标是提高产品的展现率,吸引目标客户,从而促成交易。因此,需要调查分析目标客户群体购买心理,以合适的价位或者产品特色打动客户,激发购买欲望,最终成功地将商品销售出去。

任务分解

陈功和王创准备首先去了解各种站内推广工具,然后选择有效的工具调查,接下来精准分析市场行情,最后制订出淘宝站内营销策略,逐步提高营业额。

活动 1　调查分析市场行情

活动背景

在经营产品和定价之前,需要运用各种方法进行市场行情趋势调查,然后从结果中归纳整理出客户对同类产品的购买习惯、适应价格等。最后结合各项数据,给予产品一个合适的定价,这个定价既要保证网店有一定的利润空间,又能保证产品的竞争力。

活动实施

【做一做】运用以下工具调查了解市场行情。

(1)搜索并打开阿里指数,登录淘宝账号,如图 5.2.1 所示,可以对整个玩具类行业及其细分种类做到细致了解,方便把握经营选品方向。

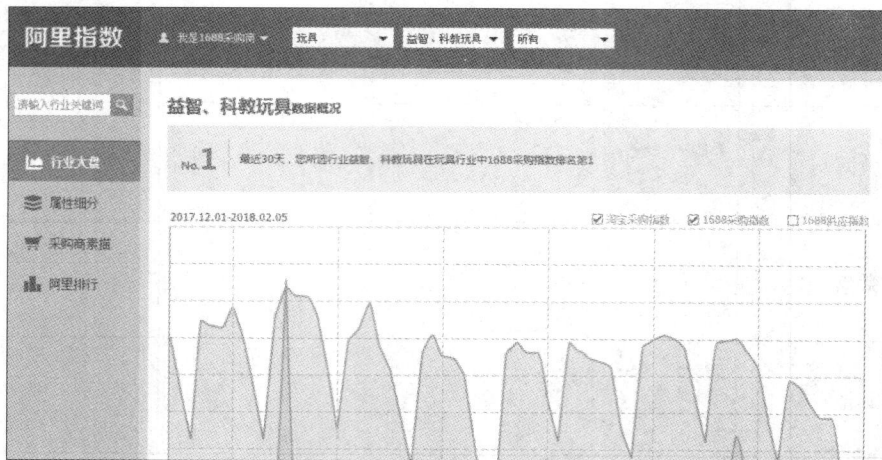

图 5.2.1　阿里指数

（2）注册登录数据雷达，显示行业大盘、采购指数等数据概况，如图5.2.2所示。可以获得热词推荐、上下架时间、爆款分析、宝贝描述以及同行店铺分析等各种有利信息，收集整理获得信息，可以协助制定出有效的营销策略。

图 5.2.2　数据雷达

（3）利用生意参谋网站，登录自己的淘宝店铺，如图5.2.3所示，可以对自己店铺的运营数据进行全方位监控和了解。通过对店铺品牌定位、商品规划、爆款打造、标题优化等进行全方位的市场行情调查，最后可以更精准地定位买家的人群画像和有针对地制定销售策略。

图 5.2.3　生意参谋

（4）通过专业工具如数据魔方，如图5.2.4所示，还可查看产品相关的行业价格作为参考。

（5）通过淘宝搜索，查找产品热门关键字，可查看竞争对手的产品定价及销量，作为定价促销的参考，如图5.2.5所示。

（6）综合考虑各方定价，结合自身生产成本或销售成本等，做出一个适合市场需求，具有竞争力的定价，具体过程参考如图5.2.6所示。

图 5.2.4　数据魔方

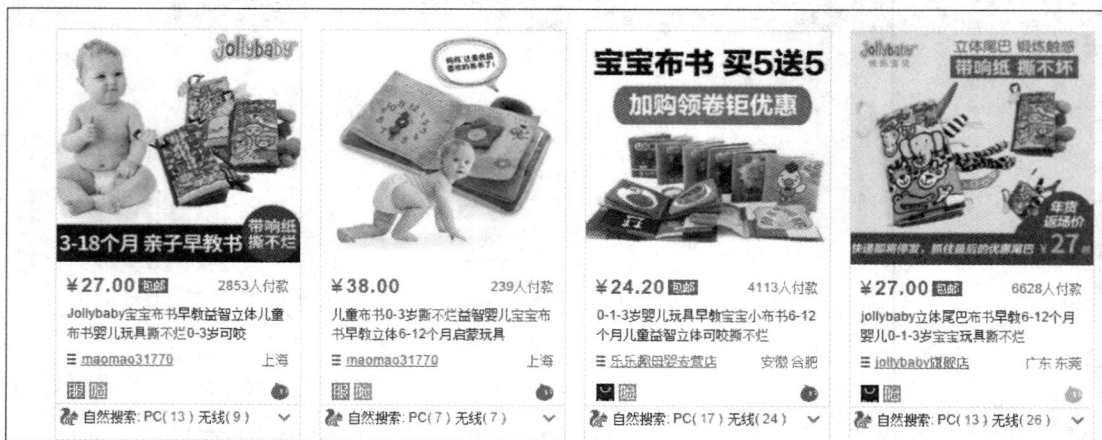

图 5.2.5　查看竞争对手的产品定价

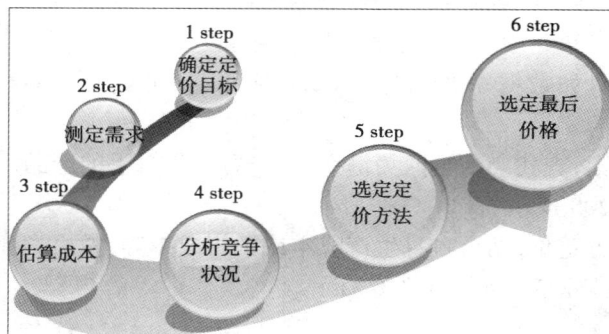

图 5.2.6　定价步骤

活动评价

通过使用不同的数据分析工具,陈功和王创对网店的运营思路有了更清晰的了解,对产品的选择定价,目标客户的定位也有了更深层次的理解。

活动 2　制定站内营销策略

活动背景

消费者购买商品的动机因人而异,往往会因为一个人的兴趣、爱好、个性、文化程度、经济状况等产生变化。因此在考虑产品定价和促销时,需要通过对产品市场的机会与问题进行分析,选择适当的策略,才能达到最佳效果。

活动实施

> **知识窗**
>
> 促销策略是指企业通过各种促销手段,向消费者传递产品信息,引起他们注意和兴趣,激发他们购买欲望和购买行为,以达到扩大销售的目的。促销商品时,需要将合适的产品,在适当的时间、以适当的价格将销售信息传递到目标市场。能否为产品准确定位、并突出产品特色,是商品营销成败的关键。

在网店推广工作的推动下,陈功和王创网店的浏览量得到了大幅增长,但转化率较低,客单价不高。此时需要借助促销工具,刺激客户的购买欲望,淘宝常用的促销工具如图 5.2.7 所示。

图 5.2.7　淘宝常用的促销工具

【做一做】开通站内营销活动。

(1)搭配套餐促销,利用"套餐(商品 A + B)价格 < 商品 A 价格 + 商品 B 价格"的优惠,吸引客户购买更多商品,如图 5.2.8 所示。

图 5.2.8　套餐优惠

(2)满就减/送促销,利用客户"爱小便宜"的心理,以满百减十、满百送礼物等优惠促销商品,如图 5.2.9 所示。

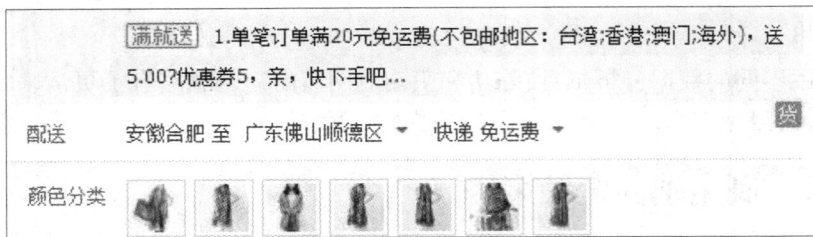

图 5.2.9　满就减/送促销

（3）买就送促销，以小礼物或相关产品配件吸引客户，借助买一送一或买一送多的优惠，打动客户，如图 5.2.10 所示。

（4）店铺红包促销，客户领取红包后，达到设定金额可直接减去红包金额，可设定不同级别的红包，以此调动客户的购买欲望，如图 5.2.11、图 5.2.12 所示。

图 5.2.10　买就送促销

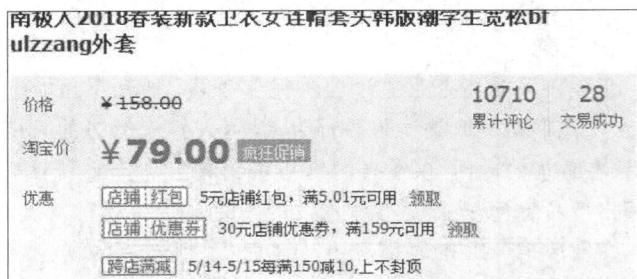

图 5.2.11　店铺红包

图 5.2.12　领取店铺红包

（5）打折促销，在特定时间段内能够以较低的折扣买到对应产品，借此吸引人气，如图 5.2.13 所示。

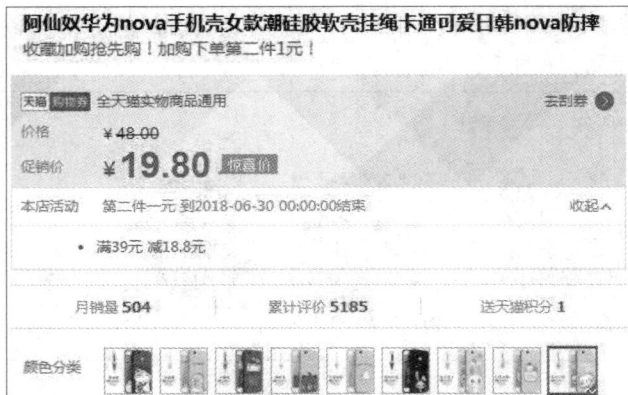

图 5.2.13　打折促销

（6）优惠券促销，借用店铺优惠券，向指定客户或全体客户发放优惠券，单笔金额达到指定数值才能使用,如图 5.2.14 所示。

图 5.2.14　优惠券促销

(7)淘金币促销,设定每款产品的淘金币抵扣比例,让客户在付款时可直接选用淘金币减去相应金额,让客户得到实惠,如图 5.2.15 所示。

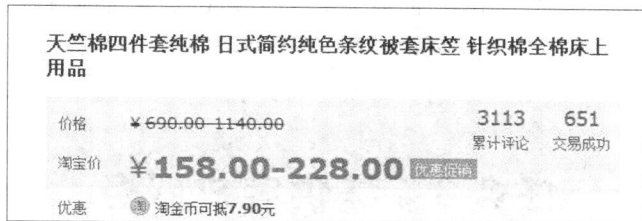

图 5.2.15　淘金币促销

友情提示

(1)作为新手,除了对目标客户群体进行分析外,对竞争对手调查也非常必要。做好竞争对手调查,在同行中选出几家和自己发展路线相似、产品大同小异的对手来做研究,可以取长补短,避免开店初期走弯路。

(2)产品定价时,如果是新品上市,可参考与自身产品定位类似的竞争对手定价,适当降低一些价格,增加产品的竞争力。店铺产品定价时可根据引流款、低利润款、高利润款等不同定位的产品,进行区别定价。其中,引流款主要以增加流量为主,本身的价格较同行持平或略低;高利润款以营利为主,提高客户的客单价。

(3)产品促销操作时,需要考虑客户的关注点,如某产品为爆款产品,可考虑与之相关的搭配套餐;如果产品有较高利润空间,可考虑以满减、限时折扣、优惠券等形式进行促销。

活动评价

陈功和王创根据季节和月份,制订了站内促销策略和计划,店铺的访问量和转化率得到了一定提高。整个店铺的营业额也有了较大提升。

合作实训

_____项目实训书

实训项目:练习针对季节或者活动制定产品促销策略。

实训要求:

(1)三人一个小组协同完成任务。

(2)根据团队创业项目实际情况完成。

（3）请每组同学派一名代表上台分析。

实训内容：每个小组协同完成以下任务。

（1）陈功和王创的玩具店，根据季节或者活动上架一批产品，需要做一次详细的产品客户群体购物调查，请利用线上各种数据工具进行调查，整理成一份调查报告。

（2）针对调查数据，给即将上架的产品进行合理定价。

（3）结合玩具的卖点和价格，制定产品促销策略，要求既能打动消费者，又能保证有一定的营利空间。

（4）在店铺中选择不同定位的产品，以不同的促销策略进行营销，测试营销效果。

①对爆款产品进行搭配套餐促销，对比前后的客单价。

②对某款有较高利润空间的产品进行限时折扣促销，对比前后订单量。

③向固定客户群发放优惠券促销，测试优惠券的使用效果。

任务 3　提供客户服务

情境设计

随着网店推广工作的顺利开展，陈功和王创的网店吸引了越来越多的客户，客服工作开始忙碌起来。作为一名优秀的客服人员，需要引导客户在网店购物，解决客户在购物中遇到的问题，以及提供优质的售后服务等。师兄张胜告诉他们，优质的客户服务会为店铺带来很大的回购率。

任务分解

陈功和王创为了提高客服的工作能力，准备从培训客服人员的软件工具操作、订单管理操作、纠纷处理能力、客服话术规范等内容入手，向客户提供优质服务，为企业树立良好的形象。

活动 1　建立客户沟通渠道

活动背景

在网店经营中，与客户沟通的渠道最好采用相应平台提供的软件，如淘宝平台的千牛卖家版、京东商城的叮咚等，因为一旦出现交易纠纷等问题时，这些软件的聊天记录可以作为合法举证的材料。同时，作为客服人员，不但要熟悉产品的属性、使用和操作，还要熟练操作客服软件，才能够提供快速、到位的客服服务。

活动实施

知识窗

客服沟通技巧

1. 热情接待

当买家询问"在吗?"的时候,大方热情地快速回复,态度要诚恳,言辞委婉,多用一些像"亲""您好""请问"之类的礼貌用语和表情符号。

2. 细致询问

当买家询问店里的商品时,如果有,就跟客户介绍这个商品的优点、好处等;如果没有,可以这样回答:真是不好意思,这款卖完了,有刚到的其他新款,给您看一下吧。

3. 专业推荐

学会一些营销技巧,如捆绑式,抓住一些顾客喜欢小便宜的心理,将两种或者多种商品捆绑在一起,以另外一种优惠价格推销给顾客。如:亲,让您久等了,这款风格简洁、时尚,很受年轻人喜欢哦,搭配这款可以优惠×元哦。

4. 以退为进议价

要向买家证明自己的价格是合理的,产品是物美价廉的;掌握好议价空间,不要急着亮出底牌,小步让利为主;可用比较法来说明,委婉地告诉买家物有所值,一分钱一分货,要告诉买家不只是看商品,还要看包装品质、价格、品牌、售后等。

5. 跟进技巧

在收到商品被拍下但是还没有付款的情况下,要做到及时跟进,可以根据旺旺或订单里的信息联系买家。告诉买家,我们已经为他预留了货品,只要付款就安排发货了,这时候一般情况下都会交易成功的。

如果买家最后不买了,也要表示宽容、大度,欢迎对方再次光临本店。

1. 登录使用千牛卖家版客户沟通平台

(1)网店需要建立在线的客户沟通渠道,每个电子商务平台都有自己推出的客户沟通工具,如淘宝网的千牛卖家版工作台,如图5.3.1所示。

图5.3.1　下载千牛工作台

图5.3.2　登录千牛软件

(2)登录软件:双击"千牛工作台"图标,输入淘宝会员名及密码,单击"登录"按钮,登录页面如图 5.3.2 所示。

（3）成功登录后，会显示千牛悬浮条，可直接打开接待中心、消息中心、工作台操作窗口，如图 5.3.3 所示。

（4）单击悬浮条中的接待中心图标，能够查看消息、最近聊天记录、好友、旺旺群等，如图 5.3.4 所示。

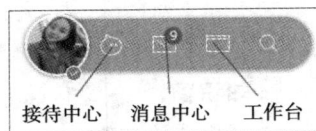

接待中心　消息中心　工作台

图 5.3.3　千牛悬浮条

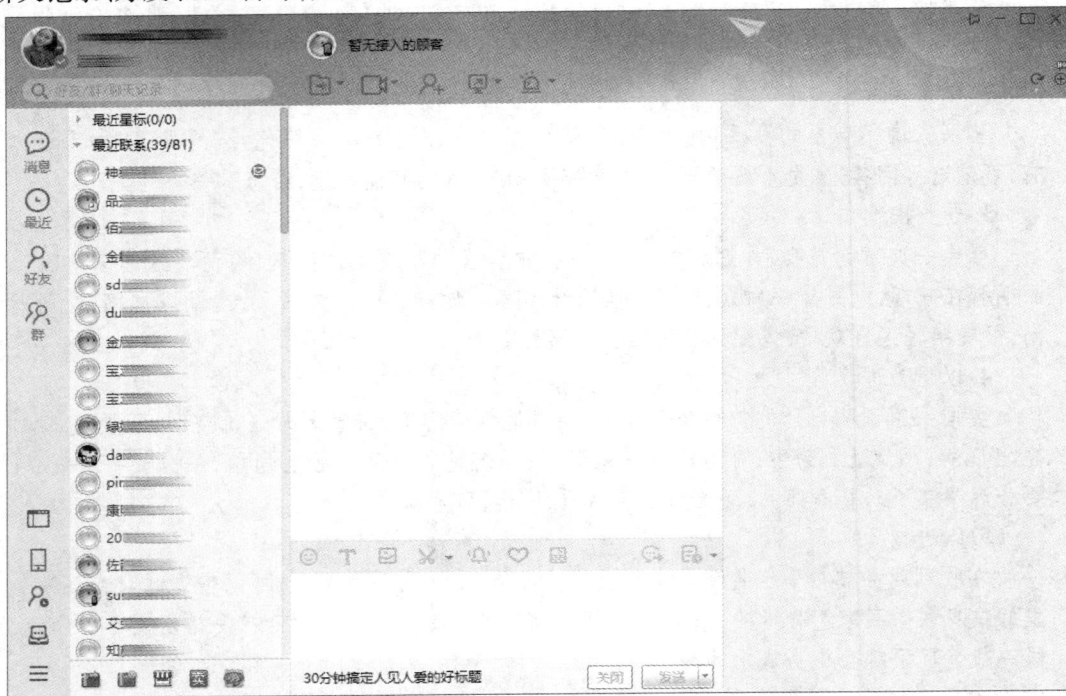

图 5.3.4　千牛接待中心

（5）当客户发起咨询时，可在接待中心实时回复客户问题，如图 5.3.5 所示。

2.练习导入预设快捷回复

在聊天窗口中，点击任一联系人，在 1 中单击"快捷短语"按钮，单击 2 导入按钮，可导入已经预设好的短语文件，如图 5.3.6 所示。

3.查看各类信息

（1）单击悬浮条中的消息中心图标，可打开消息中心窗口，及时查看旺旺系统消息、千牛消息、营销活动通知、退款消息等，如图 5.3.7 所示。

（2）单击窗口中的消息可查看详细内容，如图 5.3.8 所示。

4.进行系统设置

（1）在工作台右上角红色边框位置，可打开千牛工作台的系统设置，如图 5.3.9 所示。

（2）在系统设置窗口中，可进行消息提醒、个性签名、自动回复等设置。设置自动回复信息，如图 5.3.10 所示。

图 5.3.5　实时回复客户问题界面

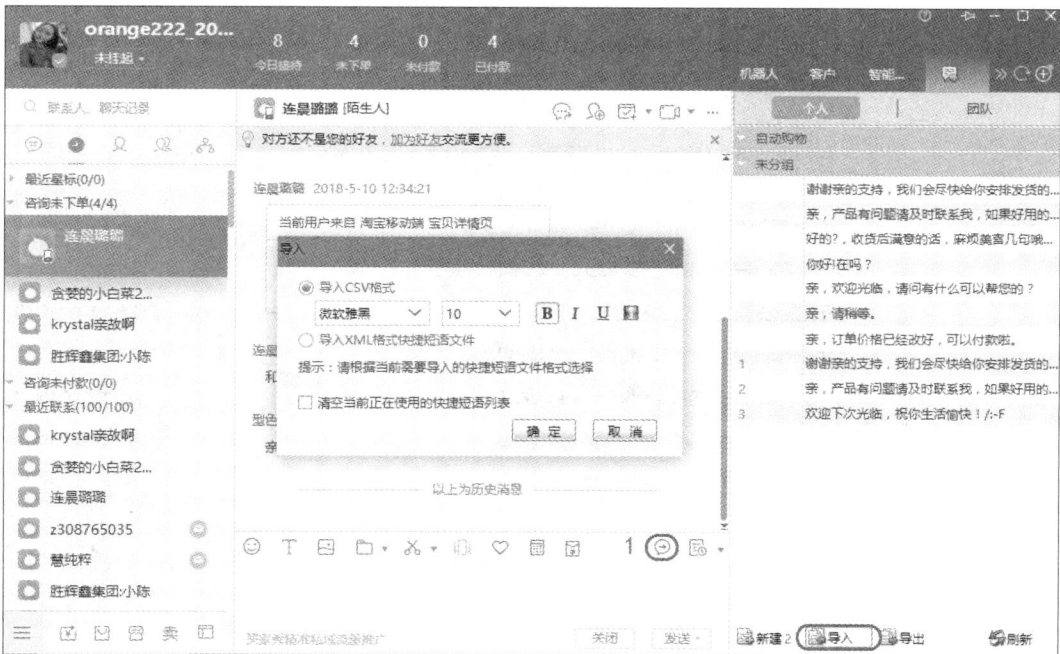

图 5.3.6　快捷短语

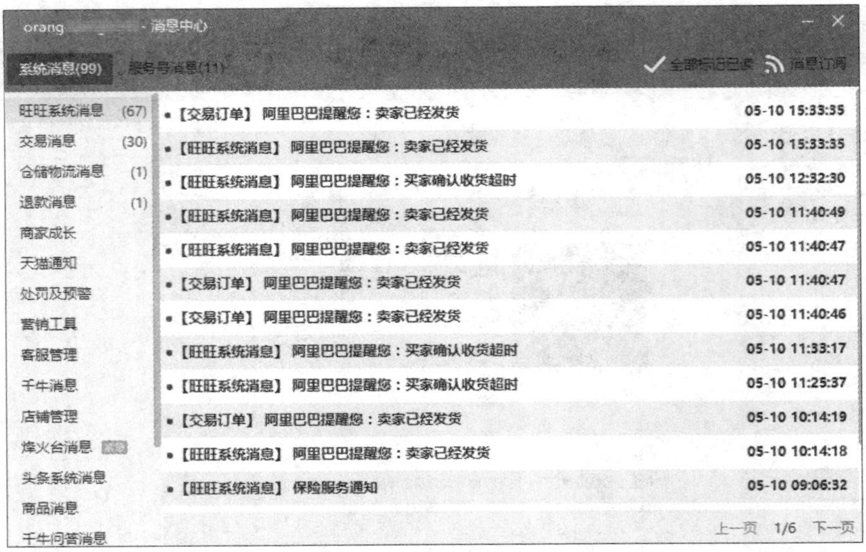

图 5.3.7　消息中心

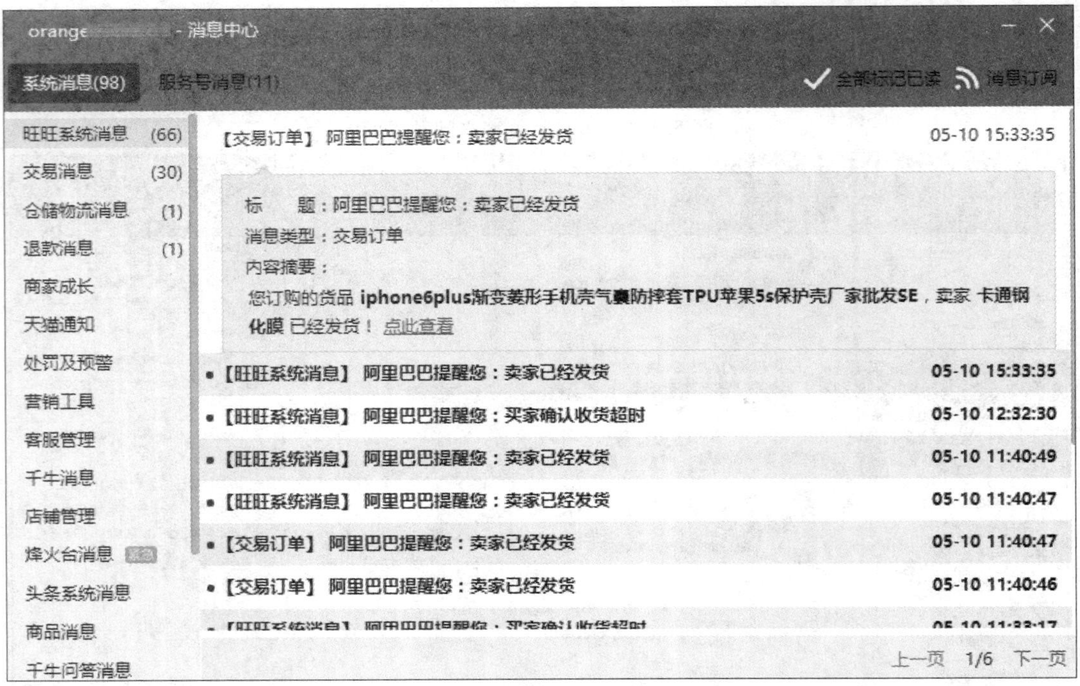

图 5.3.8　系统消息详情

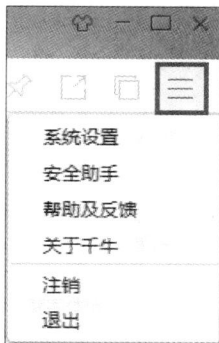

图 5.3.9　千牛工作台的系统设置

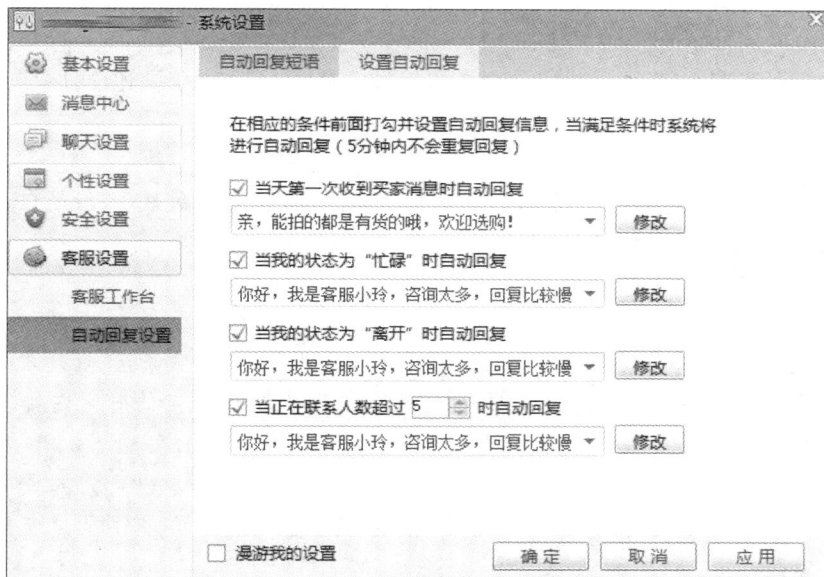

图 5.3.10　设置自动回复信息

【练一练】千牛工作台操作。

(1) 修改客服子账号签名为:欢迎进入我的店铺,本店所有产品限时包邮。

(2) 查看店铺宝贝,查看某个宝贝的当前库存、销量。

(3) 查看店铺订单,找一个"买家已付款"的订单,进行发货操作。

(4) 在系统设置中,完成设置当天第一次收到买家消息时的自动回复:亲,欢迎光临×××店,本店默认申通快递,不到的或是需要更换其他快递的请补拍邮费,谢谢!

(5) 打开接待中心:查看最近联系人、查看买家足迹、订单详情、物流信息。

活动评价

本活动介绍了如何设置使用千牛平台与客户进行交流沟通,在与客户沟通时要快速反应,态度良好,认真倾听客户的反馈,为客户解决使用中的疑难问题。在交易纠纷处理时,要及时安抚客户情绪,解释交易中存在的问题。如果自己有错,要诚恳道歉请求对方理解和包容,及时提出补救措施,达成双方满意的解决方案。

活动2 管理订单

活动背景

经过一段时间有效的网店推广和产品促销后,陈功和王创发现网店的订单开始逐渐增多。此时,客服人员需要根据订单的不同状态,做好相应的处理。同时需要了解电子商务交易流程,做好订单的规范管理,防止出现错失,给客户带来不便,甚至造成不必要的损失。

活动实施

知识窗

淘宝订单交易的状态具体如下:

1. 等待买家付款

买家刚拍下商品,尚未付款,表示该商品虽然已经被拍下了,但是还没付款到支付宝,此时不可进行发货操作。

2. 买家已付款,等待卖家发货

买家已经付款到支付宝,正在等待卖家发货。虽然买家已经付款了,但是在没确认收货之前,这笔货款是在支付宝公司中暂时保管。此时,如果未发货,需要及时留意买家有没有退款的操作,如买家申请退款,可取消发货。

3. 卖家已发货,等待买家确认

卖家已经发货,等待买家进行"确认收货"操作。当买家确认收货后,货款才会真正打给卖家。此时,同样需要留意客户的退款或退货退款申请,在规定的时间内处理退款操作,否则淘宝会自动进行默认为同意,造成货品或货款损失。

4. 交易成功

交易成功后,货款已经转给卖家,此时买家已确认收到商品了,并且同意支付宝把货款转到卖家账户中。

5. 交易关闭

买家拍下商品但一直没有付款,交易将会在规定时间内自动关闭;订单中的商品,买家申请退货,当退货完成后,交易状态也会变成"交易关闭"。

1. 确认客户信息及订单细节

当客户下单后,客服需要从消息通知中及时了解订单的当前状态,如图5.3.11所示。

(1)确认收货地址。由于部分客户在网上购物是为了送礼或帮人代购的,但下单时经常会忘记修改收货地址。因此为了提高配送地址的准确性,在客户提交订单并付款后,需要与客户确认收货地址,如图5.3.12所示。

(2)确认快递公司:如果客户要求发指定的快递公司,必须在订单中添加备注,让配送部门在配送时能够根据客户要求发货,如图5.3.13所示。

(3)核实发货信息。当客户信息核对无误后,联系配送部门核实订单是否已经发货(可能出现已经发货,但还没有录入快递单号的情况),确认没有发货的情况下,可帮助客户更改订单,如图5.3.14所示。

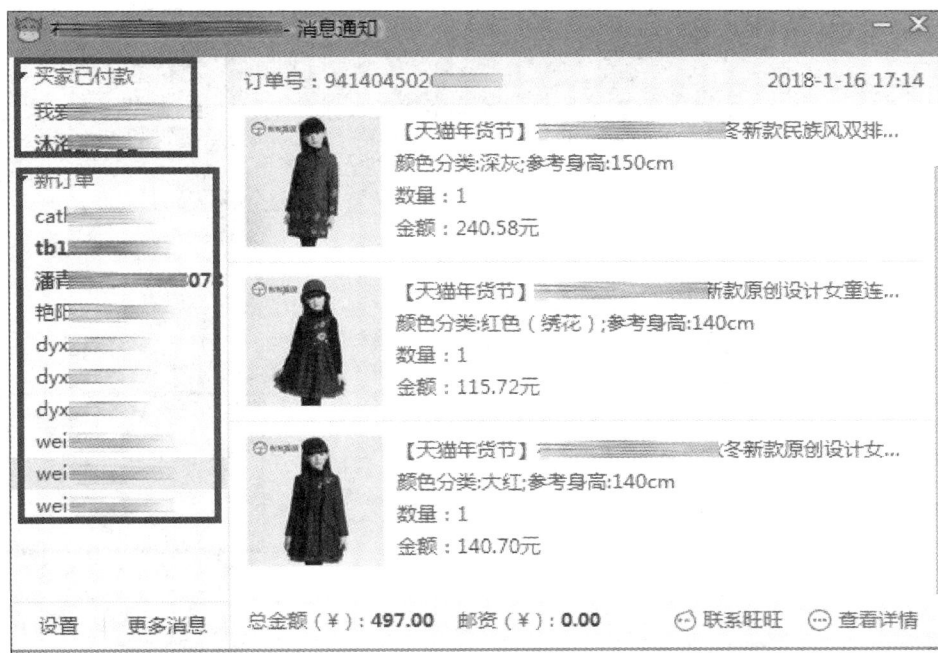

图 5.3.11　查看客户订单

图 5.3.12　确认收货地址

图 5.3.13　确认快递公司

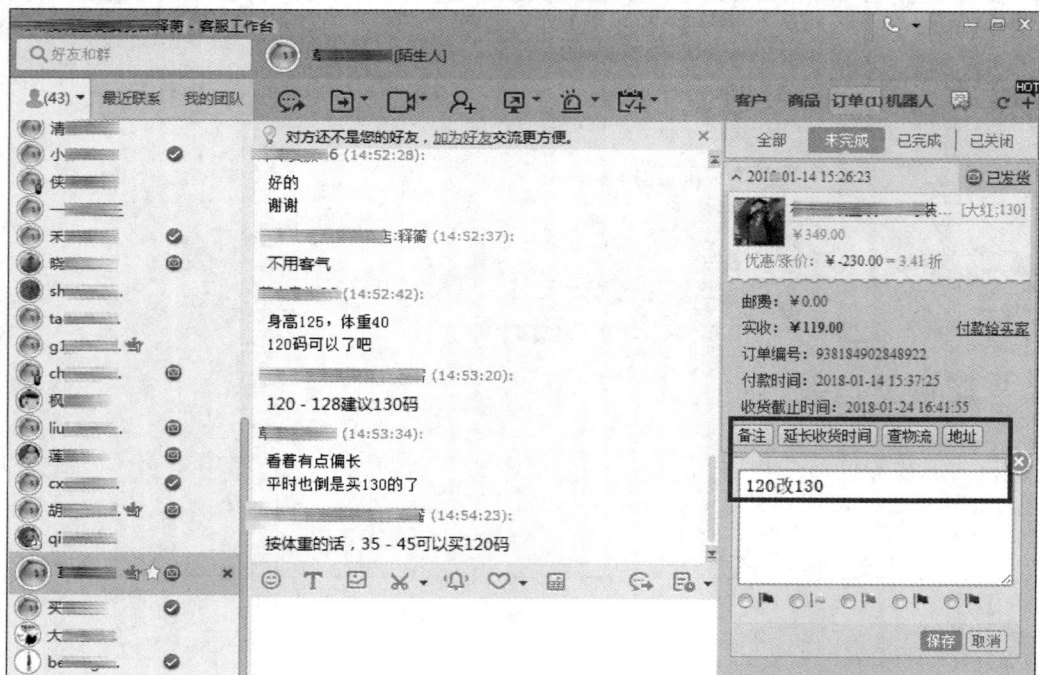

图 5.3.14　核实发货信息

2.处理物流信息

（1）录入快递单号。在核对客户信息无误后,配送部门将根据订单顺序依次发货,并将快递单号录入到系统中,选择准备发货的订单,单击"发货"按钮,如图 5.3.15 所示。然后,选择快递公司,录入运单号码,如图 5.3.16 所示。

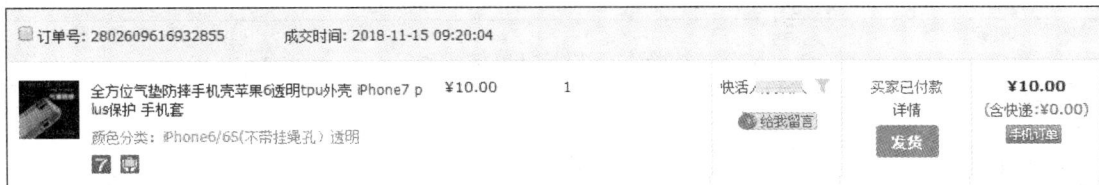

图 5.3.15　发货

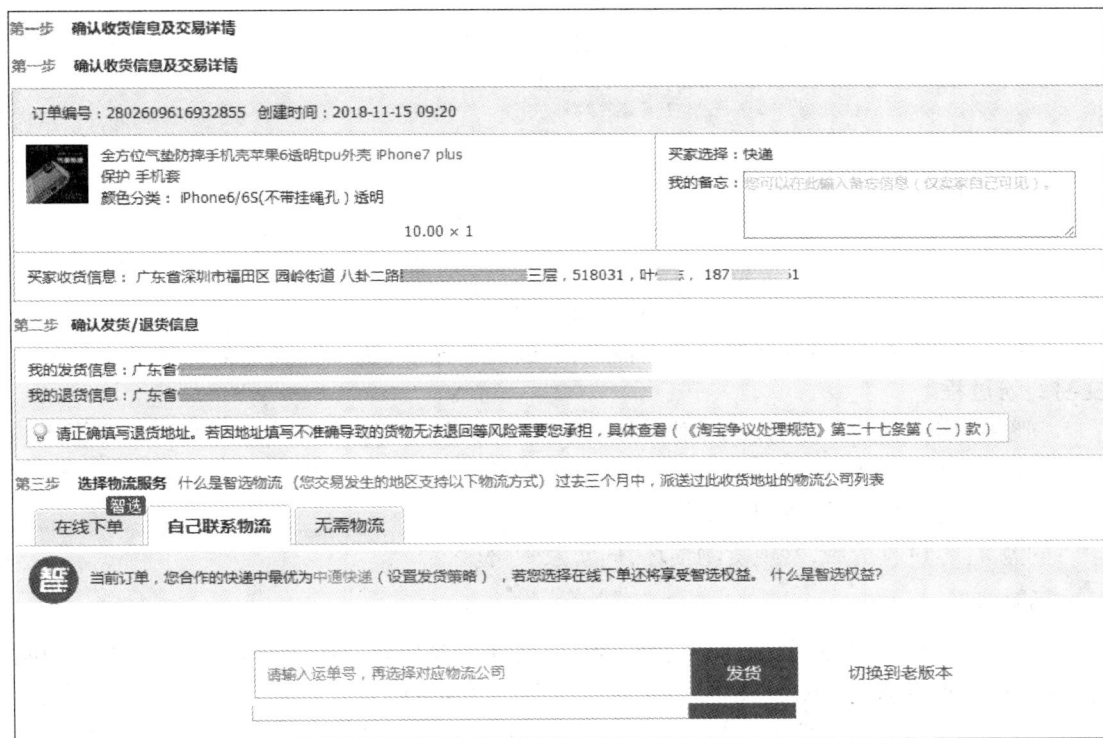

图 5.3.16　录入运单号码

（2）查询物流信息。配送部门发货后,买家看到订单状态已变成"卖家已发货",如图 5.3.17 所示。如果客户咨询商品的物流信息,客服可在订单管理中查看相应订单的物流信息,如图 5.3.18 所示。

（3）交易评价。当买家确认收货后,双方交易成功,此时可对卖家进行评价。

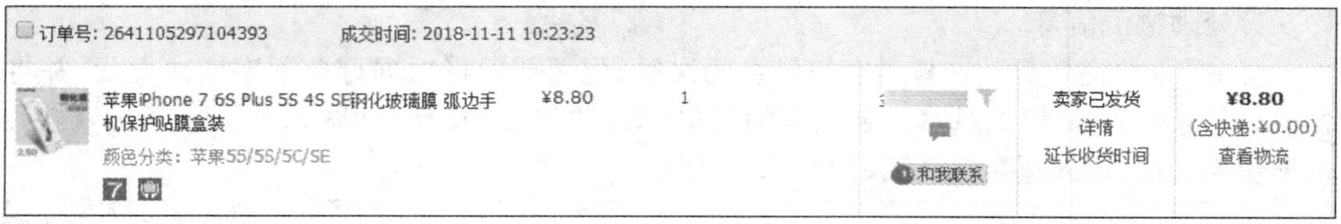

订单号: 2641105297104393　　　成交时间: 2018-11-11 10:23:23

苹果iPhone 7 6S Plus 5S 4S SE钢化玻璃膜 弧边手　　¥8.80　　1　　　　　　　　　卖家已发货　　¥8.80
机保护贴膜盒装　　　　　　　　　　　　　　　　　　　　　　　　　　　详情　　　　(含快递:¥0.00)
颜色分类: 苹果5S/5S/5C/SE　　　　　　　　　　　　　　　　　　　　　延长收货时间　　查看物流
　　　　　　　　　　　　　　　　　　　　　　　　　　和我联系

图 5.3.17　订单状态

物流信息

申通快递: 3359222685595

2018-04-28 10:41:56 已签收，签收人凭取货码签收。感谢使用港澳广场钻界B座速递易【自提柜】，期待再次为您服务。
2018-04-28 10:35:39 您的快件已被港澳广场钻界B座速递易【自提柜】代收，请及时取件。有问题请联系派件员199   29
2018-04-28 06:13:06 【安徽合肥公司】的派件员【港澳广场】正在派件
2018-04-28 06:13:06 【安徽合肥公司】已收入
2018-04-28 04:11:20 快件已到达【安徽合肥公司】扫描员是【IT-张伟】
2018-04-28 03:57:50 由【安徽合肥中转部】发往【安徽合肥公司】
2018-04-27 03:48:40 由【广东深圳福田中转部】发往【安徽合肥中转部】
2018-04-27 00:02:25 【广东龙岗公司】正在进行【装袋】扫描
2018-04-27 00:02:25 由【广东龙岗公司】发往【安徽合肥中转部】
2018-04-26 21:30:33 【坂田营业点】的收件员【冯伟利】已收件
2018-04-26 12:33:57 卖家发货

收起

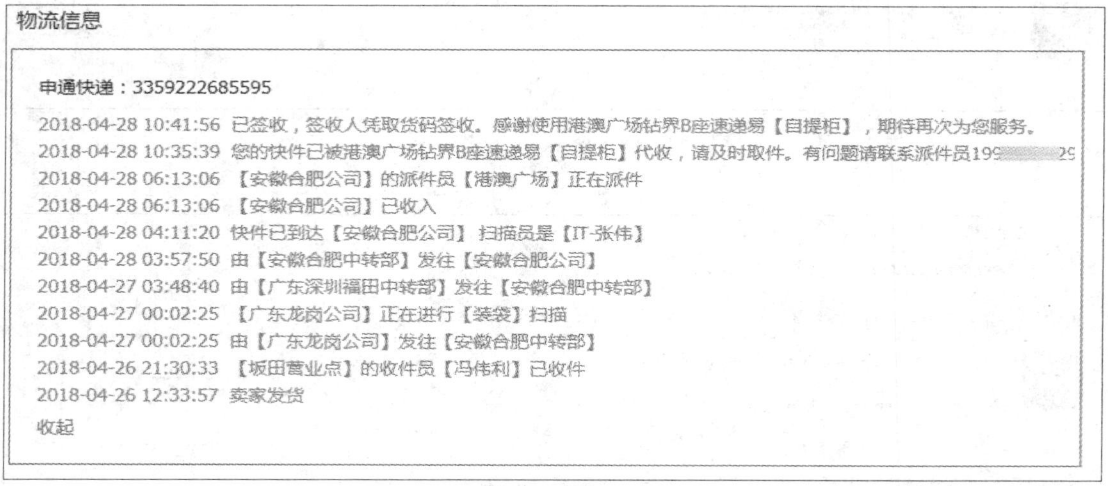

图 5.3.18　订单的物流信息

【做一做】两人一组，分别轮流扮演客户、客服两个角色，演示客服基本回复技巧及处理交易纠纷过程。

问题1：客户询问产品的选购问题，如衣服的尺码、材质等。

问题2：客户提交订单后，想更改发货地址、产品颜色、快递公司等。

问题3：客户收货后，发现质量问题，需要换货。

问题4：客户收货后，发现货物损坏，向卖家索赔。

活动评价

在订单的交易管理过程中，经常会碰到一些关于产品质量及使用、物流运输等方面的问题，作为客户服务人员一定要谨慎应对，对每一个环节加以确认，一旦服务不到位，就可能会造成客户流失。因此，客服人员需要熟悉产品的基本属性，清楚交易的各个环节，保持耐心为顾客解决各种疑难问题，为店铺树立良好的形象，提高客户的忠诚度。

活动3　处理交易纠纷

活动背景

在客服工作中，经常会遇到一些交易纠纷，客服面对这些问题时，需要积极为客户提出解决方案，争取让双方都得到满意的结果。处理纠纷时，卖家和买家要及时沟通，了解原因所在，及时的退款、退换货的客户做好后续处理，如果不能协商解决，可以申请淘宝小二介入。

活动实施

> **知识窗**
>
> 淘宝购物交易纠纷,指的是买家、卖家双方在购物过程中因各种原因而产生的分歧,常见的交易纠纷集中在产品与描述不符、产品质量与预期不符合、快递损坏或丢失等问题。
>
> (1)如果遇到交易纠纷或者其他问题,建议卖家与买家友好协商,争取和平解决争议问题,要相信良好的服务才能带来更多的回头客。
>
> (2)买卖双方必须遵守7天无理由退换货规则。当买家购买支持"7天无理由退货"的商品,在签收货物7天内(签收当日第二天零时起计算时间,满168小时为7天),若因买家主观原因不愿完成本次交易,卖家有义务向买家提供退货服务;若卖家未履行其义务,则买家有权按照相关规则向淘宝发起对该卖家的维权,并申请"7天无理由退货"服务。
>
> (3)交易纠纷处理涉及的图片、聊天记录等依据,一切以阿里旺旺聊天记录为准。因此,阿里旺旺聊天记录和有效的购物发货凭证是双方进行维权的重要依据。

1. 熟悉淘宝的交易流程

作为一名客服人员,除了熟悉淘宝交易流程外,还需要把握好退换货、退款的处理原则,如图 5.3.19 所示。交易物品分为实体产品和虚拟产品,虚拟产品不涉及物流配送,一经使用较难退换,而实体物品会较多涉及退换货。

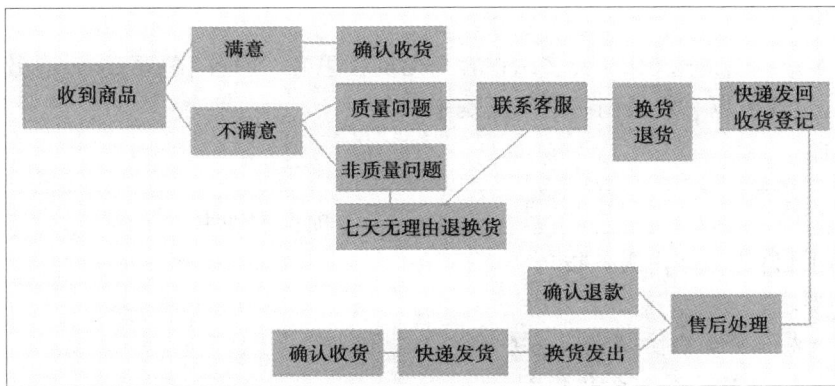

图 5.3.19 淘宝交易流程

2. 处理退换货问题

(1)接受退换货咨询。

(2)告知退换货具体事项:客服应该详细告知客户本网店退换货的具体要求、操作流程及退货地址等。

(3)处理退款申请:当客户在"我的淘宝"→"已买到宝贝"中申请退款后,客服将会收到信息中心通知提示买家申请退款,如图 5.3.20 所示。

(4)进行退换货操作。

3. 进行产品技术指导

当客户在使用商品过程中,可能会出现不会用、不会保养等情况,客服应该积极给客户做好方法指导。

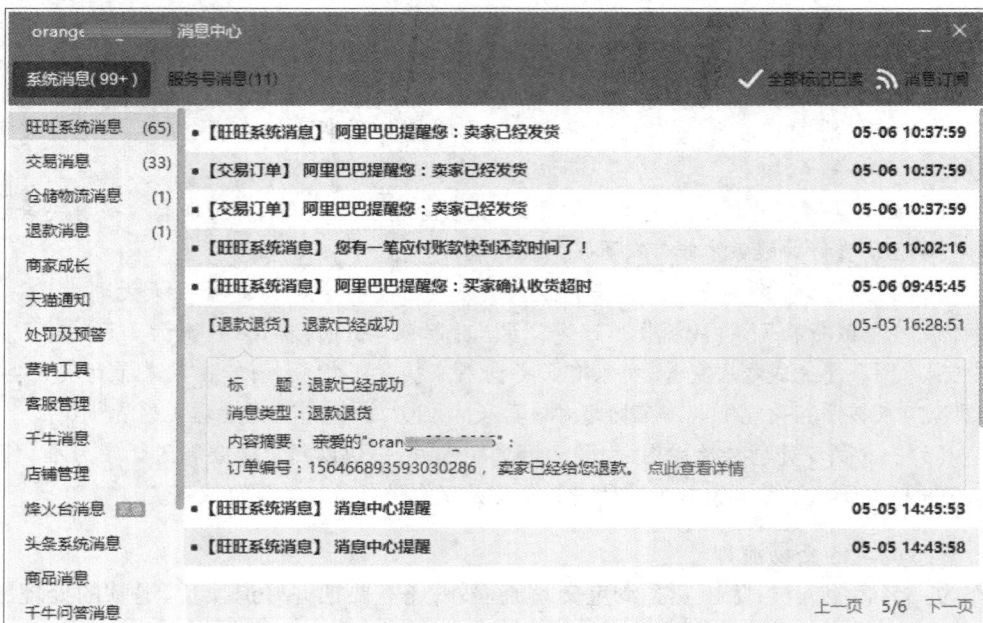

图 5.3.20　处理退款申请

活动评价

在处理客户纠纷的过程中,要多站在客户角度去思考,处理问题要及时、有效,拿出诚意积极地应对,这样可以有效提高店铺的复购率。

合作实训

_____项目实训书

实训项目:练习客户服务技巧。

实训要求:

(1)三人一个小组协同完成任务。

(2)三人分 A、B、C 三个角色配合。

(3)将话术整理发布。

实训内容:

(1)促成订单。网店开展促销活动,在淘宝平台投放"钻石展位"广告后,流量大幅增加,售前客服团队积极做好导购工作。A 负责此次活动的快捷短语制定工作,完成后发送给各位客服导入千牛工作平台卖家版;B 负责整理此前活动的产品注意事项,如产品购买建议、产品包邮等,疑难问题转发给谁;C 负责客服人员的优先级设置,回复快,应变能力强的数量设置较大。如果没有真实的网店,也可用客服扮演客户,开展售前咨询工作。

（2）更改订单。在销售过程中，客户 A 在网店购买衣服时选择该款产品的 L 码，但当他认真浏览客户评价后，了解到该衣服比较修身，估计 L 码对于自己偏胖的身体来说，可能偏小了。于是他联系客服，要求更改订单。客服 B 接待了客户 A 的咨询，于是将更改要求备注到订单中，同时将该信息转发给配送中心的 C，以免发错货。三人小组合作，角色可互相调换，体验不同的工作要求。

（3）退换货处理。客户 A 在网店购买了两双休闲鞋，收到货后发现其中一双跟她想象中的鞋有很大出入，另一双尺码偏小。于是，试穿后马上跟客服联系，一双退货，一双换货。客服 B 接待了客户 A 的退换货申请，跟她进行了退换要求确认，然后将退货地点发给了客户。同时，联系仓储中心 C 注意查收货物，收到货后要检查货物是否受损、配件是否齐全等，最后确认不影响二次销售的情况下，通知配送部门再次发货。联系此情景，完成客服服务话术及交流的过程。

项目总结

本项目的主要工作围绕经营新网店的日常工作展开，对活动策划、产品推广、订单管理、交易纠纷处理等方面做了简单的介绍。商家通过千牛卖家版可以方便地管理电子商务交易的各个环节，让卖家从推出产品、促销产品、销售产品等工作中积累经验，掌握店铺经营中的日常管理工作。其中，通过微博、微信公众号、论坛、搜索引擎推广等，可以掌握网店推广获取自然流量的有效方法；通过调查目标客户群体、产品定价、促销产品等，可以掌握产品的定位；通过客服工具软件、订单管理、交易纠纷处理的操作介绍等，让网店运营人员能够有效地与客户沟通，解决客户购物过程中的各种问题。通过本项目的学习，让读者可以掌握经营网店工作的日常工作内容，为店铺提供良好的服务质量，增强客户对店铺的认同感。

项目检测

1. **单选题**（每题只有一个正确答案，请将正确的答案填在括号中）

（1）下列哪个不属于社会化媒体？（　　　）

A. 新浪网　　　　　　B. 新浪微博　　　　　　C. 微信　　　　　　D. 天涯论坛

（2）淘宝运营的限时折扣、搭配套餐、店铺优惠券的设置，是属于营销组合的（　　　）。

A. 公共关系　　　　　B. 人员推销　　　　　　C. 销售促进　　　　D. 广告

（3）淘宝旺旺中要查看刚聊过的客户的聊天记录应选择（　　　）选项。

A. 查看本地聊天记录　　　　　　　　　B. 查看最近聊天记录

C. 查看在线聊天记录　　　　　　　　　D. 查看今天聊天记录

（4）了解淘宝规则的最佳途径是（　　　）。

A. 进入淘宝官方唯一规则发布平台——规则频道

B. 到 Google 搜索

C. 到淘宝社区看帖

D. 向其他店家询问

（5）以下哪个岗位设置通常不属于电子商务企业的客服部门？（　　　）

A. 导购客服　　　　　B. 客服主管　　　　　C. 投诉处理　　　　D. 渠道开发

2. 多选题(每题有两个或两个以上的正确答案,请将正确的答案填在括号中)

(1)提高旺铺的点击量和曝光率的措施有(　　　)。

A. 通过生意参谋关注更加全面便捷的数据分析服务,提升网站效果

B. 提高关键词匹配程度

C. 发布高质量的产品信息

D. 坚持信息重发

(2)根据所负责的服务环节可以将客服分为(　　　)。

A. 售前客服　　　　　B. 售中客服　　　　　C. 售后客服　　　　D. 投诉客服

(3)微信公众号包括(　　　)。

A. 订阅号　　　　　B. 服务号　　　　　C. 活动号　　　　D. 企业号

(4)随着互联网技术的快速发展,微博已经成为我们获得新闻的主要渠道之一,从网络营销的角度进行分析,作为当前主要的信息门户,微博相较于传统的信息渠道,下面哪些优点的描述是正确的?(　　　)

A. 微博让信息更加立体化,打破了传统的信息输出者与信息接收关系。

B. 微博更加高速化,可以让受众第一时间获得实时的消息。

C. 微博更加便捷,随着4G网络的普及,无论企业或者个人,只要有介质(手机、平板、电脑等),都可以畅游微博。

D. 微博信息的广泛性,可以在第一时间让受众获得海量的知识,让知识迸发出联想的火花。

(5)电子商务客服的作用有(　　　)。

A. 塑造公司形象　　　　　　　　　　B. 提升客户成交率

C. 提高客户回头率　　　　　　　　　D. 提升网站流量

3. 判断题(正确的画"√",错误的画"×")

(1)生意参谋中流量分析主要包括流量概况、流量地图、访客分析及装修分析四个内容。
　　　　　　　　　　　　　　　　　　　　　　　　　　　　　　(　　)

(2)变相折价促销是指在不提高或者稍微增加价格的基础上,增加产品的分类或者提高产品的质量。　　　　　　　　　　　　　　　　　　　　　　　　(　　)

(3)客户关系指标是网络营销评价标准之一。　　　　　　　　　　(　　)

(4)广义地讲,买主和卖主之间的在线资金交换被称为现金结算。　　(　　)

(5)所谓"秒杀",就是网络卖家发布一些超低价格的商品,所有买家在同一时间网上抢购的一种销售方式。　　　　　　　　　　　　　　　　　　　　　(　　)

4. 简述题

(1)谈谈微博和微信的区别。

(2)请写出退货流程图。

项目 6   改善和提高网店经营

项目综述

通过淘宝站内和淘宝站外等多种手段,陈功和王创的淘宝店铺推广也有一段时间了,效果如何? 是继续按现有模式经营,还是需要怎样做调整? 他们发现店铺日常经营过程中时常会出现一些问题,直接影响了店铺的运营。为了解决这些问题,团队需要学会数据分析,并运用数据支撑营销活动的实施。

项目目标

通过本项目的学习,应达到的具体目标如下:

知识目标

了解淘宝店铺数据分析指标

➢ 掌握淘宝数据分析的相关工具

➢ 掌握提高店铺转化率的方法

➢ 了解网上交易的相关法律法规

能力目标

➢ 懂得分析市场行情以及流量来源数据

➢ 会利用店铺数据来调整营销策略

➢ 熟悉网络法律环境

情感目标

➢ 能从经营管理者的角度制定营销目标,开展营销活动

➢ 能有一定的法律意识

项目任务

任务 1　分析店铺数据

任务 2　提高顾客转化率

任务 3　防范网上交易法律风险

任务 1　分析店铺数据

情境设计

陈功和王创的智赢家网店在经营了一段时间后陆续出现了一些问题,为此他们开始对店铺流量、商品交易数据等进行详细分析,力求从数据源头找出问题的关键,也为后续营销活动提供有力的支撑。

任务分解

陈功和王创要对一个月以来的营销推广活动进行总结,为此他们收集了大量的店铺数据,分析发现虽然店铺访客数提高了,但是浏览量却下降了,跳失率也跟着上升。访客中基本上都是新访客,很少有老访客,问题出在哪里? 为了解决这个问题,他们开始对店铺运营进行全面系统的分析。

本任务有 3 个活动,即通过取数分析,对流量来源数据分析,以及对交易数据分析来掌握智赢家网店目前的经营状况,了解消费者的需求,从而有针对性地调整营销策略。

活动 1　分析市场行情

活动背景

目前网上交易平台越来越重视买家的搜索体验,平台排名规则倾向于根据买家的行为来识别买家的偏好,买家更喜欢的产品排序会更加靠前。作为卖家的创业者,要及时了解自身所在的行业动态信息,从中挖掘出买家的需求点,也为自家的店铺引来更多的顾客。因此,王创和陈功决定收集智赢家网店的运营数据,并分析客户的购买偏好。

活动实施

> **知识窗**
>
> 淘宝网的"生意参谋"是商家统一数据产品平台,也是大数据时代下赋予商家的重要平台,集数据作战室、流量来源分析、商品分析、竞争情报等数据产品于一体。它最早是应用在阿里巴巴 B2B 市场的数据工具,后来分别整合量子恒道、数据魔方等资源,最终升级成为阿里巴巴商家端统一数据产品平台。2016 年生意参谋累计服务商家超 2 000 万,月服务商家超 500 万;在月成交额 30 万元以上的商家中,逾 90%在使用生意参谋;在月成交金额 100 万元以上的商家中,逾 90% 每月登录生意参谋天次达 20 次以上。

【做一做】使用淘宝网的"生意参谋"分析市场行情,取得数据分析结果。

1. 分析市场行情

进入"卖家中心"→"营销中心"→"生意参谋"→"市场"→"市场行业",卖家可以在右窗口查看大盘走势,如图 6.1.1 所示。

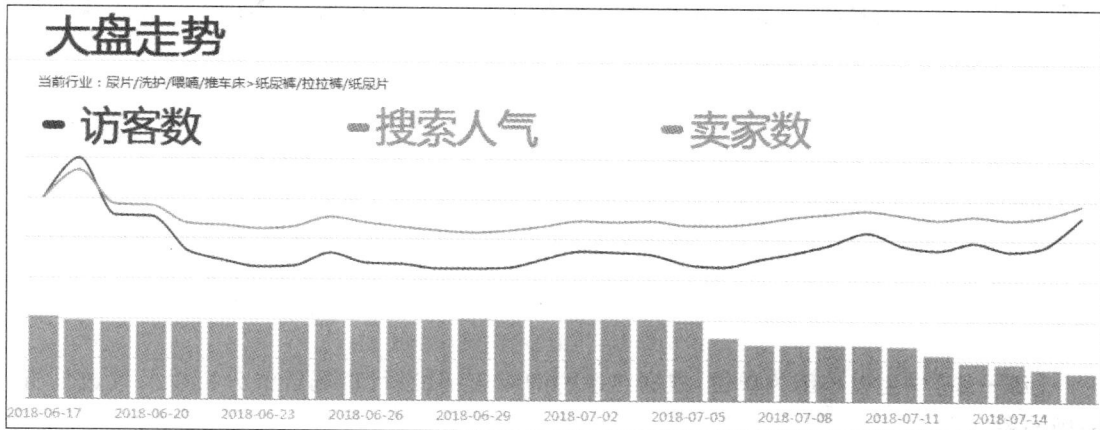

图 6.1.1　行业走势图

从上述数据看出,在最近的一个月里店铺所在行业的访客数和搜索人气总体趋势是上升的,但是卖家数却在减少。因此,可以初步判断行业市场需求还是存在一定的空间,如条件允许可以考虑扩大规模。同时,行业排行中还可以清楚地看到一些店铺的交易指数,行业的商品交易数据,也可以看到行业热门的搜索词,如图 6.1.2 所示。

图 6.1.2　行业排行图

2. 获得指标分析结果

进入"卖家中心"→"营销中心"→"生意参谋"→"取数"→"取数分析",可以根据不同的维度,选取想要分析的数据指标,进行自由选择和组合,根据不同的显示结果,优化网店内部信息,如图 6.1.3 所示。

店铺经营核心日报 ✕

数据粒度：**店铺**　　时间范围：**最近30天(2018-06-16~2018-07-15)**　　时间周期：**自然日**

数据维度：**店铺整体**　　创建人：**系统**

统计日期	访客数	支付金额	老买家支付金额	支付件数	客单价	支付转化率
2018-07-13	1	0	0	0	0	0
2018-07-12	1	0	0	0	0	0
2018-07-11	2	0	0	0	0	0
2018-07-09	2	0	0	0	0	0
2018-07-06	1	0	0	0	0	0
2018-07-05	1	0	0	0	0	0
2018-06-27	2	0	0	0	0	0

图 6.1.3　店铺经营核心日报

【**练一练**】学生以小组为单位,根据自建的淘宝店铺,进行市场行情分析以及取数分析,并填写填 6.1.1。

表 6.1.1　市场行情数据分析

任务名称	店铺行情数据分析
店铺名称	
商品类目(行业)	
行业走势截图	
行业走势分析 (说明访客数,搜索人气以及卖家数的发展趋势)	
行业排行截图	
行业排行分析 (说明同行前 10 的店铺以及它们的优点,列出行业热门的搜索词)	

友情提示

在"生意参谋"的市场行情的数据分析中,分为专业版和标准版,使用时需要单独付费。

活动评价

通过市场行情的数据分析,我们可以对网店经营中可能遇到的风险进行预测,同时可以进行取数分析,动态地掌握目前店铺的实时状况,方便记录和总结。

活动2 分析流量数据

活动背景

通过市场行情分析,王创和陈功团队已经初步了解行业卖家竞争趋势及买家的需求量,他们利用店铺现有的销售数据,分析流量来源、转化情况等信息,再通过购买行为分析消费需求,有效地指导后期的营销活动。

活动实施

> **知识窗**
>
> 流量分析能展现全店流量概况、流量来源及去向、访客分析。流量是店铺的生命线,是淘宝卖家每天都需要关注的数据。我们如何去看店铺的流量是否健康呢?如发现流量下滑了,尤其是持续地大幅度下滑了,应该如何迅速把脉并找到问题所在呢?

【做一做】使用"生意参谋"实施流量看板分析、店铺来源分析和访客分析,查看顾客访问流量,了解顾客来源、购买偏好等信息。

1. 流量看板分析

进入"卖家中心"→"营销中心"→"生意参谋"→"流量"→"流量分析"→"流量看板",卖家可以在右窗口中查看流量总览,如图6.1.4所示。

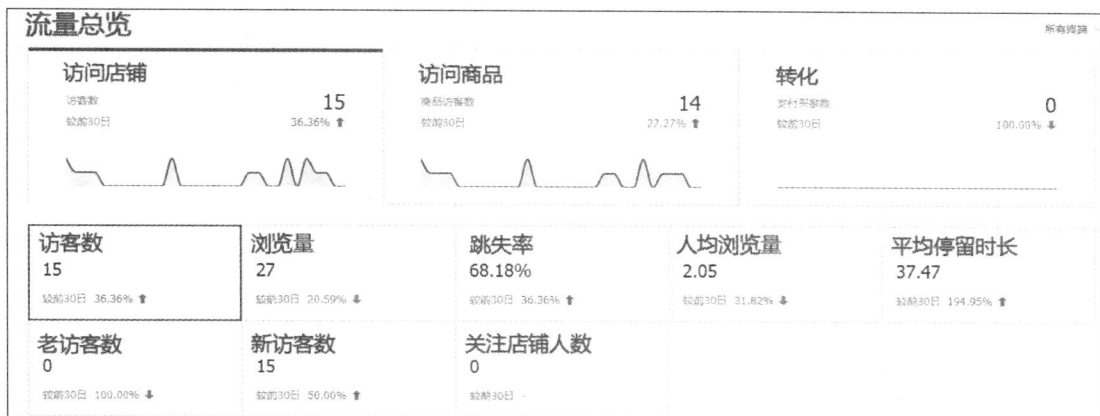

图6.1.4 流量总览

"流量看板"是网店整体流量情况的概貌,能够帮助卖家了解网店整体的流量规模、质量、结构,并了解流量的变化趋势。可以看到当天(月)的流量总情况,包括访客数、浏览量、跳失率、人均浏览量和平均停留时间,也可以自定义查询的时间,查看以前的流量数据。

2. 店铺来源分析

进入"卖家中心"→"营销中心"→"生意参谋"→"流量"→"流量分析"→"店铺来源",卖家可以在右窗口查看流量来源构成,如图6.1.5所示。

流量来源构成旨在帮助我们看清网店的流量入店来源,对流量地图的分析使用,可以针对 PC 和无线两个终端切换进行。我们需要关注同行的引流模式,了解高流量渠道、高转化渠道、卖家网店尚未覆盖的流量渠道等信息,对于高流量高转化渠道可以优先拓展,及时调整营销策略。

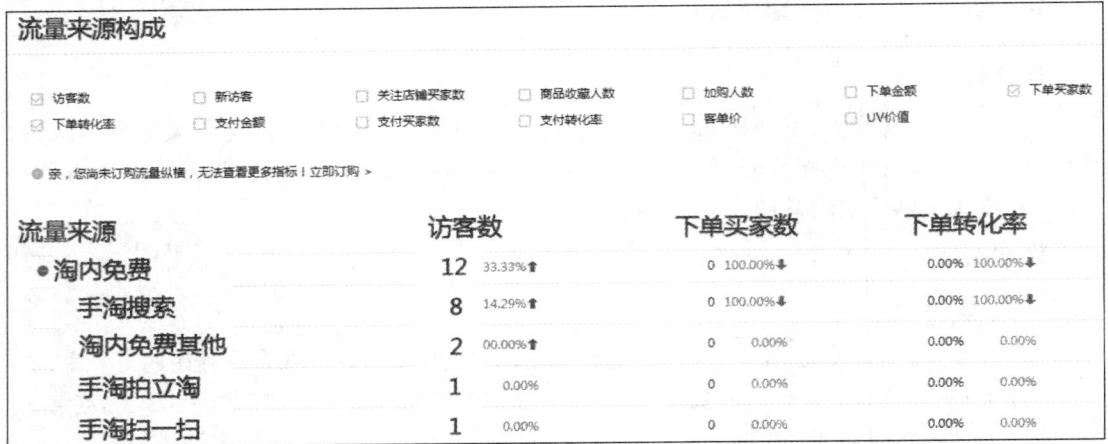

图 6.1.5　流量来源构成(无线端)

3.访客分析

进入"卖家中心"→"营销中心"→"生意参谋"→"流量"→"流量分析"→"访客分析",卖家可以在右窗口中查看客户分布的详细情况,如图 6.1.6 所示。

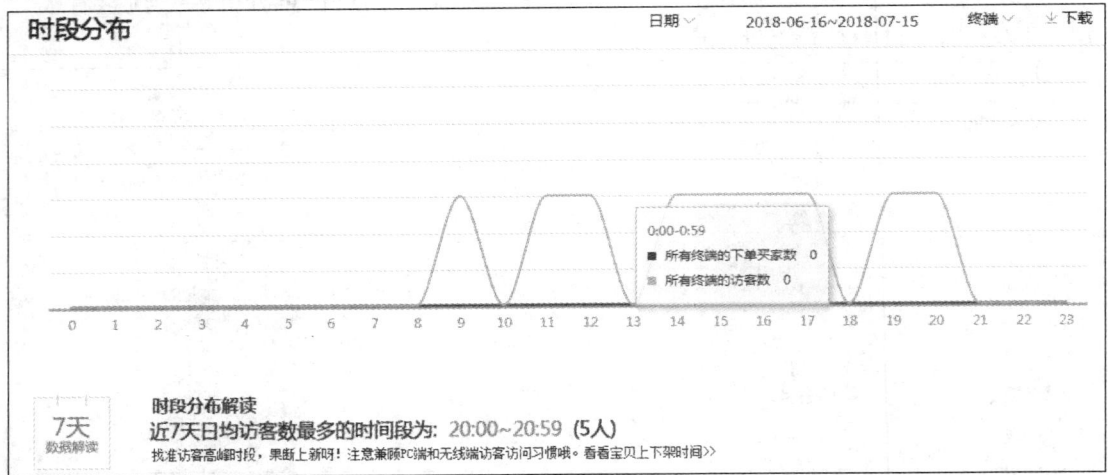

图 6.1.6　访客时段分布

从上图可见,根据时段分布得知访客最多的时间段是 20:00—20:59,因此可以选择在这个时间段进行商品上下架,从而增加商品的曝光度,提高转化率。然后查看地域分布,发现访客集中来自湖南省,初步判断这些地区将是我们要重视的一个运营区域,提升流量转化,如图 6.1.7 所示。

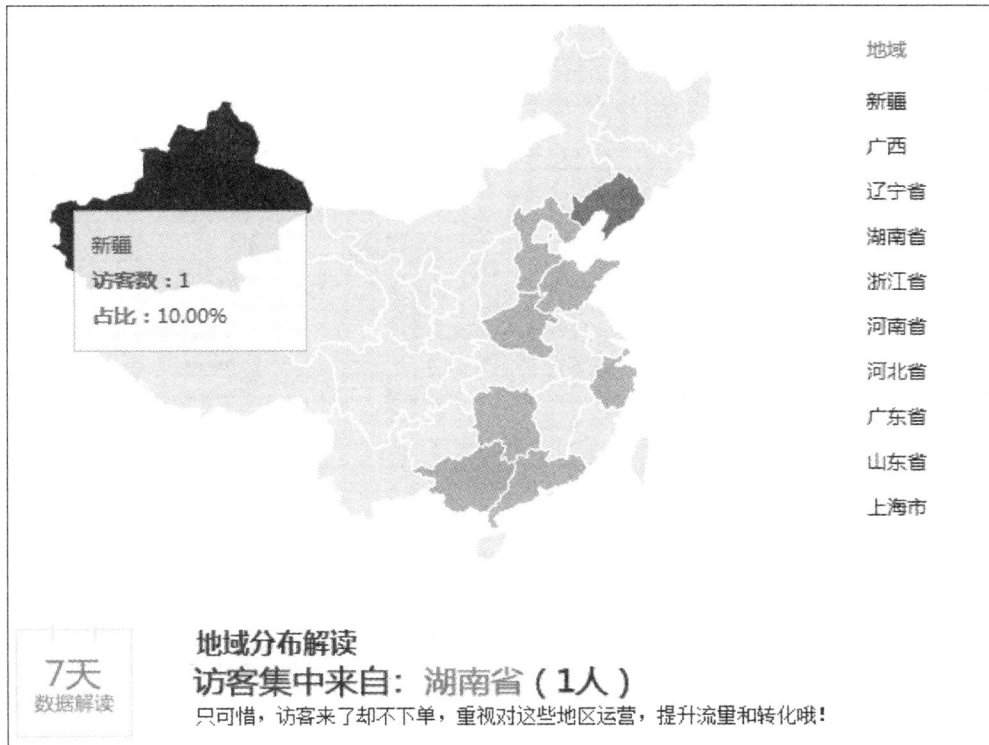

图 6.1.7　访客地域分布

接着对访客的特征分布进行分析,根据消费层级数据,调整产品价格,为产品进行新定价,如图 6.1.8 所示。根据新老客户数据,需要改进老客户维护对策,调整产品质量和服务,以便提高重复购买率和客户黏性。

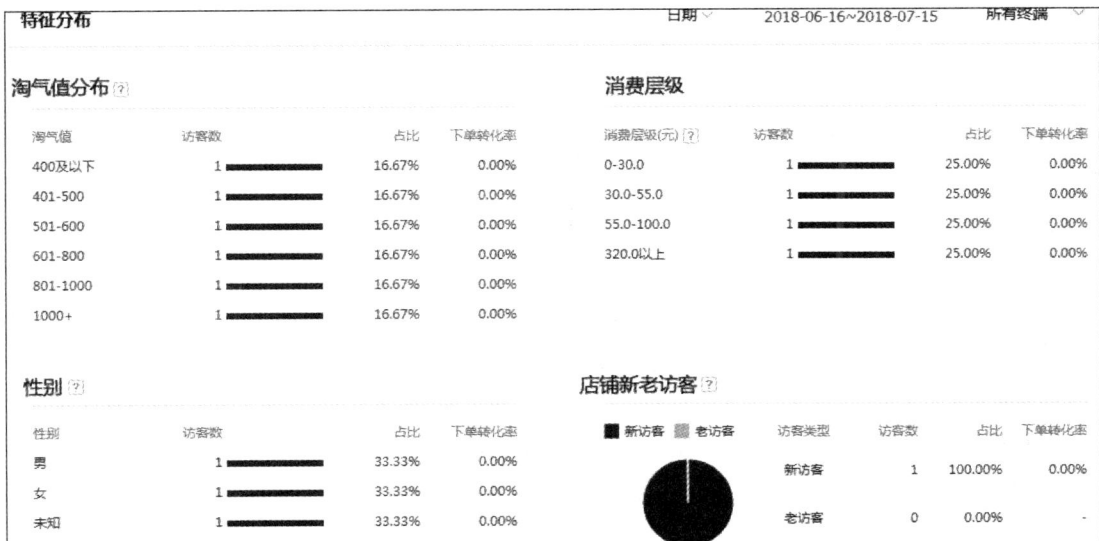

图 6.1.8　访客特征分布

最后查看访客行为分布,通过这个分布基本可以判断网店的核心词。把日期选择为30天平均,这样会更加准确。选择之后,显示的关键词基本是网店引流最重要的几个关键词,需要我们重点维护。关键词代表的是客户的需求,只有满足客户需求才会提高网店转化率,如图 6.1.9 所示。

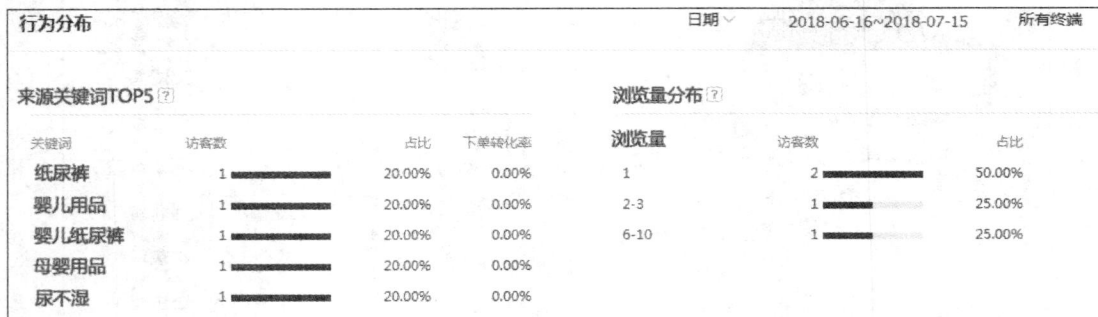

行为分布				日期∨　2018-06-16~2018-07-15		所有终端
来源关键词TOP5 ?				浏览量分布 ?		
关键词	访客数	占比	下单转化率	浏览量	访客数	占比
纸尿裤	1	20.00%	0.00%	1	2	50.00%
婴儿用品	1	20.00%	0.00%	2-3	1	25.00%
婴儿纸尿裤	1	20.00%	0.00%	6-10	1	25.00%
母婴用品	1	20.00%	0.00%			
尿不湿	1	20.00%	0.00%			

图 6.1.9　访客行为分布

【练一练】学生以小组为单位,根据自建的淘宝店铺,进行流量来源数据分析,并填写表6.1.2。

表 6.1.2　流量来源数据分析

任务名称		流量来源数据分析
网店名称		
流量来源构成	无线端数据截图	
	PC 端数据截图	
访客分析	访客时段分布图	
	分析结果	
	访客地域分布图	
	分析结果	
	访客特征分布图	
	分析结果	
	访客行为分布图	
	分析结果	

活动评价

通过流量来源数据分析,得知目前店铺访客来源分布结构正常,但是店铺的转化率偏低,其次店铺详情页还需要进一步优化。

活动3　分析商品及交易数据

活动背景

王创和陈功团队通过市场行情和流量数据分析已经大致诊断出店铺的问题,统计、分析商品及交易数据;不仅对他们实现销售目标,加强店铺终端管理,提升店铺评价及实施店铺内部资源整合有很大帮助,对于品牌经营还具有决策性作用。

活动实施

> **知识窗**
>
> 商品分析能提供店铺所有商品的详细效果数据,包括商品概况,商品效果,异常商品,分类分析等;交易分析包括交易概况和交易构成,可从店铺整体到不同粒度细分店铺交易情况,方便商家及时掌握店铺交易情况,同时提供资金回流行动点。为制定和修正网络营销策略提供依据,有利用于店家进行很好的市场定位,掌握网店推广的效果,减少盲目性。

【做一做】使用"生意参谋"进行商品分析和交易分析,了解顾客购买商品数据以及交易偏好等信息。

1. 商品分析

进入"卖家中心"→"营销中心"→"生意参谋"→"商品"→"商品分析"→"商品概况",卖家可以在右窗口中查看商品信息总况,如图6.1.10所示。

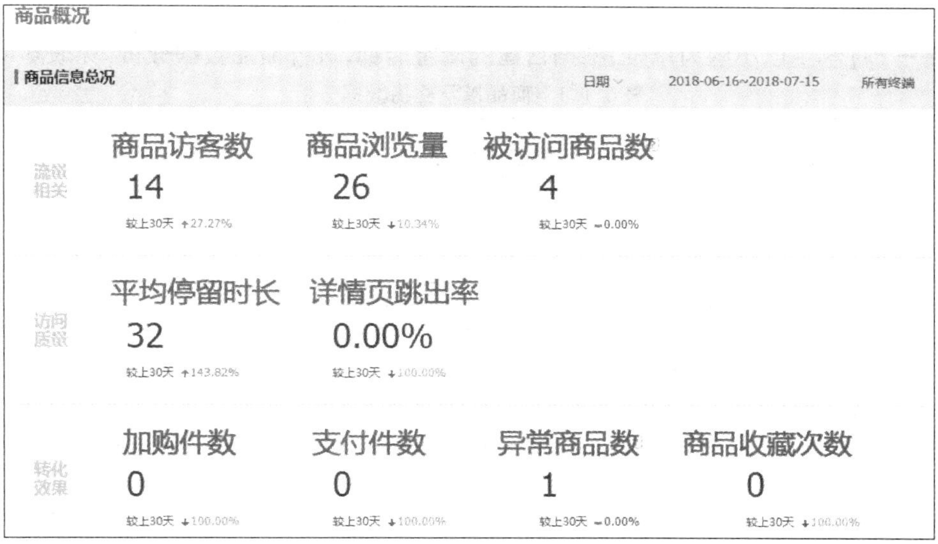

图6.1.10　商品概况图

在"生意参谋"的商品概况中卖家可以看到网店的访客数、浏览量、被访问商品数、平均停留时长等数据,对于前一天和上周同期的,甚至是一个月内的情况。如果某些数据出现异常,卖家就要第一时间去网店优化好那些数据。例如:异常商品有1个。通过数据分析可以找出异常商品是流量下跌所致,我们可以通过优化商品标题和描述,使用"营销推广"功能,或其他营销手段进行引流。但如果是比较小的数据波动,可以不去优化。

2. 交易分析

进入"卖家中心"→"营销中心"→"生意参谋"→"交易"→"交易分析"→"交易概况",卖家可以在右窗口中查看交易总览,如图 6.1.11 所示。

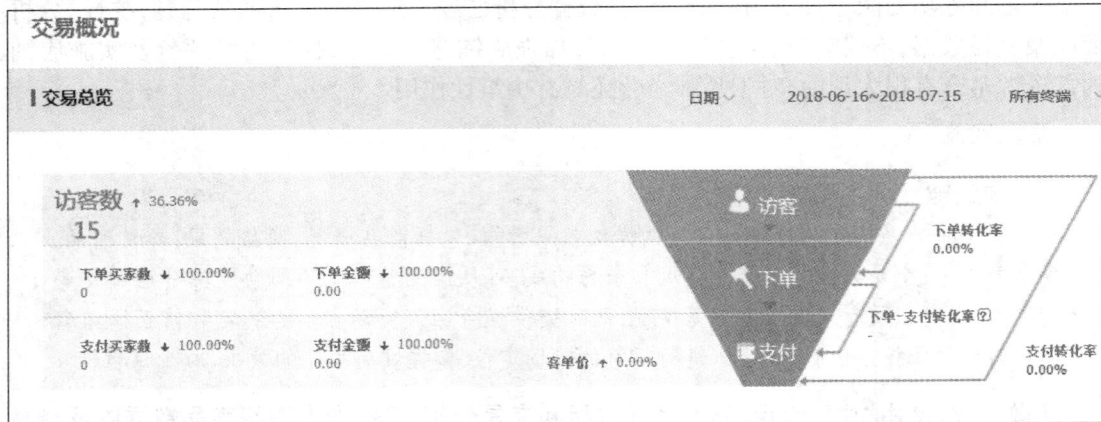

图 6.1.11 交易总览图

"生意参谋"可展示交易总览、交易构成、交易明细等网店交易的相关数据。卖家可以看到访客数量、下单的买家数、支付金额、下单转化率、支付转化率等信息。通过对这些数据的分析,能及时发现目前店铺商品存在的问题以及营销策略上的失误,以便于及时予以调整,如优化商品详情页,提高商品转化率,提升优惠力度,打造爆款等。

【练一练】学生以小组为单位,根据自建的淘宝店铺,进行商品数据分析(见表 6.1.3)。

表 6.1.3　商品以及交易数据分析

任务名称		商品以及交易数据分析
网店名称		
商品数据分析	商品概况图	
	分析结果	
交易分析	交易总览图	
	分析结果	

活动评价

通过商品以及交易数据分析,寻找出规律,更好地记录和改善当前存在的问题。

合作实训

_____项目实训书

实训项目:练习数据分析的方法

实训要求：

（1）3～5 人一组协同完成任务。

（2）将分析结果写在活页纸上。

（3）请每组同学派一名代表上台分析结合。

实训内容：淘宝作为目前国内较大的电子商务网站，它有很多数据可以为我们所用，比如通过淘宝指数可以知晓畅销商品、主流消费者人群等数据，因此我们要学会从这里得到一些免费的大数据。请每组协同完成以下任务：

（1）长周期趋势：淘宝上连衣裙的搜索趋势是怎样的？

（2）人群特征：淘宝上购买 OPPO 手机的都是什么样的人？

（3）成交排行：最近 7 天淘宝最火的搜索词、行业和品牌是什么？

（4）市场细分：北京女白领和大学生都购买什么面膜？

任务 2 提高顾客转化率

情境设计

在互联网数据爆炸或增长的今天，电子商务网店同质化竞争异常激烈，如何运用新技术打造全新的盈利模式，做好差异化经营，是王创和陈功团队需要解决的又一难题。要摆脱同质化竞争，他们需要掌握多种数据，以便更清晰地了解消费者的需求，如选择哪些商品可以吸引更多的客户？怎样用最少的钱引入最多的流量？怎样把网站访客的转化率从 1％ 提升到 5％？怎样选择给哪些老客户优惠？怎样把每个客户在网站上的单次消费金额从 100 元提升到 150 元？这些问题让他们觉得关键是要提高转化率。

任务分解

陈功和王创通过分析店铺数据，掌握了目前网店的经营状况，他们决定调整产品组合，进行差异化经营。于是他们采取了提高顾客转化率的一系列措施。

本任务有 3 个活动，通过推出热销商品、调整完善商品详情页和提升客服水平，改善和提高网店经营，提高转化率，增加销售量。

活动 1 推出热销商品

活动背景

王创和陈功团队通过店铺数据分析，明确了哪几款商品深受消费者欢迎，他们决定对产品进行组合，加强视觉营销，让消费者访问店铺查看商品后有购买的冲动，从而实现销售目标。

活动实施

> **知识窗**
>
> 　　热销商品是市场上销路很好、没有积压滞销的商品。热销产品与新旧没有直接的关系,它可能是新商品,也可能是旧商品。在淘宝商城,单品入口的流量通常超过主页的热卖商品,权重高的商品会被推荐到前面,为整个店铺带来巨大的流量。因此,可以推出热销商品,以高性价比产品为诱饵,引导客户完成第一次体验,然后用具有竞争力的产品和服务吸引顾客后续购买,提升整个店铺的销售量。

【做一做】选择并推送热销商品。

可按以下步骤完成热销商品的设计和推送。

第1步:选出计划推出的热销商品。

第2步:精心设计好热销商品的促销主题、促销内容和宣传词。

第3步:加入店铺 LOGO 和价格等内容。

第4步:通过图片编辑软件完成热销的商品图片,如图 6.2.1 所示。

第5步:在店铺首页的显著位置发布热销商品信息。

图 6.2.1　热销商品样式

【练一练】学生以小组为单位,根据自建的淘宝店铺,设计 6 款热销商品,商品必须包括店铺 LOGO 和促销信息。

活动评价

通过设计热销商品,进一步了解店铺经营情况,产品进行重新组合,提高销售量。

活动2　完善商品详情页

活动背景

王创和陈功团队通过商品数据分析,了解到自家店铺商品详情页存在核心卖点不突出,缺乏细节对比描述等问题,顾客进来后没有停留很长时间,团队决定对店铺商品详情页进行调整,形成统一风格。

活动实施

> **知识窗**
>
> 商品详情页就是商品描述页。从引流到转化,它起到重要的作用。商品详情页不仅需要突出商品的核心卖点,还要加入促销信息,激发消费者的需求,从而达成交易。但需要注意的是,尤其对于中小卖家,保证自己的商品细节实拍原创,不要盗图。将自己商品最细节的一面诚实地展现给消费者,让消费者在图片上看到的与自己收到的商品相符,从而赢得好评。做好宝贝详情页面的卖家,会更能抓住消费者的心理特点,有利于促发多次购买。

【做一做】审核网站现有的商品详情页,找出不足之处,然后进行完善。

1. 审核商品详情页内容

对商品详情描述页进行审核,审核的时候要注意以下问题:

(1)商品详情描述页内容是否满足基本要求? 每个商品至少要包含"商品展示""促销信息""支付与配送信息""售后服务信息"等内容。

(2)内容是否设计完善,能够激发消费者购买欲望? 商品展示能够全面展现商品属性、参数(不低于6项),且与对应商品相符;商品展示能够体现商品的特点与卖点,且翔实、准确;商品展示能够体现对应的商品细节等。

(3)商品促销信息是否包含能够体现以促销为目的的宣传标语或文案? 内容是否具有吸引力,能够吸引买家阅读,且不出现超越商品本身价值和功能范围的描述?

(4)商品支付与配送信息是否能够明确说明支付与配送方式? 商品售后服务信息是否能够体现网店售后服务承诺?

2. 优化商品详情页

对商品页进行以下的优化设计,让布局更美观。

(1)将商品描述调整为图片与文字相结合的形式,能够描述清晰该商品的各项信息,如商品属性/参数、商品展示、促销信息、支付与配送信息、售后服务等内容。

(2)将纯文本形式的商品描述重新细致设计,能够清晰描述该商品的各项信息(商品属性/参数、商品展示、促销信息、支付与配送信息、售后服务内容);注意商品描述不能为纯图片,且图中未包含任何文字描述。典型样例的模块分解如图6.2.2—图6.2.6所示。

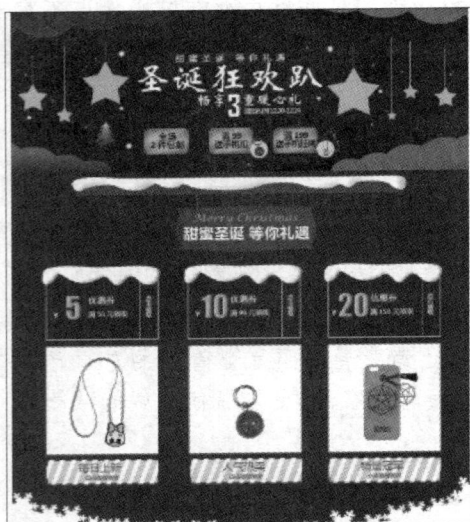

图 6.2.2　促销信息（优惠券）

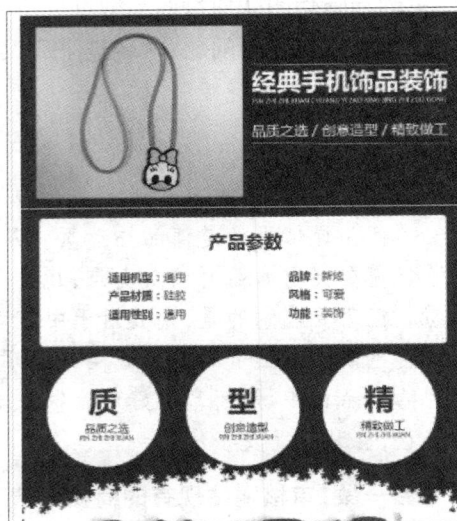

图 6.2.3　产品参数

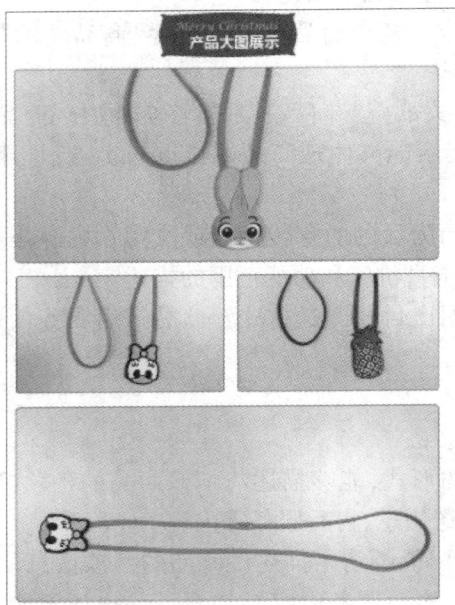

图 6.2.4　产品展示

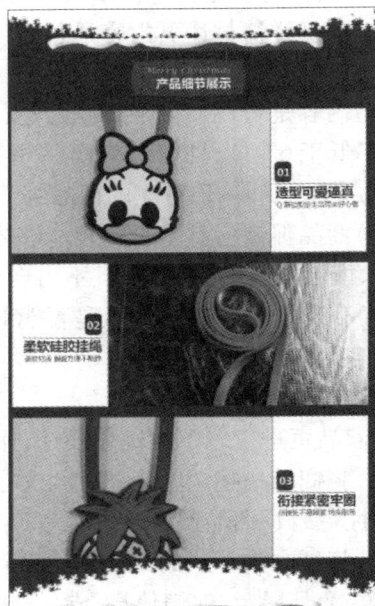

图 6.2.5　产品细节展示

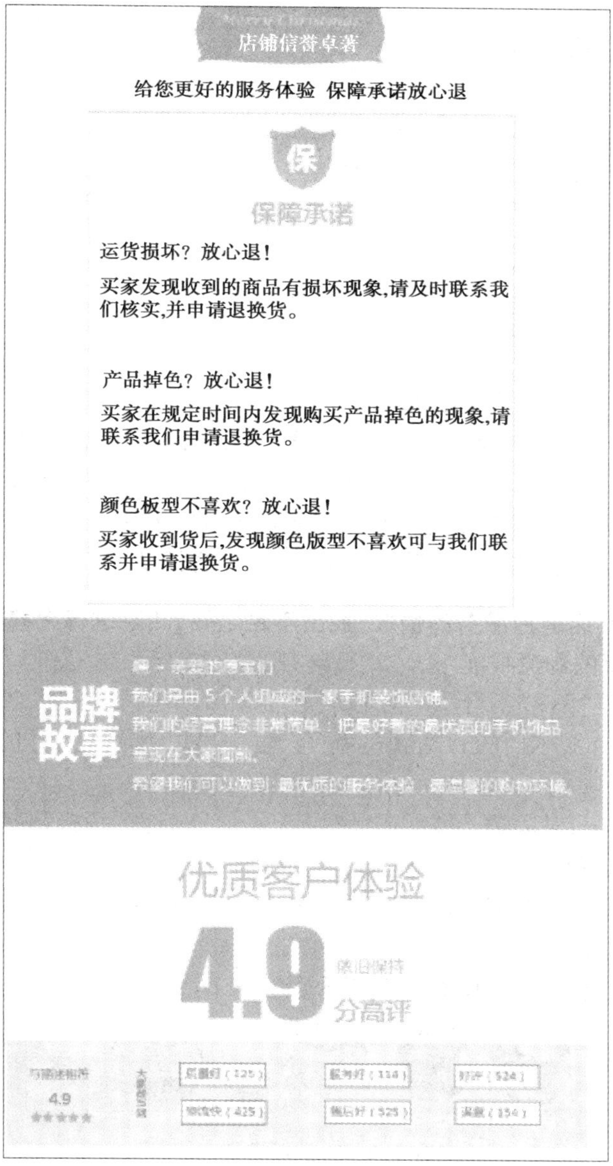

图 6.2.6　售后服务信息

【练一练】学生以小组为单位,根据自建的淘宝店铺,设计宝贝详情页。

活动评价

通过设计商品详情页,展示商品的卖点、商品的独特之处,让消费者浏览后能激起购买冲动,增加销售量。

活动3　提升客服水平

活动背景

王创和陈功的店铺进行大力推广后,访客咨询量显著提升了,但是转化率还是不高。他们渐渐发现客服仅会使用聊天工具沟通远远不够,客服的接待方法与技巧对转化率十分重要。

活动实施

> **知识窗**
>
> 　　网店客服是指在开设网店这种新型商业活动中,利用各种通信工具,并以即时通信工具(如旺旺、QQ 等)为主的,为客户提供相关服务的人员。网店客服的分工已经达到相当细致的程度,有通过 IM 聊天工具、电话,解答买家问题的客服;有专门的导购客服,帮助买家更好地挑选商品;有专门处理投诉的客服;还有专门帮店主打包的客服等。网店客服在塑造店铺的形象,提高成交率,提高客户回头率上起到重要的作用。

【做一做】梳理网店客户服务的情况,找出不足之处,然后进行完善。

1. 提高网店客服的沟通技能

(1)尽量不出现:"不""不行""不可以""不能""不知道""不少"之类的带"不"的词语。因为给人高姿态,求你买东西的感觉。一个聊天过程出现了 3 次这样的字眼,这个交易基本上告吹。

(2)不用一字回复:"哦""嗯""啊""哭""汗""晕"。这类消极语句会给顾客不耐烦、很忙、不专注、不负责的感觉。

(3)回复字数不能比顾客问题字数少,顾客 3 个字,你多送 2 个。他问 100 个,你也得回复 100 个,以示尊重和诚意。

(4)不要发消极类型表情,图 6.2.7 所示。

图 6.2.7　消极类型表情

(5)建议多发积极可爱类型表情,如图 6.2.8 所示。

图 6.2.8　积极类型表情

(6)永远做最后一个回复的客服。

2. 提高网店客服工作技巧

（1）促成交易技巧：利用"怕买不到"的心理；抓住顾客希望快点拿到商品的心理；当顾客一再出现购买信号，却又犹豫不决拿不定主意时，可采用"二选其一"的技巧来促成交易；即帮助准顾客挑选，促成交易；巧妙反问，促成订单；积极推荐，促成交易。

（2）时间控制技巧：除了回答顾客关于交易上的问题外，适当聊天，可以促进双方的关系；要控制好聊天的时间和进度；聊到一定时间后可以以"不好意思我有点事要走开一会儿"为由结束交谈。

（3）说服客户技巧：调节气氛，以退为进；争取同情，以弱克强；消除防范，以情感化；投其所好，以心换心；寻求一致，以短补长。

3. 提高网店客服的工作效率

提高客服工作效率，针对常见的问题，可以设置快捷短语进行快速回复，如图6.2.9所示。

提高客服工作效率，还可以对客服进行绩效管理，包括以下3个方面：

（1）客服销售量：接待量的多少直接反映客服人员的工作效率和工作积极性。

（2）询单转化率：支付转化是客服人员的核心工作，也是考核客服人员的最重要指标。

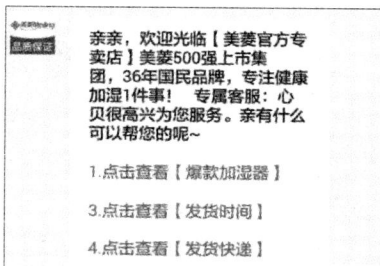

图6.2.9 设置快速回复

（3）多维度对比：为管理者提供了最具价值的一线工作效率数据。

练一练

学生以小组为单位，根据自建的淘宝店铺，查找一个月内的聊天记录，按时间倒序查找一些顾客重复提出的常见问题，然后设置快捷短语进行快速回复。

活动评价

通过对客服沟通技能和工作技巧的培训，并开始实施客服的绩效管理，能取得店铺销售量逐渐提升的效果。

合作实训

_____项目实训书

实训项目：情景模拟——客户异议的处理

实训要求：

（1）一个小组协同完成任务。

（2）将顾客可能出现的异议写出来（至少5个问题）。

（3）请每组同学派两名代表上台扮演客服人员和顾客进行异议处理。

实训内容：淘宝客服在工作中会遇到各种类型的客户，身为一名合格的网店客服，要随时能够"耳听六路、眼观八方"，用你的智慧去处理顾客的异议。请列出常见问题以及解决办法，如表6.2.1所示。

表 6.2.1　模拟淘宝客服对话

问 题	提出背景	解答参考
别家网店都送礼物了,你们家怎么这么死板	其他网店也许做活动	(1)亲,您看中的这款现在都是一分钱一分货的哈,咱家这样的价格也是没有什么利润的呢。但是咱家宝贝质量是绝对有保证的哈。有问题您可以直接我们,我们会为您提供最好的售后服务,处理好您的一切问题
		(2)亲,真的非常抱歉!不同的店铺宝贝的利润和质量都是不一样的哦。咱家这样低利润的商品暂时没有准备什么礼品赠送,宝贝的质量好就是最好的礼品啦!亲,您说是吧
你家网店卖得比其他家贵	顾客试探	呵呵,产品不是用价格衡量哦,我们以高品质、优质服务赢得消费者信任,亲更乐意买到价值超值的产品吧
⋮	⋮	⋮

任务 3　防范网上交易法律风险

情境设计

互联网在给创业者带来便利和快捷的同时,它的全球性、虚拟性和政府监管不到位等特点也带来了很多不确定性。随着业务的开展,陈功和王创几次遇到因商品退货约定不清而被客户投诉,导致产品虽然售出但货款却没能收回的问题,这让他们认识到网上交易存在着不少风险。

任务分解

在创业过程中,降低或规避可能遇到的风险,减少创业过程遭受打击。王创和陈功从书店买来介绍电子商务法律法规的书籍,还从网上收集了不少电子商务交易问题的案例。他们在学习认识网上交易法律风险之后,还要学会设法规避这些风险。本任务由了解网上法律风险和规避网上法律风险两个活动构成。

活动 1　了解网上交易法律风险

活动背景

网上交易通过现代信息技术和互联网进行信息交流、洽谈、签订合同乃至履行,效率高,成本低。但交易双方在了解对方的真实身份、信用情况、履约能力等方面会有一定难度,存在一定的违约和欺诈风险。王创和陈功认识到网上交易需注意防范风险,于是开始学习网上交易的法律法规和网上交易规则等相关知识。

活动实施

　　知识窗

　　　　网上交易法律是指调整计算机网络环境下开展的,以数据电文为交易手段而形成的电子交易法律关系的法律规范的总称。我国企业从事网上交易的法律风险主要来自两个方面,一是企业不熟悉甚至是不了解、不遵守电子商务法律;二是我国网上交易自身的不完善,导致容易违反相关法律法规。由于网上交易与传统交易存在显著差别,对于刚刚开始网上创业的人而言,容易产生一些影响交易进行的问题,从而导致触犯法律法规。网上交易的法律风险主要有电子合同风险、知识产权侵权风险和电子商务企业交易许可风险等。

【做一做】查阅我国《合同法》《电子签名法》《网络交易管理办法》《网络商品交易及有关服务行为管理暂行办法》《第三方支付管理办法》等关于网上商店经营的规定,从中了解以下可能出现的法律风险:

　　1. 未满足开展网上交易的条件

　　《网络交易管理办法》第七条规定:从事网络商品交易及有关服务的经营者,应当依法办理工商登记。从事网络商品交易的自然人,应当通过第三方交易平台开展经营活动,并向第三方交易平台提交其姓名、地址、有效身份证明、有效联系方式等真实身份信息。具备登记注册条件的,依法办理工商登记。此外,企业通过设立网站经营电子商务时,应当向省、自治区、直辖市电信管理机构或者国务院信息产业主管部门申请办理互联网信息服务增值电信业务经营许可证,即经营性 ICP 证。

　　如果不了解电子商务所应遵从的这些特别规定,依然简单地按照线下传统方式来进行网上交易,很可能在无意识的状态下违反了相关法律法规。请检查你的网上创业项目是否具备了以下条件。

　　(1)是否具备法人资格或网上交易资格?

　　(2)提供实物(服务)交易是否得到批准?

　　(3)在线支付是否安全?

　　(4)是否有报备独立的固定网址?

　　(5)商品(服务)描述是否准确,有没有虚假宣传? 是否明码标价?

　　(6)服务功能是否完善、方便? 咨询服务、退换货服务、三包服务、赔偿服务等是否在网站页面上明显标出?

　　友情提示

　　　　在经营过程中,创业者一方面要确保自己创办的企业及网站具备以上条件,另一方面也要注意自己购买商品和服务的供应商是否也具备以上资质和条件。

　　2. 涉足法律禁止经营的商品

　　我国《药品电子商务试点监督管理办法》《网购保税模式跨境电子商务进口食品安全监

督管理细则》以及地方性的法规《北京电子商务监督管理暂行办法》等对网上交易的商品有一些限制规定,如:

(1)不得为非法经营者和非法交易提供服务。

(2)不得为无资质的商户销售有害有毒物品、药品、危险化学品等特殊商品提供服务。

(3)未经审批不得经营药品、医疗器械等特殊商品。例如处方药品在网络上是不允许随意销售的。

如果网上店铺销售的商品涉及违反相关的法律法规,经营者将会受到法律的制裁。

阅读案例

2017 年 2 月 13 日,谢某在孟某开设的淘宝海外代购网店下单拍了 30 瓶 healthy care 辅酶 Q10。这是一款澳大利亚保健产品,在孟某的淘宝店里一瓶卖 199 元。获得 46 元优惠后,谢某拍下了实际总价为 5 924 元的商品。收到孟某邮寄的产品后,谢某以家里老人觉得太贵为由要求退货,孟某同意将上述货品进行退货。2017 年 3 月 2 日,谢某以涉案产品无中文标签,含辅酶 Q10 为由将孟某起诉至成都市龙泉驿区人民法院,要求孟某赔偿谢某运费损失 50 元,并承担货款 10 倍,即 59 700 元的赔偿责任。2017 年 4 月 17 日,成都市龙泉驿区人民法院公开开庭审理此案。孟某作为被告未到庭参加诉讼。法院以涉案产品未加贴中文标签,作为普通食品违规添加辅酶 Q10 为由,支持了谢某的诉讼请求,判决孟某支付谢某赔偿金 59 240 元(选自《2017—2018 年度中国电子商务法律报告》)。

3.违反国家税收规定

《网络交易管理办法》和国家税收相关法律规定,进行网上交易的企业或卖家必须依法办理工商登记,并在此基础上正常纳税。但对于个人网店未明确要求必须要工商登记注册,这意味着相当一部分的 C2C 个人卖家可以暂时不必办理工商登记,而是由电子商务平台进行认证及管理,从而容易让个人卖家出现未按规定纳税的问题。

鉴于依法纳税是每个公民应尽的义务,违反税收管理规定将受到法律的惩罚,创业者需认真对待纳税事宜。

阅读案例

利用网络交易偷税被追究刑事责任案——张某现年 30 岁,是上海黎依市场策划有限公司经理,去年 6 月,她以公司名义在淘宝网上注册了一个虚拟店铺,专营婴儿用品,并通过淘宝网支付宝进行交款。网上店铺开张后,张某以不要发票为条件,与一些大卖场和生产厂家讨价还价,批进大量婴儿用品,然后通过自己的网上小店出售。在长达半年的网络交易中,张某从未开具发票,也不向税务机关申报纳税。半年来,张某的销售金额达 289.5 万余元,偷税 11.1 万余元。检察机关在对这一起案件的调查中掌握了这一线索,张某主动交代了犯罪行为。庭审中,检察官认为,张某作为公司法定代表人,在经营活动中采用不开发票、不记账的方式,不向税务机关申报纳税,应承担主要责任,上海黎依市场策划有限公司也应承担相应责任。张某对自己的犯罪事实供认不讳。

4. 违法发布网络广告

《互联网广告管理暂行办法》规定,电子商务交易各方发布的网络广告要真实合法,电子商务平台经营者对平台内被投诉的广告信息,应当依据广告法律规定进行删除或转交广告行政主管机构处理。在经营网店的过程中,由于对相关规定不了解,容易出现虚假广告、欺诈广告、垃圾广告等问题。

阅读案例

河北某果仁有限公司发布违法食品广告案。该公司在网店发布的食品广告中描述其产品有抗癌功效、可预防心脑血管疾病等药物治疗疗效的内容。当其行为违反了《中华人民共和国食品安全法》第七十三条和《中华人民共和国广告法》第十七条的规定。平泉市食品和市场监督管理局依据《中华人民共和国广告法》第五十八条做出行政处罚,责令停止发布违法广告,并处罚款 13 376 元。

5. 泄露客户信息

《民法通则》《侵权责任法》《计算机信息系统安全保护条例》等对于网络信息和公民隐私保护有相关的规定,要求网络商品经营者和网络服务经营者对收集的消费者信息,负有安全保管、合理使用、限期持有和妥善销毁义务;不得收集与提供商品和服务无关的信息,不得不正当使用消费者信息,对消费者信息不得公开、出租、出售(法律、法规另有规定的除外)。

刑法修正案(七)规定:国家机关或者金融、电信、交通、教育、医疗等单位的工作人员,违反国家规定,将本单位在履行职责或者提供服务过程中获得的公民个人信息,出售或者非法提供给他人,情节严重的,处三年以下有期徒刑或者拘役,并处或者单处罚金。

一些网上经营者不注意客户隐私或者个人信息的保护,导致不法分子获取了客户的信息并加以利用,受到法律的惩罚,给自己的经营造成了影响。

阅读案例

自 2015 年 8 月开始,湖南省长沙市某速运有限公司员工宋某某,在获得同事的公司操作平台的员工账号和密码后,与自己的 VPN 权限与公司账户、密码一同提供给另一名被告人曹某某。曹某某通过外网登录了该速运公司的 VPN 服务器,访问运单查询系统,并下载了大量的客户运单信息。然后,曹某某把这些客户运单信息交由另一被告人李某某贩卖获利。一名网店老板黄某则以人民币 1 000 元的价格向李某某购买公民个人信息 100 万条,用于发送信息宣传其网店。案件导致 20 余万个公民个人信息遭泄露。该案法院裁定宋、曹、李、黄等四人均因侵犯公民个人信息罪而获刑。其中快递员宋某某获刑一年三个月,曹某某获刑两年,李某某获刑 11 个月,黄某则被判缓刑。4 人被处罚金 5 000~30 000 元不等(选自《2017—2018 年度中国电子商务法律报告》)。

6. 侵犯他人著作权

文学、艺术和科学作品的创作人拥有著作权(又称版权),国家以法律的形式确认和保护作者和其他著作权所有者的权利,例如著作发表权、署名权、修改权和作品完整权。还保护作者享有对自己所创作的作品使用和获得报酬的权利。根据《著作权法》第四十八条第(一)项规定:未经著作权人许可,复制、发行、表演、放映、广播、汇编、通过信息网络向公众传播其作品的,属于侵犯著作权的行为。

　　一些网上经营者不尊重作者的著作权,随意下载、发布、修改网络图片,随便引用其他作者的文章,往往在无意中侵害了作者的著作权。

阅读案例

　　阿里巴巴侵犯知识产权案——2014年8月,北京市朝阳区人民法院就经济参考报社诉中国雅虎网的经营者北京阿里巴巴信息技术有限公司(以下简称“阿里巴巴公司”)侵害作品信息网络传播权案做出一审宣判,认为阿里巴巴公司侵权事实成立,判决其赔偿经济参考报相应经济损失5 000元。法院审理查明,经济参考报社对《畸形消费产业之颜》等4篇涉案作品享有著作权,包括信息网络传播权。被告阿里巴巴未经著作权人许可,在其主办的中国雅虎网上转载涉案作品,侵犯了经济参考报社所享权利,应承担赔偿经济损失的侵权责任。阿里巴巴公司称其对涉案作品使用系合理使用的抗辩,无事实及法律依据,法院不予支持(选自《2014—2015年度中国电子商务法律报告》)。

活动评价

　　通过查找学习了《网络交易管理办法》《网络商品交易及有关服务行为管理暂行办法》《第三方支付管理办法》等规定,掌握网上创业过程中的法律法规,提高了网店产品侵权责任意识和知识产权保护意识。

活动2　规避网上法律风险

活动背景

　　在王创和陈功组织创业团队学习网上交易的法律法规和案例后,大家一致认为要采取措施防范网上交易风险,既要避免网上交易行为触犯法律,又要防范他人利用自己的疏忽钻空子,给企业造成不可挽回的损失。

活动实施

知识窗

　　为了警惕和防范交易风险,确保网上交易健康,帮助和鼓励网上交易各参与方开展网上交易,商务部发布了《关于网上交易的指导意见(暂行)》,要求网上交易遵循三个基本原则:

　　(1)遵守国家法律法规。网上交易具有特殊性,网上交易可以利用互联网和信息技术订立合同和履行合同,但参与各方必须遵守国家相关法律法规,遵守国家信息安全等级保护制度的相关规定和标准。

　　(2)遵守互联网技术规范和安全规范。网上交易以互联网环境为基础。为保证交易的正常进行,网上交易参与各方,特别是网上交易服务提供者,必须遵守国家制定的互联网技术规范和安全规范。

　　(3)诚实守信,严格自律。网上交易各参与方必须遵守诚实守信的基本原则,严格自律,健康有序地开展网上交易,不得利用网上交易从事违法犯罪活动。

【做一做】查阅商务部《关于网上交易的指导意见(暂行)》,结合网上交易常见的法律纠纷,对你的网上交易做一次全面的法律"体检",并采取以下几条措施来防范和规避网上交易风险。

1. 注意确认交易对方的真实身份

在网上交易前要尽可能多地了解对方的真实身份、信用状况、履约能力等交易信息,可以要求对方告知或向交易服务提供者询问,必要时也可以向有关管理、服务机构查询。

可以在适当的时候将自身与交易有关的真实信息告知对方,如:营业执照和特殊业务许可证照的有关信息,实体经营地址和真实有效的联系方式,并要求对方提供同类信息。如果对方拒绝提供基本身份信息,则需要谨慎对待,慎重交易,警惕和防范对方欺诈的行为。

2. 遵守合同订立的有关要求

采用电子邮件、网上交流等方式订立合同时,要遵守《合同法》《电子签名法》的有关规定,并注意货物描述、价款的支付、标的物和有关单据、凭证的交付等事项。要仔细阅读合同条款,谨慎签约。如通过电子签名签订合同,还要遵守电子签名的法律规定,使用可靠的电子签名,并选择依法设立的电子认证服务提供者的认证服务。

3. 注意支付安全

选择网上支付方式时,要通过安全可靠的支付平台,还要及时保存支付信息,增强网上支付的安全意识。进行线下支付时,要充分考虑货到付款、预付货款等方式的特点,注意资金的使用安全。

4. 依法发布广告,防范违法广告

发布的网络广告要真实合法,同时要增强警惕性和鉴别能力,注意防范以新闻或论坛讨论等形式出现的虚假违法广告。

5. 注意保护知识产权

要依法交易含有知识产权的商品或服务,不能利用网上交易侵犯他人知识产权。例如,网上转载图片时,需要看该图片作者是否允许转载,如可以转载的还必须注明出处。

6. 保存网上交易记录

要注意保存各类交易记录作为纠纷处理时的证据。如果是进行大宗商品、贵重商品与重要服务的交易,还要形成必要的书面文件或采取其他合理措施留存交易记录。在组织开店货源时,由于网络交易的双方主要是通过网上聊天、电子邮件等工具来进行沟通的,与当面交流相比更容易产生理解偏差,容易发生交易纠纷,因此在保存网络交易记录的同时,有必要以书面材料予以确认。

活动评价

在本任务中我们学习了与网上创业相关的法律法规,提高了网店产品侵权责任意识和知识产权保护意识,知道了如何去防范交易风险和规范经营活动,为网店的发展打下了坚实的基础。

合作实训

_____项目实训书
实训项目:案例分析网上创业的好处。

实训要求：

(1)3~5名同学为一个小组协同完成。

(2)将分析结果写在活页纸上。

(3)请每组同学派一名代表上台分析。

实训内容：张同学在某一网站的论坛上将自己开发的一套小程序以2 000元的价格卖给了一家公司，该公司同意先支付1 000元，另外1 000元过一段时间后再支付。但两个月过去了，张同学再三联系这家公司，这家公司都未支付，并说当初没有具体说明多长时间内交付，因此要再等几个月。分析这个交易流程存在什么问题？前期应该如何规避？

项目总结

初创的网上企业在发展过程中要根据收集到的经营数据进行分析，调整和提升营销策略，从而达到优化产品和服务、扩大企业规模的目的。对于初创阶段的学生创业者而言，应积极了解创业的法律法规，防范可能出现的法律风险，避免不必要的损失，确保创业的成功。

项目检测

1. **单选题**（每题只有一个正确答案，请将正确的答案填在括号中）

(1)行业排名应该在生意参谋中的哪个模块？（   ）

A. 流量　　　　　　　　B. 市场　　　　　　　　C. 商品　　　　　　　　D. 交易数据

(2)网上开店与网下开店相结合的经营方式，主要指经营者（   ）。

A. 只有网店　　　　　　　　　　　　B. 既有网店又有实体店

C. 只有实体店　　　　　　　　　　　D. 既无网店又无实体店

(3)作为一名客服人员，有顾客问："我身高162 cm，体重49 kg，这件T恤（普通款）哪个尺码适合我呢？"最佳的回复是哪个？（   ）

A. 亲，个人建议S码，如果您不放心可以具体看下详细的尺码表。

B. 亲，您的身材很不错，这件T恤您穿S码会合适一些，小码比较显身材。但如果您平时喜好宽松的穿着，可以选择M码。

C. 亲，个人觉得您还是自己选择吧，因为您最了解自己的身材。

D. 亲，您好瘦啊，穿什么码的都合适。

(4)网络客户服务的最大优势在于？（   ）

A. 价格非常低廉，效果更佳。　　　　　　　　B. 价格非常低廉，效果更佳。

C. 能够与客户建立起持久的一对一服务关系。　D. 信息传递的及时性。

2. **多选题**（每题有两个或两个以上的正确答案，请将正确的答案填在括号中）

(1)生意参谋中的行业走势图包括哪些内容？（   ）

A. 访客数　　　　　　B. 成交量　　　　　　C. 卖家数　　　　　　D. 搜索人气

(2)访客特征分布包括哪些内容？（   ）

A. 性别　　　　　　B. 店铺新老客户　　　　　　C. 淘气值分布　　　　　　D. 消费层级

(3)淘宝店铺的来源构成包括哪些?(　　　)

A.商品收藏人数　　　B.关注店铺买家数　　　C.访客数　　　D.新访客

(4)访客的行为分析包括哪些?(　　　)

A.消费层级　　　B.来源关键词　　　C.支付金额　　　D.浏览量分布

(5)商品概况中包括哪些信息?(　　　)

A.商品访客数　　　B.支付件数　　　C.异常商品数　　　D.商品浏览量

3.**判断题**(正确的画"√"错误的画"×")

(1)生意参谋的市场分析功能都是免费的。　　　　　　　　　　　　　(　　　)

(2)针对常见固定的问题,可以设置快捷短语进行快速回复。　　　　　(　　　)

(3)防范和规避网上交易风险需要确认网上交易主体的身份。　　　　　(　　　)

(4)新店引流免费的渠道有直通车。　　　　　　　　　　　　　　　　(　　　)

(5)客服的销售量也是衡量客服绩效的方式之一。　　　　　　　　　　(　　　)

4.**简述题**

(1)简述提高客户转化率的一系列措施。

(2)简述提高网店客服的工作技巧。

参考文献

[1] 人力资源和社会保障部职业能力建设司. 创办你的企业[M]. 北京:中国劳动社会保障出版社, 2004.

[2] 王涛,严光玉,刘丽华. 创业创新实战能力训练[M]. 上海:上海交通大学出版社,2016.

[3] 金海燕,白巍. 引爆网上创业[M]. 浙江:浙江大学出版社, 2013.

[4] 史达. 网上创业实务[M]. 3 版. 大连:东北财经大学出版社,2017.

[5] 王利锋. 网店运营实务[M]. 北京:人民邮电出版社,2015.

[6] 淘宝大学. 电商平台运营管理[M]. 北京:中国人民大学出版社,2017.

[7] 付珍鸿. 网络营销[M]. 北京:电子工业出版社,2017.

[8] 顾明,网上创业实务[M].北京:机械工业出版社,2013.